利润增长引擎

打造战略、组织双驱动企业

何朝来　著

中国出版集团　东方出版中心

图书在版编目（CIP）数据

利润增长引擎：打造战略、组织双驱动企业 / 何朝
来著. —上海：东方出版中心，2023.2
（向心力系统经营实学系列丛书 / 何朝来主编）
ISBN 978 - 7 - 5473 - 1990 - 1

Ⅰ.①利... Ⅱ.①何... Ⅲ.①企业利润—企业管理—
研究—中国 Ⅳ.①F279.23

中国版本图书馆 CIP 数据核字（2022）第 249409 号

利润增长引擎
打造战略、组织双驱动企业

著　　者　何朝来
策划编辑　张芝佳
责任编辑　费多芬
装帧设计　钟　颖

出版发行　东方出版中心有限公司
地　　址　上海市仙霞路 345 号
邮政编码　200336
电　　话　021 - 62417400
印 刷 者　上海颛辉印刷厂有限公司

开　　本　710mm×1000mm　1/16
印　　张　20.5
字　　数　259 千字
版　　次　2023 年 1 月第 1 版
印　　次　2023 年 1 月第 1 次印刷
定　　价　78.00 元

序

　　企业的生存与发展离不开利润，利润到底是什么？当你花 100 元买一双新鞋子时，店主可以得到那 100 元吗？答案当然是：否。店主必须支付所有的商业成本，包括原材料成本、员工工资、办公租金、银行利息、库存、税费和许多其他的开销，最后剩下的才是利润，这是他花费的时间与金钱和为了维持经营所承担的风险的报酬。利润激励人们为了自己而努力工作，同时使他人的生活更美好，为了利润，企业必须取悦它的客户，利润动机驱使人们去做非凡之事，如果去掉这一动机，这个世界将变得非常不同。

　　然而当下低速增长的经济环境，日趋激烈的行业竞争以及居高不下的材料和人工成本，使得很多企业陷入了销售额增长乏力、利润逐年缩水的困境。要扭转困局，只有创新，而创新又需要企业不断地加大投入，同时还会带来不确定性，企业该何去何从呢？

　　影响利润的因素有很多，大到商业模式、企业战略、营销策略、品牌策划、产品研发、内部运营、流程体系、人才团队，小到一个员工因为心情不好而工作效率低下或出了差错，都会直接或间接地影响到企业利润。面对这么多的因素，企业到底应该从哪里下手呢？有些企业觉得当下商业模式很流行，就去搞商业模式；有些企业觉得战略有问题，就去搞战略定位；有些企业看到别的企业在搞股权激励效果挺好，就去搞股权激励，等等。企业在解决了一个问题的同时，又冒出了另外的问题，甚至陷入了更大的困惑之中，究其核心原因，还是因为企业没有把握持续提升利润的关键，这种头

1

痛医头、脚痛医脚的做法不具备可持续性，所以如果找不到利润增长的"指南针"，企业就会在充满挑战和诱惑的森林里迷路。如何从系统性、根本性和可持续性的角度来思考利润，是当下经过市场考验和竞争洗礼后活下来的企业更需要思考的课题，需要企业家和企业经营者们具有更多的耐心和智慧。

本书的创作动机就是在这样的背景下产生的，目的就是为企业经营者们在影响利润的大大小小的各种因素中，拨开迷雾，化繁为简，弄明白利润增长的底层逻辑，并找到持续提升利润的系统方法和关键路径。网上有这样一个小故事，投资大师查理·芒格2007年在南加州法学院毕业典礼上做了一个演讲，演讲中他讲了一个有关马克斯·普朗克的小笑话，马克斯·普朗克是谁呢？马克斯·普朗克和爱因斯坦并称20世纪最重要的两大物理学家，他获得诺贝尔奖后，受邀到德国各地演讲，每次讲的内容大同小异，都是关于他创立的新量子力学理论，时间久了，他的司机也记住了讲座的内容。有一天，司机对普朗克说："普朗克教授，我们老这样也挺无聊的，不如这样吧，下一站是慕尼黑，我来讲，您戴着我的司机帽坐前排，您觉得怎么样？"普朗克说："好啊！"于是司机走上讲台，就量子物理发表了长篇大论。演讲快结束时，有个物理学教授站了起来，提了一个非常难的问题。演讲的司机说："哇，真没想到，我会在慕尼黑这么先进的城市，遇到这么简单的问题，我想请我的司机来回答。"这个小笑话里，普朗克和他的司机代表的是两种知识，前者是真知灼见，是真正的知识，而后者是拿来主义，是一种技巧。我举这个例子的目的是想说，企业在思考利润的时候，要多运用"普朗克式的真知识"，从事物的本质去思考，真正的知识是由内而发，基于主体的觉悟而生的，而不是人云亦云，知其然，不知其所以然。

为了构建利润增长的思维框架，识别关键因素，我们不妨按照向内收敛的思维来分析利润背后最本质的到底是什么。如果我们想不出答案，那就学学投资大师查理·芒格的逆向思维，他说："要朝前想、往后看，反过来想，总是反过来想。"他经常会引用民间的一句谚语："我只想知道将来我会死在什么地方，这样我就不去那儿了。"所以我们不妨也反过来想，怎样做能让一个企业的利润越来越少？这个问题看似滑稽，但却可以帮助我们认识利润的本质，一家企业如果经营不善，利润骤减，一般都会出现这样的现象：员工工作没有动力，浪费严重，做多做好一个样，缺乏使命感，能力自我设限，产品缺乏竞争力，等等。知道了这些，我们就想着怎么去避免就好了，这种逆向思维可能不是非常系统，但确可以帮助我们接近核心和本质。

从底层逻辑来看，利润的产生最终来源于忠实的客户，要想有忠实的客户，就要为客户持续创造价值，而价值要靠谁来创造呢？当然是企业的员工，员工要最大化创造价值，为公司赢得利润，需要具备三个最基本的核心要素：能力、动力、成果。这三个要素之间是互相促进的，也就是说任何一个要素变好，都会直接或间接地让另外的要素更好，比如，能力越强，就越容易形成成果，而成果又可以激励员工进一步打破自己的能力上限，这样就更有动力，这三要素之间就形成了正反馈效应。一个系统里，各个要素之间如果能够形成相互促进的正反馈效应，这个系统就具备了"自驱动"的特点。但是我们发现普遍存在的现象，就是到了一定的时候，能力、动力、成果三个要素中，总有一个要素会遇到瓶颈，从而也会导致其他两个要素停滞不前，比如，当员工的能力到了一定的水平就开始自我满足，出现工作懈怠、小富即安的状态，不再像以前那样干劲十足，这时能力的天花板就出现了。又或者企业到了一定的阶段，销售增长乏力，员工付出了更多的努力却得不到预期的结果，开始失去信心，这时动力的天花板就到了。一旦能力、动力的天花板到了，成果就会停滞不前，并开始走下坡路。这就说明企业要实现持续高利润，光停留在员工的能力、动力、成果这三个要素层面是不够的，它们是基础，但不是全部，在这三个核心要素之外一定还存在着更重要的影响因素。如果找到了这些影响因素，并发现它们之间的内在逻辑，那我们就可以建立一个更高一级的驱动系统。答案到底是什么呢？

在多年的咨询实践过程中，我接触了大量的企业，其中包括我亲身指导的企业，我发现所有优秀的企业，都有一个特点，就是除了员工敬业之外，一定还有一群人，这群人热爱自己所从事的事业，工作有使命感，而且总能不断自主地挑战高目标来倒逼自己成长，如果一定要把这群人和一般意义上的敬业员工予以区别的话，我们称之为"奋斗者"，奋斗者高度认同公司的理念和文化，有远大的目标，在困惑和迷茫中总能找到内心的那份定力，会把工作动力上升到使命的高度。为一份工作而做和为一份使命而做的动力和意志是完全不同的，爱上自己的工作，有了定力，人就会知难而上，从而不断挑战高目标，在高目标的驱动下，不断创新，从而实现创新增长，在这个逻辑中我们可以总结出三个核心要素，分别是：定力、高目标和增长。定力赋予员工更大的源源不断的工作动力，通过设定高目标避免自我设限，不断打破能力天花板，倒逼能力提升，通过创新增长保证成果可持续性地良性发展，所以定力、高目标和增长这三个要素又形成了一个自驱动系统，这个自驱动系统可以打破平衡，拉动能力、动力和成果这个自驱动系统进入更高的层次，实现不断进化。反过来以能力、动力和成果三要素为特征的自驱动系统进入更高的层次后，又可以为定力、高目标和增长带来正反馈，所以这两个驱动系统是可以互相促进、融为一体的。

我们称定力、高目标和增长这三个要素构成的自驱动系统为战略自驱动系统，员工能力、动力和成果三要素构成的自驱动系统为组织自驱动系统，战略自驱动系统和组织自驱动系统相互促进、融合，最后形成利润的双驱动系统，就像是为利润安装了双引擎，拉动利润持续提升，本书的书名《利润增长引擎》也由此而得名。本书是我的第一本著作《阿米巴经营的中国实践》 的姊妹篇， 这两本书都是围绕着有自主知识产权的"向心力系统经营实学" 的框架内容展开，《阿米巴经营的中国实践》 是站在企业人才培养的视角，《利润增长引擎》 是站在企业利润可持续提升的视角， 这两本书能帮助企业经营者们建立有效的经营思维框架， 去探索企业在各种各样的不确定性面前如何找到人才培养和提升利润的根本路径和行之有效的落地方法。

　　最后， 感谢多年来支持和信任我们的客户、 战略合作伙伴、 何言咨询团队的所有成员和我的家人， 他们都付出了巨大的努力， 为我继续创作提供了无穷的信心、 灵感、 支持和理解， 让我有更饱满的热情去充实、 完善和实践"向心力系统经营实学" 体系， 更好地为中国企业的发展持续做出贡献！

何朝来

2022 年 8 月 18 日于上海

致读者

这是一本关于企业如何构建利润增长驱动系统的实战型书籍，本书紧扣利润增长的底层逻辑，围绕两大驱动系统，六大驱动变量和三条驱动主线展开详细的论述，力求理论和实践相结合，让企业经营者既理解利润增长背后的原理，又能掌握刺激利润增长的实战工具和方法，让企业在同质化竞争的冲击下，能够不断提升自我"造血"功能，从而为将来的发展谋求更广阔的空间。

本书共七章，第一章，利润增长引擎自驱动系统模型，从企业利润增长面临的五大挑战出发，激发企业对如何提升利润的思考。在如何提升利润上，企业思考的全面性和系统性有着很大的差异，此处引入了利润思考的初级篇、中级篇和高级篇三种思维层次，最终触及利润增长的底层逻辑。首先是组织和战略两大自驱动系统，每一个自驱动系统又包含三个驱动变量，其中组织自驱动系统包含能力、动力和成果，战略自驱动系统包含定力、高目标和增长。两大驱动系统的各个变量之间又相互关联，定力拉升动力，高目标倒逼能力，增长保障成果，从而形成从定力到动力的传承主线，从高目标到能力的创新主线和从增长到成果的发展主线，最终形成了利润增长引擎的两大驱动系统、六大驱动变量和三条驱动主线的底层逻辑，简称利润增长引擎"263"模型。

第二章，组织自驱动系统——能力，针对能力，书中提出了三维度概念，即长度、宽度和高度，能力的长度代表实践，是一个随着时间积累不断精进的过程，具体包括发现问题、分析问题和解决问题的实践。能力的宽度代表认知，认知可以打开能力的边界。如何提升员工的认知呢？具体包括知识、标尺和权威。也就是说通过自身的学习用知识改变认知，通过对标标准和规则来改变认知以及在权威人士的影响下改变认知。能力的高度代表方向，它有空间的属性涉及两个问题：企业从战略的角度更需要匹配什么样的能力？我们的能力范围和能力边界在哪儿？所以企业员工的能力方向需要由企业的战略来定义。如何把员工的能力和企业的战略进行链接呢？有两条基本路径，一个是战略直接驱动，一个是战略间接驱动。

第三章，组织自驱动系统——动力。动力来自哪里？是动机，动机决定动力，动力决定动作，动作决定结果，所以解决动力问题，就要从动机入手，动机分为内在动机和外在动机，外在动机最终难以持续，故研究内在动机是关键。如何激活人的内在动机呢？我们需要进一步深挖内在动机的三大核心因素：自主、胜任和联结。如何让员工更自主？倒三角服务型组织建设、独立核算、量化分权和平台化建设是主要手段。如何让员工有胜任感？测状态、定目标、给通路、分成果是主要手段。如何让员工和企业有很好的联结？联结要以共享为导向，联结的类型分为人与事的联结和人与人的联结，联结的纽带是利益与情感。

第四章，组织自驱动系统——成果。和成果相关的还有另外两个概念：任务、结果。成果在企业内部有大有小，根据战略、战术和战斗的分级管理，战斗成果支撑战术成果，战术成果支撑战略成果，各级组织要对对应的成果负责。那成果又会如何呈现呢？本章将结合具体案例讲解战略地图的概念和使用方法。那企业要如何管理成果呢？成果根据周期长短分为财务收益性成果、能力提升型成果和战略共享型成果，本章根据不同的成果类型给出了五种差异化的激励，分别是：及时激励、短期激励、中期激励、专项激励、长期激励。

第五章，战略自驱动系统——定力。什么是定力？定力表现为不为利所诱惑、不为难所困、不为危所乱、不为功所迷。在变化越来越快的环境下，企业做战略更要坚守不变的东西，定力的现实意义在于在不确定性中找到自己的确定性，并坚守这种确定性，日本企业长寿的秘诀就在于此。定力与前面讲的动力有直接的关联，这种关联体现在定力在于定心，心态决定状态，定力取决于你对自己身份的定位以及你的使命、愿景和价值观，这些决定了人的动力，进而决定了人的行为。企业的定力从哪里来呢？企业的定力之源——经营理念、核心价值观、使命、愿景和经营原则给出了答案。定力需要传承，如何传承？定力传承的路径是从文化定力、战略定力到体制定力，在定力传承的过程中，形成了企业的四大自信：文化自信、战略自信、体制自信和能力自信。

第六章，战略自驱动系统——高目标。什么是高目标？它包含基本目标和新增目标。在高目标面前，没有最好，只有更好，要不断对标强者，如果找不到比自己更强的，那就倒逼自己，永远做最好的。首先，高目标的本质是一种思维，把自己逼入绝境，付出于常人几倍的努力，从而产生灵感，由此引出了高目标的"爬坡模型"；其次，高目标是一种平衡，涉及短期利益和长远发展、局部利益和整体利益、内部利益和外部利益之间的平衡；再次，高目标是一种文化，核心是自信、利他和创新。高目标思维不会自然产生，需要在实践中历练，具体包括坚守定力、明确期待、目标计划、突破挑战四个重要的环节。高目标最终会倒逼能力提升，从而形成创新主线。

第七章，战略自驱动系统——增长。增长是企业永恒的话题，在定力和高目标的加持下，企业如何实现增长呢？首先要意识到增长面临的五大现实挑战，要找到增长的机会：从趋势中找机会、从问题中找机会、从竞争中找机会。趋势越明显，问题越大，竞争优势越强，增长的机会就越大。找到增长机会不代表就能抓住机会，还要制定有效的增长策略，包括总体增长策略、市场细分、增长源、增长路径、竞争、产品、事业布局。总体增长策略是总纲，也是根本指导思想；市场细分决定你优先从哪里开始增长；增长源是指靠什么实现增长；增长路径是指如何更有效地增长；竞争是指如何根据敌我形势，采取最有效的作战方式确保增长；产品是最终凝聚力量、呈现价值、服务好客户、打造增长的载体；事业布局是指动态进行业务结构设计，保持可持续性的增长。

目 录
CONTENTS

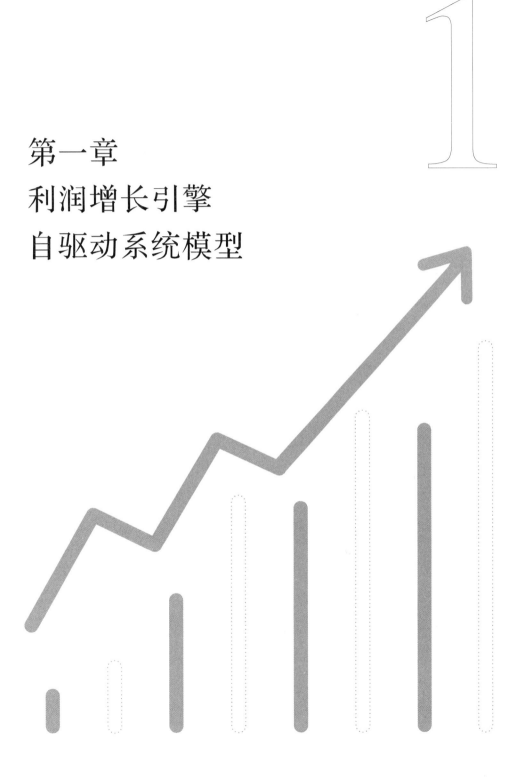

第一章
利润增长引擎
自驱动系统模型

初创期的企业为生存而战，成长期的企业为规模而战，成熟期的企业为效益而战，衰退期的企业为转型而战。中国改革开放四十余年，众多企业经过初创期的洗礼与考验，正由成长期逐步迈入成熟期，而企业所在的行业市场也实现了从潜在市场、隐性市场到显性市场的变迁。企业与行业越成熟，行业集中度就越高，同质化竞争就越激烈，对于广大身处其中的企业而言，思考如何练就内功，提升经营效益，实现利润可持续增长比以往更具有现实意义。

一、 什么是利润

利润到底是什么？从财务会计的角度来说，利润等于收入减去成本。按照政治经济学理论对利润的定义，利润是指企业劳动者为社会创造的剩余产品的价值表现形式，是在一定会计期间的经营成果，它的本质是剩余价值。

利润激励人们为了自己而努力工作，同时使他人的生活更美好，以比尔·盖茨为例，他是怎么变得如此富有的？因为他发明出数以百万人渴望和需要的，并乐意掏钱购买的东西——他的 Windows 操作系统、Word 软件和其他微软产品。是什么激励他以及所有其他成功的企业家如此努力工作呢？答案是：利润。

没有利润的激励，没有人会花费自己的积蓄，没日没夜地工作并承担必须的风险，把自己的产品或服务推到市场上。你可以在一家超级市场的货架上看到几万种不同的商品，它们都是怎么去到那儿的呢？每一样产品得以上架都要归功于一样东西——利润动机。如果没有利润，这一切都会消失。

企业为利润而生，实现长期利润最大化是企业的价值所在，企业从事生产经营活动，最大的目的就是最大化地赚取利润并且维持好企业的经营发展。利润贯穿企业的整个生命周期，虽然各阶段所关注的重点和需要解决的问题有所不同，客户、员工和股东长短期利益的重要度排序也会发生变化，但从企业的整个生命周期来看，利润一定是第一位的。

只有有了利润，企业才能扩大规模，进一步发展，为员工提供更好的奖金和福利，才能加大创新投入。管理大师熊彼特认为：所有创新的本质，都基于生产要素的重新组合，就是要把一种从来没有的关于生产要素和生产条件的"新组合"引入生产体系中，这种"新组合"的创新包括产品创新、技术创新、市场创新、资源配置创新、组织创新，其最终目的都是为了最大限度地获取超额利润，不管是潜在利润还是现实利润。

2020年中国五百强企业研发总投入突破1万亿元，华为研发投入1 300亿元排名第一，是第二名阿里430亿元的近三倍。如果没有利润的支撑，企业赖以生存和发展的基础也不复存在，企业拿什么来支撑持续创新？当下大到经济结构、产业结构的调整，小到企业客户结构、产品结构的重新布局和技术、模式的创新，都进一步证明"变革、创新、转型"已经成为时代的主题词。因此，企业要实现从过去一味地追求规模、效率到今天追求质量和效益的转变，提升可持续获得高利润的能力。

二、 企业利润增长面临的挑战

随着经济从稀缺经济时代转变为充分竞争时代，很多行业呈现过度同质化的竞争格局，价格战成为最常规的竞争手段，在经济低速增长的新常态下，很多行业也从增量市场变为存量市场，行业集中度日益提升，企业正在经历从暴利时代到微利时代，甚至是无利时代的转变，利润的逐年缩水使得企业生存发展面临更大挑战。

中国家电行业几大巨头海尔、TCL、海信常年的净利润率基本保持在 2%—4% 之间。长城、比亚迪、江淮等知名国产车企的净利润率最高也不超过 5%。华为、中兴通讯等高科技通信行业巨头的净利润率在很长一段时间内也就维持在 4%—8% 之间。国家统计局曾发布以下统计数据：2019 年前 11 个月，全国大型工业企业利润总额为 5.61 万亿元，比 2018 年同期下降 2.1%。全国规模以上工业企业总收入达到 95 万亿元，平均净利润率仅为 5.9%。不难发现，虽然中国制造业相对发达，从整体规模上来看已经超过了美国的制造业，但制造业的整体利润水平却相对较低，加上经营成本如劳动力成本、材料成本、租金等在不断上升，更加剧了利润的萎缩，所以有人说"制造业的利润薄得像刀片"也不为过。长期的"低利润"使得企业的机体变得更加"脆弱"，很容易受到中国乃至全球经济形势的影响而起起落落，稍有不慎，企业就会陷入亏损，甚至破产。

在如何持续提升利润的道路上，有人成功，有人失败，绝大多数依然在苦苦探索，在探索的过程中，企业普遍面临一些困境，总结一下，主要体现在以下几个方面：

1. 经济低速增长

国际学术界把保持中高速增长的经济叫顺势经济，低速增长的叫逆势经济。2007 年是近年中国 GDP 增长比例的一个分水岭，2007 年之前，增长比例一路上行，2007 年将近 12%，属于典型的顺势经济，在顺势经济环境下，市场形势大好，属于增量市场，蛋糕越做越大，虽然也有竞争，但是在趋势性机会的驱动下，大家都有发展。2007 年以后，GDP 增长比例开始逐年下降，新冠肺炎疫情之前基本维持在 6% 左右的水平，2020 年是 2.3%，经济的高速增长期已经过去，低速增长已成为常态，在低速增长的逆势经济环境下，很多行业属于典型的存量市场，也就是说市场蛋糕就这么大，但是参与竞争的企业却越来越多，谁把握住了竞争机会，谁就占据优势，你发展好了，意味着对手就不好了，是你死我活的竞争。这种竞争会加快提升行业集中度，结果是强者越强，弱者越弱，最后剩下的就是几个行业的寡头和一些基本没有存在感的跟随者，原来处于中间阶层的第二梯队企业大部分将会进一步分化，要么进入第一梯队成为寡头，要么消亡，要么成为打不死的，但也没有存在感的"小强"。

在经济低速增长和行业集中度提升的大环境下，对绝大多数处于中间梯队的企业来说，如果没有创新，不能在某一方面形成自己的独特竞争优势，别说持续提升利润，就连基本的生存都成问题。企业经营如逆水行舟，不进则退，一旦失去增长，企业就会危机四起，要想寻求利润持续增长的突破口，逆势上扬，必须要转变思维，要实现从内部视角到外部视角的转变，从产品思维、模式思维到品牌思维的升级。

2. 陷入价格战泥潭

在残酷的竞争中，企业最容易想到的就是降价，一看到竞争对手降价，心里马上就慌了，但一味地降价并不能换来企业持续良性发展。对于一个优秀的企业来说，价格战最多就是一种阶段性的竞争手段，不可能成为常态。有些企业甚至错误地认为，企业牺牲利润，不断降价，是对顾客好的体现，殊不知利润低的根源是因为企业没有为顾客创造独特的价值。日本"经营之圣"稻盛和夫总结了企业经营的十二条原则，其中有一条叫：定价即经营。稻盛和夫说："定价就是定死活，定价即经营。"产品定价决定利润空间，是经营者必须参与的核心环节。定价太高，东西卖不出去，价格太低，又无法保障企业合理的利润，那么经营者该如何定价，才能获取最大利润呢？稻盛和夫说：

在正确判断产品价值的基础上，寻求单个利润与销售数量乘积最大化，据此定价我认为应该是客户乐意付钱购买的最高价格，但是，即使以该价格卖出了，也未必意味着经营一定顺当。以客户乐意的最高价格出售了，却仍没获得利润的这种情形屡见不鲜，问题在于在已定的价格下，怎样才能挤出利润？必须在深思熟虑后定下的价格之内，努力获取最大利润。在满足质量、规格等一切客户要求的前提下，必须千方百计，彻底降低制造成本。定价、采购、压缩生产成本这三者必须联动，定价不可孤立而行，就是说定价意味着对降低采购成本及生产成本负责，价格之所以要由经营者亲自决定，理由就在于此，也就说在决定价格的时候，必须考虑降低制造成本。反过来讲，正因为对降低成本心中有数，才能正确定价。①

言外之意，要取得利润，一方面要基于为客户创造独特价值而定出客户能接受的最高价格，另外一方面就要最大化地控制成本，价格是天花板，成本是地板，中间的就是利润。

3. 用运营代替战略

有句话叫"用战术上的勤劳掩盖了战略上的懒惰"。运营属于战术层面，战术相对于战略来说，周期短、确定性强、见效快，企业在思考如何提升利润的时候，往往会更多地思考如何从战术上进行节流，而弱化了战略层面的开源。从运营层面上进行效率提升，减少浪费，节约成本，对提升利润无疑是有帮助的，但是如果只停留在运营层面上谋子不谋局地小打小闹，反而会让企业错失良机。言外之意，经营者要想实现利润持续增长，需要站在企业顶层设计角度，进行结构性调整，要从企业的商业模式、产业边界、业务布局、竞争策略、核心资源和能力等战略层面上系统思考，才能真正解决利润增长的结构性问题。什么是"结构性"问题？假如你现在用的是马车，为了跑得更快，你会把车轮由木头的换成金属的，用更健壮的马，用水平更高的马夫，也许你会比以往跑得快一些，但是无论你怎么努力，你终究跑不过一辆汽车，哪怕是破旧

---

① ［日］稻盛和夫：《经营十二条》，曹岫云译，北京：人民邮电出版社，2021：43 页。

的汽车，这就是"结构性"差异。结构性调整的背后需要创新，甚至是破坏性创新，这离不开企业领导团队变革的勇气和决心。

全屋定制是从传统家具、建材行业演变而来的新领域。十几年来发展迅速，市场规模4 000亿元，截至2020年，这个领域的九家上市公司总产值400亿元，占市场规模的10%，说明整个行业的集中度并不高，远没有达到寡头格局。几个头部品牌最近几年开始加大市场拓展力度，渠道下沉、价格下沉、产品延伸，以此来求得业务增长，整个行业的整体利润率水平呈现下降趋势。传统的经销商线下门店获客取得的业务的利润贡献在逐年递减，经销商渠道被多层截流，第一层，被地产商截流，中国精装房的比例在32%—35%之间，与欧美发达国家80%的精装房比例相差甚远，后续精装房比例会进一步提高；第二层，被工程公司截流，工程公司作为总包方，有自己的供应链渠道；第三层，被装修公司的设计师截流，一旦业主采纳了某个设计师的设计方案，那这个设计师的推荐对业务的影响力就很大；第四层，被物业公司截流，物业公司拥有业主资源，除了传统的物业费收入之外，向全屋定制延伸是其新的业务增长方向；第五层，被一些建材类的垂直网站截流；第六层，被线上新零售渠道截流。所以对于全屋定制企业来说，如果只是依托传统的经销商渠道，运营效率再高，也难以实现利润可持续增长，必须要站在战略高度，把握好趋势和竞争，重塑渠道结构，从单一的传统经销商渠道向经销商、大客户、社区零售、线上新零售并存发展，这样才能从结构上解决利润增长的空间问题。

---

4. 创新乏力

企业的竞争可以归纳为以下几个阶段，依次是：自由竞争、过度竞争、差异化竞争、寡头竞争、垄断竞争、寡头垄断竞争、完全垄断竞争。其中自由竞争、过度竞争、差异化竞争、寡头竞争属于完全竞争，而垄断竞争、寡头垄断竞争、完全垄断竞争属于不完全竞争。在以上的几个竞争阶段中，大部分企业都处于过度竞争阶段，能够让企业跳出过度竞争的红海，进入差异化竞争的蓝海，并不断晋级到更高一级竞争的只有创新。创新的最高境界就是形成没有人为保护的垄断。正如创新经济学家熊彼特所说："没有垄断就没有创新。"通过这种垄断，哪怕是局部的、暂时的，企业也可以获得定价权，运用这种定价权，企业就可以赚取高于行业平均水平的利润，我们称之为超额利润，如图1-1所示。

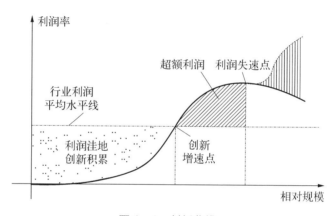

图1-1　创新曲线

企业在取得超额利润之前，往往会有很长一段时间要进行创新积累，而且这个过程往往与企业相对规模的提升并行发展，其间企业也大多承受着行业利润平均水平线以下的经营压力。当创新通过产品或服务在市场上不断得到商业应用的验证后，企业会迈过创新增速点，这时，创新积累会拉动企业快速提升相对规模，在规模优势和创新的双向驱动下，企业便能享受超过行业平均利润水平的"创新红利"，即超额利润，这个超额利润既是对前期高风险的创新投入的回报，也为企业下一轮创新投资积累了研发资金。同时，在超额利润的支撑下，企业又将不断进行管理升级，甚至把管理做到极致。所以创新是为了形成垄断，而垄断可以有条件进行更好的创新，一旦离开创新，垄断就不可持续，因为暂时的垄断在让企业获取丰厚的利润的同时，也是在鼓励更多的竞争者参与竞争，也会激励更多的替代品出现，竞争者的进入就会蚕食处于垄断地位的企业的利润。向管理要效益将会成为企业的首选，但是纯粹靠管理去提升利润的空间会越来越小，如果企业不及时调整，打造新的创新曲线，就会迈过利润失速点，呈现利润逐步萎缩的态势。

举个例子，苹果手机总收入实际上仅占智能手机市场总收入的32%，但是最高峰时占有智能手机市场总利润的80%。苹果在智能手机这个细分市场上因占有垄断地位而利润最丰厚，于是"树大招风"，像华为、三星、OPPO、Vivo、小米这些有实力的科技公司就会往那儿冲，导致的结果就是智能手机的产品价格不断下降。苹果的丰厚利润被其他有实力的手机品牌不断蚕食，比如，小米甚至提出了"5%利润"的战略。在强有力的新竞争者的压力之下，苹果丝毫不敢懈怠，它的利润占比由80%下降到60%，如果苹果不持续创新，不能持续推出有竞争力的新产品，不但它的垄断地位保不住，甚至还有可能被淘汰。处于垄断地位的企业最后被淘汰出局的也不在少数，柯达就是一个非常典型的例子，柯达当时在全球光学成像领域的霸主地位远胜于今天苹果在智能手机领域的霸主地位，但是因为在战略风口失去了创新的能力，最后退出了历史舞台。

都知道创新很重要，但是真正做到持续创新很难。据国家市场监督管理总局的数据统计，高新技术产业产值占规模以上工业总产值的比例在逐年上升，说明企业的科技实力和创新能力在不断增强，呈现了从"量"到"质"，从

"形"到"势"的根本性转变。但从整体来看，我国企业，特别是中小企业的创新能力并不强，参照美国经济学家阿兰·斯密德提出的"状态—结构—0绩效"三元范式模型分析，当下企业的创新状态不佳，要想真正改善企业的创新绩效，就要从改变影响创新的结构性要素下手，那哪些是影响创新的结构性要素呢？

（1）创新实力

企业持续创新才能为丰厚利润设置"护城河"，其中最关键的是技术壁垒，如果没有技术壁垒，就很容易被模仿或超越，但是要形成技术壁垒，就需要企业长期不懈地进行技术研发和创新，而创新需要有利润来支撑，而且还面临较大的不确定性，在逆势经济的存量市场环境下，同质化竞争带来的价格战已经让企业利润大幅缩水，难以有足够的利润来支持持续创新的投入。

（2）创新动力

创新是一项高投入、高风险事业，不确定性很大，机制方面的缺失或不完善都会影响企业创新的热情，比如对于创新的保护，如果没有相应的机制保障，企业宁愿模仿也不愿意创新，这也是国家不断加强知识产权保护的重要原因。同时如果存在一些人为保护的制度，导致社会资源不能进行公平分配，也会制约企业创新的自由发展，假如一些垄断行业，通过制度的保护，独享优质的市场资源和机会，从而依靠制度获得垄断利润，这就违背了市场经济资源配置效益最大化原则，会极大地伤害其他企业的创新热情。还有一些中小企业，通过"制度性寻租"（比如拿到高新技术企业资质、某某生产许可证等）获得了制度性的优惠待遇，享受了政策红利，就放弃了高风险的创新投入，这在根本上还是遏制了企业创新的源动力。由此不难发现，制度性因素对于创新动力有着强烈的制约作用。

（3）创新能力

不少企业缺乏创新能力，主要体现在人才匹配和知识积累上，这也是成长型中小企业的两大痛点。中小企业由于自身发展存在不确定性和基础薄弱的问题，难以找到合适的人才，即使有些能力强的空降兵，但是在整个企业的所有权和经营决策权还是由老板或家族整体控制的情况下，这些职业经理人创造价值并分享价值，但是不共担风险，一旦遇到巨大行业风险或发展逆境，职业经理人将难以依靠，他们会另谋高就。同时创新是需要积累的，标新立异的发明创造并不可取，创新更多的是基于企业长期的积累沉淀而进行的迭代，没有传承就没有创新。

5. 组织能力薄弱

企业在初创期，利润的驱动往往靠个人，老板一个人身先士卒、勤奋努力、不计得失、单打独斗，就拉动了企业的发展。当企业进入规模发展阶段，老板一个人也忙不过来，但像老板那样纯粹依靠个人精神的工作方式很难复制，且难以持续，因此，要将利润的驱动力从个人转变到组织。在充满竞争的市场环境下，企业要想持续高利润，就要让全体员工的工作价值最大化，企业每个业务环节都要充分协同，高效运作，从而发挥出企业整体的力量，这种力量就是组织的力量，我们称之为组织能力。企业组织能力越强，越有助于企业提升效率，降低成本，最终达到创造高利润的目的。组织能力有三个基本要素：第一，员工能力，员工不能干，组织能力也强不了；第二，员工动力，员工没有动力，再强的能力也发挥不出来；第三，员工思维，知道为什么而做比如何做更重要，为自己做、为家人做、为他人做、为社会做，背后体现的意志是完全不同的，心里装的人越多，意志就越强，能力都是靠意志倒逼出来的，组织能力的三个核心要素是相辅相成的。在这三个基本要素的基础上，要不断健全体制，用统一的标准、制度、规范、模式去管理组织，进而达到盈利的目的。

现实情况是，很多企业到了一定的规模以后，人员越来越多，分工越来越细，跨部门协调越来越多、越来越复杂，部门之间协同开始出现问题，这时企业就开始不断完善制度和流程，结果制度越做越多，流程越理越细，但是企业的效率却在不断下降。

三、 如何提升利润的系统思考

2006 年，投资大师段永平以 62.01 万美元的价格拍下了巴菲特的慈善午餐，拼多多创始人黄峥也随同赴宴。后来他在总结中说："我发现巴菲特讲的东西其实特别简单，连我母亲都能听懂。这顿饭最大的意义是让我意识到简单和常识的力量。对一件事情作判断时，你需要了解背景和事实，了解之后需要的不是睿智，而是面对事实是否还有勇气用理性和常识来判断。常识显而易见，容易理解，但我们因为成长、学习形成的偏见和个人利益的诉求蒙蔽了我们。"

利润是企业经营的最终目的，属于"硬数据"，而"硬数据"的背后是"软数据"在发挥作用，"硬数据"是果，"软数据"就是因，这个"因"到底是什么？利润的影响因素有很多，大到商业模式、企业战略、营销策略、品牌策划、产品研发、内部运营、流程体系、人才团队，小到一个员工因为心情不好而工作效率低下，或者出了差错，都会直接或间接地影响到企业利润。那企业到底应该从哪里下手呢？企业利润增长背后的常识到底是什么？企业要利润才能生存发展的道理很简单，但是在这么多影响因素中，企业要能找到关键因素，实现可持续发展，这就非常不简单。

1995 年，美国《财富》杂志第一次在全球范围内公布了"世界五百强"榜单，那一年的"世界五百强"中，有 149 家企业来自日本，有 151 家企业来自美国，只有 3 家企业来自中国，到了 25 后的 2020 年"世界五百强"榜单中，"中国队"的规模首次超越了"美国队"：共有 133 家中国企业进入"世界500 强"，美国是 121 家。从 1995 年到 2020 年的 25 年时间里，中国整整增加了 130 家"世界 500 强"企业，那就意味着至少有 130 家企业被挤出了"世界

500 强",营收和利润是这一榜单衡量的重要指标,如果把时间线放得更长,这样的变化可能更大,举这个例子的目的是想说明我们要用长远的眼光来看待企业利润,不能短视,任何促进利润增长的技能都不会一劳永逸,包括偶发性的通过资本运作赚钱等都不在我们的讨论之列。我们要探寻的是利润增长的底层逻辑,只有底层逻辑才拥有长远的价值,通过底层逻辑追根溯源,掌握规律,任何理论越接近底层,就越具有普遍的适应性,可谓大道至简,正如投资大师查理·芒格所说:"我们赚钱,靠的是记住浅显的,做深;而不是记住深奥的,做浅。"在真正掌握了浅显的底层逻辑的前提下,再去研究方法论和工具,把浅显的东西做到极致。

要想获得持续的高利润,不管是什么类型的企业,从底层逻辑来看,源头一定是客户,没有客户,企业利润就是无源之水。怎样才能让客户满意并愿意选择你呢?就要为客户持续创造独特价值,换句话,就是你给客户提供的产品和服务具有独特的价值特性,并以此打动了客户,让客户愿意花钱甚至是花更多的钱去买你的产品或者服务。一个企业如果持续具备这样的能力,它就会取得"超额利润",有了超额利润,企业就可以发展壮大,可以更多地提供就业岗位和缴纳税收,从而承担更多的社会责任;有了超额利润,企业就可以加大研发创新投入,为顾客提供更好的产品和服务;有了超额利润,企业就可以和供应商一起协调发展,并给予供应商合理的利润空间;有了超额利润,企业就可以创新升级,尽量避免以价格战为主导的同质化竞争,给予同行一定的生存空间,维系行业的健康发展;有了超额利润,企业就可以给股东带来更多回报;有了超额利润,企业就可以不断提升员工福利待遇,让真正创造价值的员工能得到更多优待,工作更有幸福感。一句话,基于超额利润,企业就更有能力处理好企业和客户、员工、供应商、股东、政府、同行竞争对手之间的关系,从而实现特定的社会功能,获取或整合更多的社会资源为企业所用,同时形成良好的品牌效应,帮助企业更好地创造独特的价值特性,如图 1-2 所示。

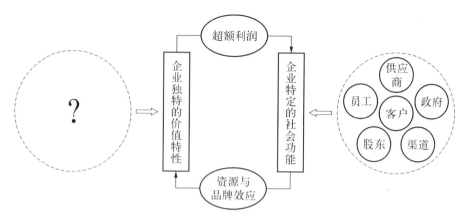

图1-2　企业经营两大核心抓手

企业独特的价值特性和企业特定的社会功能是两大经营核心抓手，其中企业特定的社会功能受市场环境、客户、政府、供应商、股东、竞争者等外部变量影响，而企业独特的价值特性受内部变量影响，本章后续将重点阐述内部变量的系统结构及运作原理。企业经营要内外兼修，对内如何打造独特的价值，对外如何形成特定的社会功能，这两者是相辅相成、互相促进的。

企业经营可以创造超额利润的前提条件是要具备独特的价值特性（下文简称独特值），那该如何持续打造独特价值呢？我们发现不同企业在这个课题上的思考层次存在很大的差异性，为了说明不同企业或同一个企业在不同发展阶段就如何创造独特价值这一核心命题所呈现出来的思维的差异化，我们按照思维层次由低到高，把这种思维差异定义为三个水平，分别是：利润思考初级篇、利润思考中级篇和利润思考高级篇。至于初级、中级和高级的划分是按照什么样的量化标准，我们暂不去深入探究，这样划分的目的是为了给企业提供一个思维的梯子，帮助企业分析自己当下的思考处于哪一个水平以及如何提升。

1. 利润思考初级篇

利润思考初级篇的特点是逢山开路，遇河架桥，绝对的实用主义，是基于运营过程中的问题导向。如图 1-3 所示，比如发现员工工作积极性不高影响利润了，就去调整考核激励办法，发现员工工作能力欠缺，就去加强培训，发现内部沟通不顺畅，就去搞流程梳理，发现员工浪费严重，就去搞检查，觉得当下商业模式很流行，就去搞商业模式，觉得战略有问题，就去搞战略定位，看到别的企业在搞股权激励效果挺好，就去搞股权激励……当然有些对企业可能也有帮助，但是我们在解决一个问题后，又会有另外的问题冒出来，就像打地鼠的游戏一样，打下去一个又冒起来一个，而且到底从哪里冒出来也不可预知。企业文化搞好了，对利润有没有贡献？当然有，但企业文化搞好了就一定能持续产生高利润吗？好像也不是，以此类推，每一个点搞好了对利润都有帮助，但是利润就是光靠这每一个点吗？好像也不是，这种是又不是的情况说明这些点上的努力都不是利润增长的底层逻辑。

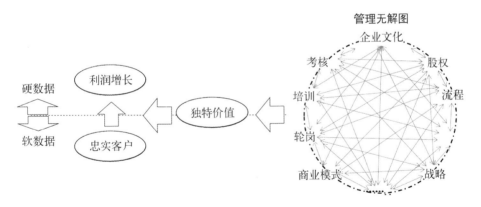

图 1-3　利润思考初级篇

这些就事论事、见招拆招的短期行为在解决眼前问题的同时，有些却把企业带入误区，进而陷入更大的困惑之中，究其核心原因，还是因为企业没有弄明白持续提升利润的底层逻辑和系统方法，而是头痛医头、脚痛医脚，不具备可持续性。如果找不到利润增长的"指南针"，企业就会在充满诱惑的森林里迷路，所以如何从系统性、根本性和可持续性的角度来思考利润，是当下经过市场考验和竞争洗礼后活下来的企业更需要思考的课题，需要企业家和企业经营者们具有更多的耐心和智慧。

2. 利润思考中级篇

相对于初级篇而言，利润思考中级篇不是被动地基于问题导向、花大量时间去发散地研究如何创造价值的方法论，而是从价值创造的源头来思考，是谁创造了价值。如何创造价值这个命题的答案是发散的，而"是谁创造价值"这个命题的答案是收敛的。从普遍意义上来讲，企业创造价值的主体一定是敬业的员工，是广大员工的智慧和双手实实在在地创造出了价值。

（1）组织自驱动系统

如何让员工最大化地创造出独特价值呢？从员工个体的微观层面来看，员工的能力是基础，这个能力不一定是指高素质、高学历，而是指员工运用掌握的知识，在具体业务运作过程中发现、分析、解决问题的技能。但是员工能力强不代表就一定能最大化地创造价值，如果动力不足，即使能力很强，也不会百分之百发挥出来，所以动力就成为第二个重要因素。动力足，才能充分发挥能力，即使当下能力不够，也会积极去提升能力，所以能力是基础，动力是保障，那这两个因素之间有没有直接的因果关系呢？比如动力足，能力就强，或者反过来，能力强，动力就一定足，我们发现它们之间是没有因果关系的。动力会影响能力，但能力不一定会影响动力，能力强，不代表动力就很足，因此在能力和动力之间，还要有一个重要的连接因素，这个因素就是成果，能力是怎么做（How），动力是为什么做（Why），成果是做成什么样（What），如图 1-4 所示，能力、动力和成果是决定员工价值创造的三个底层的核心要素。

这三个要素之间是互相促进的，也就是说任何一个要素变好，都会自然地让另外两个要素更好。比如，能力越强，就越容易形成成果，而成果让员工能力得到体现，并有条件共同分享成果，员工工作动力就更足，就可以激励员工

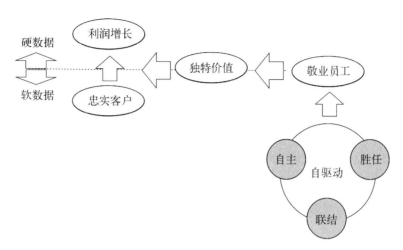

图1-4　利润思考中级篇——组织自驱动系统

进一步地突破自己的能力上限，这样就更有利于创造成果，从而形成正反馈效应。一个系统里，各个要素之间如果能够形成相互促进的正反馈效应，这个系统就具备了自驱动的特点。员工能力、动力和成果也是企业组织能力的重要体现，所以我们把以人为核心的能力、动力和成果这三个要素组成的系统定义为实现高利润的组织自驱动系统。组织自驱动系统的建立对企业利润的影响是直接的，也是最基础的，至于如何把组织自驱动系统的三要素做好，我们在后面再作详细论述，这里我们只是先提出一个概念。

（2）**熵增理论**

企业只停留在组织自驱动系统的三要素就可以高枕无忧了吗？不是，按照这样的组织自驱动系统去做，也只是处于利润思考的中级水平，为什么？我们以一个真实企业的案例作说明。

这是一家做新材料的上市公司，公司成立于20世纪90年代初期，刚成立的前十年里，公司总体发展比较缓慢，每年也略有增长，但稍有不慎，业绩就会倒退，处于徘徊状态，在市场上的排名也很靠后，后来公司推行营销体系改革，对各个营销大区以及大区下面的营销团队的每个人都进行独立核算，公司也设计了一套机制：公司给出产品基准价，销售费用按照固定比例打包，最后形成的利润，业务人员和公司按照既定比例分享。这就意味着销售卖价越高，销售量越大，营销费用越小，最后的利润就越多，大家就分得越多。基于这样的政策，在随后的八年左右的时间，这家公司迅速发展起来，也打造了企业内部的一批"小老板"，收入高的一年有一两百万元，几年下来，公司里出现不少千万富翁。但是从2013年开始，行业同质化竞争加剧，价格战成为典型的竞争手段，而且随着国家环保要求的提高，环保设备改造的巨大投入等等，导致行业结构性的成本上升，整个公司的利润逐年下滑，营销团队的业务量也开始下滑，营销费用逐年上升，在公司的销售基准价上溢价销售越来越难，营销团队的独立核算利润也随之大幅下降，大家发现比以往投入更大的努力，收入却不到往年的一半了，营销团队的积极性明显下降，一部分先富起来的人开始出现工作懈怠，斗志不足，还有一部分人开始以市场竞争激烈为理由，不断要求公司调整政策，降低基本价格，最后把问题都归咎于外部市场，把压力传递给公司。从2013年以后的五年时间里，企业内耗不断增加，员工斗志下降，能力瓶颈显现，整个企业进入了"中等规模成长陷阱"。

通过上面的案例，我们发现很多企业都存在类似现象，就是到了一定的时候，组织自驱动的三个要素，总有一个要素会出现瓶颈，从而导致其他的要素停滞不前，要素之间相互形成了负反馈。

比如，员工当能力到了一定的程度就开始自我满足，工作懈怠了，不再像以前那样干劲十足了，这时能力的天花板就出现了。又或者企业到了一定的阶段，销售增长乏力，员工同样付出了巨大的努力却得不到和以前一样好的结果，开始失去信心，这时动力的天花板就到了。一旦能力、动力的天花板到了，成果就会停滞不前，并开始走下坡路。这时候的组织自驱动系统就会失去活力和正反馈效应，而且我们发现，随着企业经营规模的扩大，管理的复杂程度也会提高，冗余的、不创造价值的东西会越来越多，任其自由发展，就会出现员工工作懈怠、流程僵化、创新乏力、客户满意度下降、找不到增长空间等一系列现象，企业内部的无序程度会不断加重。

不单企业有类似现象，自然界也存在类似的现象，从宇宙大爆炸形成新的"秩序"开始，整个宇宙就在不断膨胀，在膨胀的过程中一切正在变得无序：岩石的风化、土地的沙化、河流湖泊的干涸、大气层的破坏、地球温度的升高……有序的状态在逐渐离我们远去；再拿个人为例，刚开始还能保持激情，艰苦奋斗，但取得了一定的成绩后就开始慢慢变得安逸享乐，贪婪懒惰，缺乏使命感、责任感，失去创业的激情……再到哪怕一个小小的房间，一开始整洁有序，如果任其自然，终将蛛网密布、混乱不堪、毫无生机……

大到宇宙，小到企业、一个人、一个小房间，似乎都遵循一个普遍的规律：一切事物发展的自然倾向，终将从有序到混乱无序，最终灭亡。这个普遍规律背后的"罪魁祸首"到底是什么呢？有无破解之道？

早在 1865 年，德国物理学家克劳修斯就提出了一个度量一个系统"内在的混乱程度"的概念，叫熵，系统混乱程度越大，熵就越大，而且他发现对于一个封闭的系统而言，最终趋势一定是从有序到无序，熵不断变大。比如：一杯开水放着不管会自然变凉，但一杯凉水不会自然变成开水；一个新鲜的苹果放着不管会慢慢腐烂，但一个腐烂的苹果不会变新鲜；一间房子不打扫会从整洁变得混乱，但混乱的房间不会自动变得整洁；一块顽石历经千万年会瓦解，但一堆碎石不会主动聚合成一块顽石。所有这些从有序到无序的过程就叫"熵增"，人的生老病死、王朝的由盛转衰，也是"熵增"。熵增的最终结果是系统达到毫无生机的平衡状态，也叫"熵死"。

企业从创立，不断成长，然后成熟，最后衰退，也遵循这样的规律，企业一旦自我封闭，企业管理系统，如组织、制度、政策、信息、技术、人才、文化等的运作效率会呈现递减趋势，熵由低到高，逐步失去发展动力，创造价值量减少，企业变得越来越无序，不断退化。如果没有外力做功，企业就会向加速灭亡的趋势发展下去。很多大公司倒下，并不是因为被对手击垮，而是由于自身组织和人员的自大、封闭、懈怠等，使其在时代的风口失去了转向的能力。一句话，最坚固的堡垒都是从内部攻破的，可见这个内部的"罪魁祸首"，就是熵增。

（3）耗散结构避免熵增

自然界因为有了温度的不平衡，才有对流，从而形成风；因为有了水位的不平衡，形成了势差，才有了江海河流；人体因为有了摄入和消耗的不平衡，从而有了适度的饥饿感，才会提高免疫力；思想上有了不平衡，才能不断进取，与时俱进；企业员工因为有了收入的不平衡，从而有了比较，才有了动力。

企业在实际运作中，为了资源利用率最大化，往往会通过人工干预来寻求目标、资源和能力的平衡，从企业内部视角来看，这种平衡代表稳定和有序，但如果从把企业放在市场的动态参照系中的宏观面来看，平衡却是一种失去能量、竞争力和发展的状态，企业成为一个自我封闭的系统，与外部环境没有任何交换，效率降低，创造价值量减少，变得越来越无序，不断退化，这就是熵增。要避免熵增，企业系统必须要开放，实现与外部的物质、能量和信息交换，而且价值在交换和传递过程中总是向着具备竞争优势的一方发展，从而在市场中形成势差和不平衡，这种势差和不平衡更有利于企业吸收对自身有益的"活性因子"，用于抵消系统内的熵值增加，从而打破企业内部平衡，实现熵减，维持系统的有序化发展，企业创造的价值量增加，企业就会不断进化。企业系统的演化和发展必然遵循这样的规律：建立平衡，打破平衡，再建立更高一级的平衡，再打破它，如此往复。正如华为总裁任正非说的："在不断地打破平衡又导向平衡的过程中，公司整体就会向前迈进一大步。"

企业作为一个远离平衡的开放系统，不断与外界进行物质和能量交换，通过企业管理系统的人工干预，在物质和能量的耗散过程中产生负熵流，也就是活力因子，企业还可以从外部环境流入的负熵中获得新的能量、物质和信息来抗衡稳态管理结构下的熵增，量变可能引起质变，在变化达到一定阈值时，系统就能从原来的无序状态变为一种时间、空间或功能的有序状态，这种在非平衡态下形成的有序结构，就是耗散结构。如图 1-5 所示。

图 1-5 耗散结构

企业就是要建立耗散结构。企业耗散结构的演化过程是这样的：企业始于一个封闭且非平衡态的混沌无序状态（如亏损或低效率），逐步向平衡态（盈利或高效率）发展，然后系统在与有效的外部环境交换和内部管理动力的推动下，在近平衡区产生震荡、不稳定，进而在自上而下的管控和自下而上的自驱动的共同作用下持续发展，并从平衡态跃升到开放的非平衡态，进而进一步实现与外部环境交换，并得到负熵流和价值增值，形成耗散结构。在此过程中，企业不断与环境进行有效交换，不仅克服了自身混乱无序的状态，还获得了更大的价值增值和扩大再生产。在扩大再生产的条件下，企业继续发展演化到更大规模、更高级、更复杂的平衡态，再度产生与环境交换的不适，系统又形成新的混沌和震荡，这样在新的外部环境压力和企业内部发展动力双重机制作用下，又产生新的自驱动和管理相结合的优化，在管理负熵和效率递增的基础上，平衡又被打破，从而形成新的、规模更大的、更复杂、更高层次的耗散结构，推动企业继续向前发展。这个过程不断往复，从一个耗散结构向更高级的耗散结构、由量变向质变、周而复始地发展运动，构成了企业系统演化发展的机制。正如任正非所说："公司应该是一种耗散结构，应该让公司在稳定与不稳定、平衡与不平衡间交替进行，这样公司才能保持活力。"

了解了熵、熵增和耗散结构的概念，那我们该如何破解组织自驱动系统发展到一定程度后面临的熵增困局呢？这就需要企业实现从利润思考中级篇到高级篇的升级。

3. 利润思考高级篇

既然组织自驱动系统的三个核心要素：能力、动力和结果在某种特定的环境下会形成熵增，比如能力遇到瓶颈、动力不足、成果停滞不前，那我们就要想办法去打破这种平衡。言外之意，企业要实现持续高利润，以能力、动力和成果三要素为核心的组织自驱动是基础，但不是全部，在组织自驱动系统之外一定还存在着更重要的影响要素。如果找到了这些影响因素，并发现它们之间的内在逻辑，那我们就可以规避"熵增"魔咒，建立一个更高一级的自驱动系统，用这个更高级的自驱动系统去驱动组织驱动系统，远离封闭和平衡，让企业始终充满活力和生机。那么，这个更高一级的自驱动系统应该是什么呢？

我们分别从组织自驱动的三要素：动力、能力和成果来分析，先从动力要素来看，分钱、分权和分名都会提升人的工作动力。但如果工作就是为了分钱、分权或分名，这样的动力就存在很大的局限性，也不可持续。很多优秀的企业家，即使有一天他们有钱了，有权了，也有名了，但是他们依然全身心地扑在自己的工作上，他们到底图什么呢？因为他们心中有一种定力，这份定力让他们在顺境中多一份清醒，在逆境中少一份迷茫。为一份工资而做和为一种使命而做的动力和意志是完全不同的，有了定力，才会爱上自己的工作，才能艰苦奋斗，迎难而上，所以要用定力拉升动力，打破动力的平衡。

我们再看能力要素，人的能力提升都是靠什么驱动的呢？答案是：高目标。人的能力一旦停滞不前，那大多是因为没有更高的目标了，所以就安于现状，能力的天花板就出现了。只有通过不断提升目标来倒逼成长，才能突破能力的瓶颈，打破能力平衡。

我们再看成果要素，企业经营的成果有很多，眼前的财务收益是成果，长远的战略贡献也是成果；显性的收益和进步是成果，隐性的软实力提升也是成果；定量的业务指标趋好是成果，定性的能力建设也是成果。眼前的、显性的、定量的成果往往要靠长远的、隐性的、定性的成果来支撑，前者偏向于微观的、内部的，而后者偏向于宏观的、外部的。德鲁克说："企业的经营成果在外部，在企业内部的只有成本。"所以要实现成果的可持续提升，就要以外部思维来思考企业的增长战略，识别增长源，规划增长路径，通过增长实现从战略的高度上突破成果的瓶颈，打破成果的平衡。

这样，以定力、高目标和增长为核心的三要素就组成了另外一个更高一级的驱动系统，如图1-6所示。

定力让人在成功、顺境中多一份清醒，在困难、诱惑中少一份迷茫，它赋予人更大的、源源不断的工作动力，形成动力势能，打破动力天花板，驱动动力与定力匹配；高目标驱动员工不断审视能力差距，倒逼成长，形成能力势能，打破能力天花板，驱动能力和高目标匹配；增长则通过外部视角，审时度势，直面竞争，形成竞争力势能，赋能员工打破成果天花板，驱动成果与增长

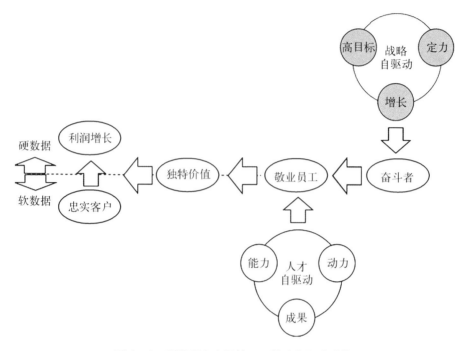

图1-6　利润思考高级篇——战略自驱动系统

匹配。我们称以"定力、高目标和增长"为核心的三要素组成的系统为战略自驱动系统。

优秀的企业，都有一个特点，就是除了敬业的员工之外，一定还有一群人，这群人热爱自己所从事的事业，忠于使命，不计较眼前个人得失，如果一定要把这群人和一般意义上的敬业员工予以区别的话，我们称之为"奋斗者"。奋斗者也是员工，但员工不一定都是奋斗者，奋斗者是企业最宝贵的财富。任何一个组织的发展，都离不开一群奋斗者，他们做事有使命感，心中有宏伟蓝图，在使命的驱动下，奋斗者会把工作动力上升到使命的高度。有了使命感，爱上了自己的工作，他们就会艰苦奋斗，迎难而上，不断挑战高目标，在高目标的驱动下，不断创新，吐故纳新，从而实现创新增长。

组织自驱动是微观面，战略自驱动是宏观面，这样利润增长引擎的两大驱动系统——战略自驱动系统、组织自驱动系统以及六大驱动变量——定力、高目标、增长、动力、能力、成果就形成了。

　　基于熵、熵增、耗散结构的概念和运作原理，我们在遇到能力、动力和成果的平衡态困局时，就要在能力、动力和成果的组织自驱动的基础上建立更高一级的驱动系统，实现企业开放、逆向做功和打破平衡，从而不断进化，持续、良性地向前发展。具备了这种思维，就达到利润增长思考的高级篇水平了。

四、 利润增长引擎"263 模型"

　　企业在商业竞争环境下起起伏伏，寿命有长有短，有的短短几年就消失了，有的虽然历经百年却依然活力四射，说明在企业内部一定有一种机制，这种机制在对抗熵增。这种机制的核心就是内在自我驱动系统和外在干预系统的融合并存。外在干预系统过强，企业会组织僵化，失去活力；内在自我驱动过强，缺乏外在干预系统的有效引导和适度制约，任由发展，企业就会产生盲目性，陷入混乱，所以企业必须要把内在自我驱动系统和外在干预系统有机结合，相互制约，互相促进，在保持组织活力的同时，也可以避免组织的盲目性。

1. 利润增长引擎的两大驱动系统

　　利润增长引擎的组织自驱动系统相当于内在自驱动系统，战略自驱动系统相对于组织自驱动系统来说就是外在干预系统，同时也是赋能系统。整个利润增长引擎就是内在自我驱动系统和外在干预系统的有机结合体。

　　企业经营要内外兼修，对内要有自己的独特价值特性，这是基本功，这种独特的价值特性得到了客户的认可，最终会以高利润的方式回馈企业，企业有了高利润的支撑，就可以与外部环境进行价值交换，而且价值会流向具有竞争优势的一方，帮助企业实现特定的社会功能，企业就有实力和外部所有利益相关者和谐相处，取得经营的物质、信息、能量，更有利于自己继续创造独特价值，这样，企业独特顾客价值特性和企业特定的社会功能就内外互相促进、融合，相辅相成。

2. 利润增长引擎的六大驱动变量

六大驱动变量是：定力、高目标、增长、动力、能力、成果。其中定力、高目标和增长是构成战略自驱动系统的三大变量，称为宏观变量。动力、能力和成果是组成组织自驱动系统的三大变量，称为微观变量。

3. 利润增长引擎的三条驱动主线

从战略自驱动系统的宏观变量和组织自驱动系统的微观变量中，根据六大变量的关联程度，我们可以归纳出三条强关联的驱动和赋能主线，分别是：

定力（宏观）——动力（微观），使命驱动和赋能动力，核心是传承，我们称之为传承主线；

高目标（宏观）——能力（微观），高目标驱动和赋能能力，核心是创新，我们称之为创新主线；

增长（宏观）——成果（微观），增长驱动和赋能成果，核心是发展，我们称之为发展主线。

这样，利润增长引擎的底层逻辑就建立起来了，如图1-7所示，概括起来就是两大驱动系统、三条驱动主线和六大驱动变量，简称利润增长引擎"263模型"。

4. 利润增长引擎"263模型"的运作原理

利润增长引擎系统模型的两大驱动系统的每一个自驱动系统本身自成体系，每个系统内部的要素之间相互促进、融合发展，同时系统和系统之间也彼此关联。如果把此系统模型比喻成一个人体，战略自驱动系统就相当于人的头部，拥有思想，把握方向，做好决策。组织自驱动系统相当于人的身体，承上

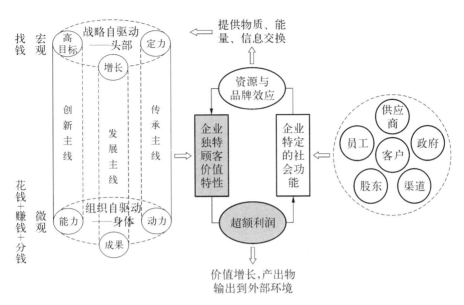

图 1–7　利润增长引擎"263 模型"

启下，高效实践，强悍执行。战略驱动组织，最后形成大脑、身体的协同运作。战略自驱动考虑的是宏观面，解决的是怎么找钱的问题；组织自驱动考虑的是微观面，考虑的是如何花钱建立组织和机制以及如何持续分钱和赚钱的问题。

　　利润增长引擎的系统模型与外部链接，两大驱动系统最终形成的动能是创造高利润的源泉。企业有了高利润，一方面通过提高员工收入和福利、扩大再生产投入、扩大研发投入等进行耗散，另一方面与外部环境进行价值交换，回报社会。在与外部环境的交换中，具有竞争优势的一方会从外部获得更大的物质和信息能量，更有利于企业形成独特的价值特性而持续保持竞争优势，如此循环往复。如果一个企业利润不断积累，但只进不出，到了一定的程度就会进入平衡态，进而变得无序，形成自我封闭，因此，利润增长引擎系统模型就是要让企业成为开放式系统。

　　对于个体而言，开放就是要保持良好的心态，敢于和善于吸收来自不同领域的新思路、新方法和新观点，愿意接受别人的批评，同时也敢于自我批评，不断学习别人、学习经典、学习历史，不断拉升思考问题的高度、调整思考问题的角度、挖掘看待问题的深度，与当下自己的现实高度、角度和深度形成势能差，从而驱动自己不断进化提升。

对于企业而言，开放就是与外部环境保持频繁且不间断的互动以及物质能量和信息交换。企业从外部环境吸取物质和信息要素，并通过企业内在系统的有效组合，将其转换为自身生存和发展所必需的要素。这些要素会帮助企业形成内部强大的势能，促进两大自驱动系统良性运作，从而打破平衡，使企业重新充满活力，高效运作，实现利润增长、价值提升。企业将其产出的物质和信息又输出到外部环境，实现企业特定的社会功能，同时进一步强化了企业的竞争优势，形成外部强大势能。企业内外部的强大势能通过战略驱动、组织驱动，最后又转化为动能，持续为企业创造高利润，最终实现企业与外部环境的交互动态发展。

中国改革开放，励精图治，砥砺前行，共建"一带一路"，打造全球命运共同体，都是为实现中华民族伟大复兴的梦想所驱动。国家如此，企业也是同样的道理，只有具有使命感的企业，才能真正做到开放，心有多大，舞台就有多大。

至此，利润增长引擎的系统模型已经建立，模型的目的是帮助企业经营者们建立系统和结构化思维，找到企业利润增长的基因密码，并指导企业行为。

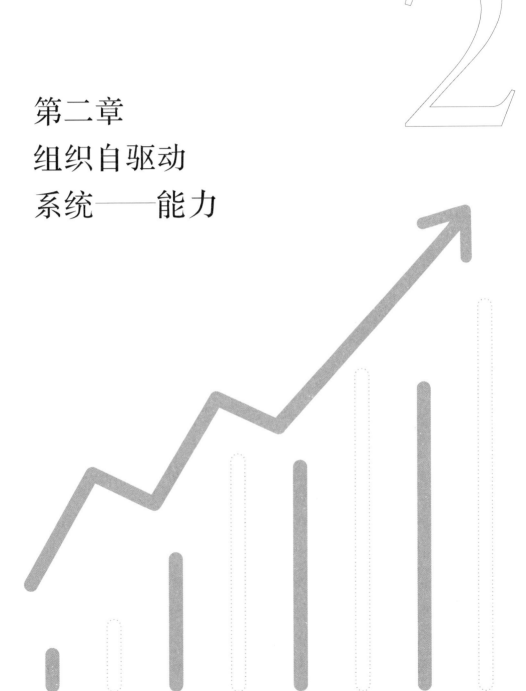

第二章
组织自驱动
系统——能力

　　能力是组织自驱动系统三大要素之一，直接影响到公司的利润产出，如图 2-1，本章会对能力这一个要素展开详细论述。

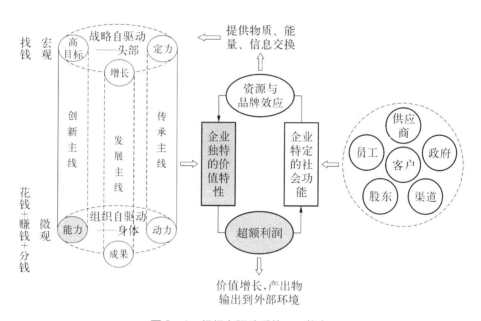

图 2-1　组织自驱动系统——能力

　　战略设计无论多么完美，也无法超越规划者本人的智慧；战略执行无论多彻底，也无法超越执行者本人的能力。企业的利润都是靠人创造出来的，人没有能力，心有余而力不足，利润不会自动找上门来，能力是利润最基础的驱动变量，到底什么是能力？企业在员工能力建设上面临哪些困惑？为什么企业总觉得自己的员工能力不够？企业该如何构建人才能力系统？

一、什么是能力

关于能力的定义，有着许多不同的描述，有的说能力是完成一项目标或者任务所体现出来的综合素质，也有的说能力是完成一项目标或者任务所体现出来的心理特征，还有的说能力是在工作环境中执行任务的人的技能、知识、个人价值观和信念，等等。营销有营销的能力，供应链有供应链的能力，研发有研发的能力，管理有管理的能力，操作有操作的能力，还有沟通能力、业务能力、学习能力……可见能力是多维度、多层次、多方面的，它包罗万象，要一句话把能力是什么讲清楚，确实不容易。在给能力下定义之前，我们先看一个小故事和一个案例。

1. 故事：甩胳膊

网上有这样一个小故事，说一个学生在课堂上问苏格拉底，怎样才能成为像苏格拉底那样学识渊博的学者。苏格拉底没有直接回答，只是说："今天我们只做一件最简单也最容易的事，每个人把胳膊尽量往前甩，然后再尽量往后甩。"说着，苏格拉底示范做了一遍。"从今天起，每天做300个，大家能做到吗？"同学们都笑了，这么简单的事谁做不到？

过了一个月，苏格拉底问学生："哪些同学坚持了？"教室里有百分之九十的学生骄傲地举起了手。又过了一个月，苏格拉底又问了同样的问题，这时举手的人只剩八成。一年过后，苏格拉底再次问学生："请告诉我，最简单的甩手动作，有哪几位同学坚持做到了今天？"这时，整个教室里只有一个学生举起了手，这个学生后来也成了著名的哲学家，他就是柏拉图。

世界上所有集大成者，都是能把"小事""简单的事"做到极致的人，正如《道德经》所说："天下难事，必作于易；天下大事，必作于细。"因此，不管是什么方面的能力，都离不开实践，能力需要通过实践来验证，也需要通过实践来提升，而实践本身贵在坚持。

2. 案例：SHEIN（希音）的异军突起

2020年7月，全球最大传播集团WPP联合谷歌发布了一份"中国出海品牌50强"榜单，华为、联想、阿里巴巴排名前三。榜单上绝大多数都是大家非常熟悉的品牌，但其中有一个夹在OPPO和大疆之间，排第13名的品牌，叫SHEIN（希音），却很少有人知道这个品牌是做什么的。西班牙的时尚服装品牌ZRAR（飒拉），大家都很熟悉，SHEIN就是2008年在南京成立的做线上时尚品牌服装的跨境电商企业，短短12年，SHEIN的销售网络已经覆盖全球90%以上的国家和地区，2020年上半年，SHEIN销售额就突破了400亿元。

网络数据显示，作为快时尚鼻祖的ZRAR，其2020年的收入下降了27.6%，利润下降了近70%。优衣库2020年的销售额下滑12.3%，毛利率下滑至48.6%，利润大跌42%。而SHEIN却屡屡爆单、销量翻倍，甚至还传出有望收购英国高街品牌Topshop的新闻。

SHEIN到底做对了什么呢？首先SHEIN改变了靠搜索引擎获取流量的传统方式，打造社交化平台，通过社交黏性逐步建立品牌认知，最后形成品牌黏性。得益于出色的运营投入，2020年，SHEIN在"脸书"的粉丝达到了2 000万余，远高于其他中国跨境电商对手。其次在具体产品定位上，他们只走寻常路，做最好做的，而且是用更便宜的价格卖已经证明好卖的东西，比如类似款式的泳衣，Zara打完折还要25美元一套，而SHEIN原价只需 15 美元，"买得起、快、时尚"是 Zara 的三大核心竞争力，但是 SHEIN 用更低的价格抢夺了 ZRAR 的大量海外客户。

如何能做到极致的便宜呢？SHEIN 选择用"小单快反"策略来攻克库存问题，用高额补贴和利益共同体设计解决小批量多品种的新品打样，而且打样速度非常快，同样数量的样品，SHEIN 可以实现更多的品种和更短的打样时间。这使得 SHEIN 押中爆款的概率高达 50%，订单稳定、利润合理、面料供给充足的有利条件使得工厂自愿与 SHEIN 牢牢绑定在一起，形成了 SHEIN 强大的前端供应链。在后端供应链，即物流服务方面，SHEIN 通过大量的实地考察，合理布局通关口岸和海外仓库，同样做到了用普快的成本达到特快的速度，实现运费综合成本最优。

在品质差距越来越小的前提下，SHEIN 通过出色的运营和全程成本控制，利用巨大的差价创造了广阔的品牌运营空间，成就了知名的中国出海品牌。

SHEIN 的案例告诉我们，企业的能力建设要和企业的战略匹配，战略不同，需要和匹配的能力要求就不同，企业毕竟不是学校，能力最终一定要转化成生产力，产生经济效益，所以企业在思考能力的时候，先要思考战略。SHEIN 的"社交化推广"的营销模式和把经过验证的产品做到极致低价的战略定位决定了他们在社交化推广营销、库存管理、供应链协同等方面必须具备和这个战略相匹配的组织和人才能力需求，也就是说能力是有方向性的，人才的能力需求要靠战略来定义。

通过以上的故事和案例，我们知道能力离不开实践，但同样都是实践，为什么有的人能力进步快，而有的人进步慢呢？这是因为认知不同，我们在工作过程中经常发现有些人根本就没意识到问题的存在，或者总认为问题都出在别人身上，有了这样的认知，自然就不会在提升能力上下功夫。有了实践和认知还不够，还要有方向，能力提升永无止境，我们要把有限的资源投放在最需要我们提升的能力上，不同企业，对能力要求不同，同一企业的不同发展阶段对能力的要求也不同，到底要根据什么来选择提升能力的方向呢？就是战略，用战略来驱动组织和能力。至此，我们来给企业环境下的员工能力下一个定义：能力是在企业战略方向的指引和组织岗位的要求下，通过认知和实践的相互促进和融合，持续提升实践成果的过程。员工能力有三个核心要素：实践、认知和方向，如图2-2所示。

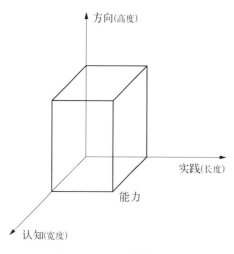

图2-2　员工能力三要素

实践是使能力往纵深发展、不断精进的过程，代表能力的长度；认知是不断拓宽我们的思维边界，使得能力往外不断延展，代表能力的宽度；方向代表能力的目标，人的时间是有限的，到底往什么地方努力，要有前瞻性，要提前准备，方向就是站得高，看得远，代表能力的高度。

在现实中，我们会发现有的人能力长度很长，但是宽度很窄；有的人宽度很宽，但是长度很短；有的人长度和宽度都可以，但是方向没找对，怀才不遇；有的人虽然当下的能力长度和宽度一般，但是认准了方向，在短短的时间内，能力长度和宽度提升得非常快。

二、 实践——能力的长度

实践是最根本性的能力，实践的过程就是不断发现问题、分析问题、解决问题的过程。发现问题是源头，分析问题是过程，解决问题是目的。发现、分析、解决问题的过程是动态的，解决了老的问题，又出现了新的问题，在解决问题的过程中不断总结、积累，慢慢就形成了对某类问题的系统解决方法，同时在面临新问题的时候，又要不断学习新知识。

现实情况往往是，企业总觉得员工能力提升太慢，从外面找一些能力强的人，但是到了企业又好像发挥不出来，员工也想提升自己的能力，但是又不知道从哪下手。老板一路走来，把自己的能力练就出来了，的确成为公司能力最强的人，但是无形中老板就成为企业的天花板，一个人奔波在最前面，蓦然回首，发现后面的人都没跟上，在恨铁不成钢的同时难免有一些孤独。

我们不妨来看看企业老板的能力都是怎么练出来的，企业能做到今天还存在着，说明老板的能力都不差，老板最基本的能力就是算账，老板的能力首先是算账算出来的，算账就要算投入和产出，企业是先有投入再有产出，还是先有产出再有投入呢？换句话说，企业是先花钱还是先赚钱？常识告诉我们，只有先花钱才能赚钱，所以老板的能力都是花钱花出来的，既然是花钱花出来的，有哪个老板在成长中从来没花过冤枉钱呢？所以延伸一下，老板都是花了无数的冤枉钱才练就了这么高的经营水平和能力的。同理，要想把员工的能力培养起来，就要让他们像老板一样具备经营思维，像老板一样学会算账和花钱。

何为"经营思维"？它与传统的管理思维有什么区别？我们用一个小故事来诠释经营思维的含义。

一天傍晚，爸爸带着他 8 岁的儿子在小区散步，爸爸看到路边的草丛中有一块大石头，就对他的儿子说："儿子，你把这块大石头搬起来。""这么大的石头我肯定搬不动啊！"儿子看了一眼石头，肯定地回答道。"你不试试怎么知道自己搬不动呢？"爸爸又说道。儿子只好去试一试，石头当然纹丝不动，任凭儿子怎么用力，最后把吃奶的力气都用上了，累得满头大汗，最后还是搬不动。"爸爸，我就说我搬不动的嘛，你看，我都出汗啦！"儿子用略带抱怨的口吻对爸爸说。"你真的尽力了吗？儿子。"爸爸问道。"爸爸，你就站在我身边，也看到了呀，我可一点儿没有偷懒呀！"儿子不服气地说道。"儿子，爸爸一直站在你的身边，你为什么不寻求爸爸的帮助呢？"爸爸微笑地看着儿子说道。

故事中的儿子好像也没错，他很卖力，也没偷懒，可谓没有功劳也有苦劳，但就是没有把石头搬起来，这就是传统的管理思维，只对过程负责，或者只对动作做了还是没做负责，但不对最终的结果负责。故事中的爸爸要的是搬起石头这个结果，儿子就算自己能力不够，也要想办法借一切可以借用的资源，最终一定要保证结果，这种以终为始的结果导向就是经营思维。中国很多企业老板其实并没有高等学历和雄厚的家庭背景，但就是因为他们是以经营思维做事，自己不会的，想办法学，自己学不会的，就想办法找会做的人做，总之要实现心中的目标，日积月累，他们就成了能力提升最快的人。

要在实践中提升员工能力，就要用经营思维来算账，通过化小核算单元，建立一套报表系统，通过报表及时、准确地反映出各个组织当下的经营情况和存在的问题。通过量化体系展现出来的问题都是客观的，一致的，不会因人而异，现在很多企业都提出市场化、信息化、数字化变革，这个报表体系就是基础。每个小经营单元都要对自己的经营结果负责任，报表系统就像是定期的体检验血报告，通过各项指标就知道自己的身体状况，哪些指标正常，哪些指标超标，针对超标的指标，再去找医生分析病因，开出药方。其原理就是要建立一个发现问题、分析问题、解决问题的 PDCA 循环过程。想要提升企业员工的能力，最好的办法就是建立一套发现、分析、解决问题的核算系统，如图 2-3 所示。

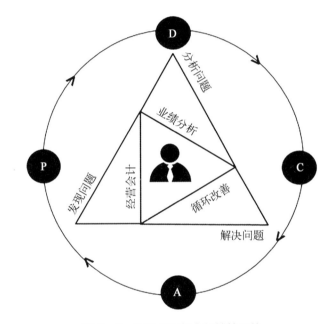

图 2-3　提升员工能力的核算系统

核算系统是企业培养经营人才能力的道场，它是通过让员工参与企业经营实践，在不断发现问题、分析问题、解决问题（PDCA）的循环过程中提升能力和组织绩效。核算系统包括经营会计系统、业绩分析系统和循环改善系统三大部分。

1. 经营会计系统——发现问题

经营会计报表就相当于企业经营的体检报告，用来发现问题，如表 2-1，左边的是财务会计损益表，右边的是经营会计损益表。

表2-1　财务会计损益表与经营会计损益表

账务会计损益表		经营会计损益表	
1. 销售额	×××	1. 销售额（收益）	×××
减 销售成本	×××	2. 变动费	×××
2. 营业总利润	×××	3. 界限利益	×××
减 销售费用 　　管理费用 　　账务费用	×××	4. 固定费	×××
3. 营业利润	×××	5. 经营利润	×××
4. 营业外损益	×××		
5. 本期纯利润	×××		

相对于财务会计，经营会计比较简单，更适合企业管理层使用，而且可以更适时、准确地反映当下经营实况。损益表通过经营会计报表把企业经营的各个维度的数据透明化、精细化、量化，让问题无处藏身。

———————————————————

下表（表2-2）是某公司9月份的经营会计报表，在这个报表中，企业9月份的整体经营情况从销售额、变动费、界限利益、固定费以及经营利润都有了量化的结果，而且每个科目都有计划值和实际值，计划值就是这个月的目标，实际值就是实际经营的结果，目标和结果之间一比较就会存在差异，差异就是一种客观事实的量化体现，就像人的验血报告的指标一样，差异一种是向好，一种是向差，向差的差异我们就定义为问题，通过报表数据本身，我们可以发现这家企业经营存在的一些主要问题：销售额远远没有达到计划的要求，比计划少了 332.7 万元，计件工资的占比上升了 0.53%，水电费的占比上升了 0.69%，不良质量成本占比上升了 1.14%，半成品与原材料以及成品的占用资金利息占比在上升，工资、设备折旧占比也在上升，这些因素都对企业经营的结果产生不利的影响，最终导致当月利润比计划少了 64.43 万元。

表 2-2　某公司经营会计报表

单位：万元　　2014 年 9 月 1 日—2014 年 9 月 30 日

项　目	分　类	计　划		实　际		差异
		金额	占比	金额	占比	
销售额	总销售额	500	100%	167.3	100%	-332.7
变动费	原材料成本	343.19	68.64%	101.97	60.95%	-7.69%
	计件工资	30	6.00%	10.92	6.53%	0.53%
	辅　料	2.92	0.58%	0.37	0.22%	-0.36%
	水电费	2.79	0.56%	2.09	1.25%	0.69%
	招待费	0	0.00%	0	0.00%	0.00%
	差旅费	0	0.00%	0	0.00%	0.00%
	推销费	0	0.00%	0	0.00%	0.00%
	包装物	2.6	0.52%	0.46	0.27%	-0.25%
	不良质量成本	3.17	0.63%	2.96	1.77%	1.14%
	半成品与原材料占用资金利息	2.47	0.49%	1.94	1.16%	0.67%
	成品占用资金利息	2.2	0.44%	2.25	1.34%	0.90%
合　计		389.34	77.87%	122.96	73.50%	-4.37%
界限利益		110.66	22.13%	44.34	26.50%	4.37%

（续表）

项　目　＼　分类		计　划		实　际		差异
		金额	占比	金额	占比	
固定费	折　旧	6.92		7.06		0.14
	社　保	4.09		5.38		1.29
	福　利	3.01		1.18		−1.83
	维　修	1.49		0.44		−1.05
	工　资	11.98		13.74		1.76
	办公、通信等	0.24		0.03		−0.21
	差　旅	0.48		0.2		−0.28
	研发耗料＆试制费	1.99		1.79		−0.20
	其　他	1.79		0.28		−1.51
合　计		31.99		30.1		−1.89
经营利润		78.67	15.73%	14.24	8.51%	−64.43

2. 业绩分析系统——分析问题

在经营会计报表中发现问题后，该怎么用核算系统来分析问题呢？就是用业绩分析报告，通过业绩分析挖掘问题背后的问题，直至找到问题的根源，然后制定有效的对策进行改善，并逐步建立分析的系统化、结构化思维。

3. 循环改善系统——解决问题

那该怎么解决问题呢？就是循环改善，问题往往都出在管理层，但是解决问题都在基层，所以管理者要深入一线，带动所有员工采取 QCDE① 提案，进

———————

① QCDE 提案是从质量（Quality）、成本（Cost）、交付（Do）、技术（Engineering）这几方面全方位进行改善。

行循环改善。

关于核算系统更详细的操作，本书不作过多阐述，本书的姊妹篇《阿米巴经营的中国实践》（东方出版中心 2019 年版）一书的第五章（核算系统——心之法）对此有详细的描述。

按照发现问题、分析问题、解决问题这三个步骤日积月累的实践，人的能力就会提升起来。核算系统的原理和运作逻辑并不复杂，也比较容易理解和实施，但要通过核算系统不断提升员工能力，带来组织绩效的可持续提升，则需要坚持不懈的刻意练习，和几倍于常人的努力。

———————————————————————

网上有一篇报道，名为"广州花都一乡村小学体育老师调教出跳绳梦之队"①。大致内容如下：广州花都区花东镇有一所默默无闻的乡村小学——七星小学，全校 150 多名学生中近一半是外来务工人员子女，就是这样再普通不过的小学，却受到全世界的关注。体育老师用短短一根刹车线，带出了 20 多名世界跳绳冠军，刷新多项世界纪录，七星小学的跳绳队成为名副其实的跳绳"梦之队"。小小的一根绳子，到底有着怎样的魔力，能赋予学校殊荣，成就孩子梦想？

这些取得冠军的孩子并没有什么特殊的能力，由于学校场地的限制，他们连系统的体育课训练都没有，之所以选择跳绳，仅仅是因为跳绳不占场地，而且不需要投入硬件设备，组建跳绳队的教练赖宣治甚至都不会跳绳，他是全区的体育老师中唯一一个参加过三次跳绳基本功测试都没及格的人，有老师打趣他说：要是他能搞好跳绳队，猪都会上树！

赖宣治天生有股不服输的劲，刚开始的第一年，他每天下班就到宿舍

———————————————————————

① 羊城晚报.广州市花都一乡村教师调教出跳水"梦之队"［EB/OL］.（2021－06－24）［2021－09－28］. gd. sina. cn/news/2019-0806/detail-ihytcitm702816. d. html.

上网看视频、找资料，就研究一件事：怎样可以跳得更快？全身心的投入使得赖宣治疯狂地迷上了跳绳这项运动。在近乎疯狂地研究国内外跳绳运动的跳法后，赖宣治发现，弓着腰比直着腰跳得快，正抬腿比后踢腿跳得快。基于自己的研究，他改良了半蹲式跳法，并将这一跳法教给自己的队员们。后来他又发现传统的绳子体积大、阻力也大，有没有一种可以让学生跳得更快的绳子。有一次，他的摩托车刹车线断了，送修时，他握着这根直径约 1.5 毫米的银灰色钢丝线，突然醒悟：这条柔软而又不失韧性的刹车线，不正是自己苦苦寻找的最佳的跳绳吗？

在七星小学跳绳队取得耀眼成绩后，有体育部门的人来选拔运动苗子，结果却大失所望。如果按照体育特长生的标准进行选拔，后来的这些"世界冠军"们，没有一个能达到标准线。赖宣治每天带队训练，他要求队员们从早上六时半训练到八时，下午四时半训练到五时半，雷打不动，一年365 天中，有 360 天，赖宣治和他的跳绳队都在坚持训练。以前的旧场地有一块瓷砖，瓷砖被磨平了。训练的时候，队员的衣服几乎湿透，一拧全是汗水。后来建成的室内训练场上，有一个区域因长年被汗渍渗透显得乌黑。"欧美那些参赛队伍没想到中国冒出我们这样一支队伍，我只是一个普通的体育老师，他们也只是一群普通的农村孩子，但我们却为国争光了！"赖宣治在后来的采访中说道。七星小学跳绳队之所以能站上世界之巅，是因为他们比其他人付出了多"一千倍"的努力。

花都七星小学跳绳队的故事告诉我们，能力的提升不会一蹴而就，更不会平白无故找上门来。要学会爱上自己的工作，在发现、分析、解决问题的刻意练习中要投入几倍于常人的努力和汗水，不轻易放弃。曾国藩说："吾生平长进，全在受挫受辱之时。"尼采说："一切决定性的东西，都从逆境中产生。"

意思都是说凡是能让你变好的事情，过程都不舒服，用心去发现问题，心会吃苦；用脑去分析问题，脑会吃苦；身体力行去解决问题，身体会吃苦。特别是在我们面临的问题越来越隐蔽，越来越难的时候，身、心、脑吃的苦就更多，而人的本性都是"趋利避害"的，在感受到痛苦、恐惧和焦虑时，自然就会想方设法保护自己，让自己远离恐惧和焦虑，但是要真正取得能力的长足进步，就得采用"超越人性"的做法——拒绝逃避，勇敢面对，当你能够勇敢面对痛苦时，就会收到痛苦给予的"礼物"。有句话说得好，小成要顺应人性，大成要对抗人性。

三、认知——能力的宽度

乞丐不会嫉妒百万富翁，但他会嫉妒收入更高的乞丐。认知不同，决定人的思维角度不同。一切变化都从认知的变化开始，现实生活中，我们常会陷入认知的误区，这种误区往往基于隐含的假设，恰恰是这个隐含的假设把我死死地框在认知的囚笼中，只有打破这个隐含的假设，才能打破认知边界，看待世界的目光就会更宽广一些。

认知离不开实践，实践出真知，干中学、学中干，在实践中提升认知，在实践中检验认知，反过来，认知也会反作用于实践，认知到位，行为才会到位，行为到位，结果才会到位，认知不到位，能力提升就停滞不前。前面我们讲到提升能力的过程从实践的角度就是发现、分析、解决问题，前提就是要对"问题"有认知。

我曾受邀参加某企业的月度经营分析会，这是一家制造型企业，主要给国内外几大知名通信公司和新能源汽车公司提供配套结构件，业务发展

势头良好，但内部运营相对薄弱。企业下设四大事业部，按照利润中心的方式来经营，同时在总部设立了人资、财务、采购等职能部门。经营业绩分析会上，各事业部总经理都对上月的经营情况作了业绩报告，没有达标的也进行了情况说明，其中大家都普遍提到公司采购不给力，物料齐套问题大，并且还反馈采购员不及时完成采购计划，有时要晚五六天，等等，言外之意，事业部的经营目标没有完成，是采购部造成的，不是事业部自己的原因。公司老板在总结时问了大家这样一个问题："如果我们向客户交付产品的时候不及时，在面对客户的时候，我可不可以和客户说这不是我们公司的问题，是因为我们的供应商没有给我们及时交付造成的？客户会不会因为是供应商的问题就原谅我们？"所有的人都表示否定。"那如果你们是我，你们应该怎么办呢？"老板又接着问道。大家都说要及时和供应商沟通，提醒供应商，帮助供应商，哪怕是蹲在供应商那里，也要把物料催回来，总之不能影响客户。"那你们就把你们的事业部当作公司，你们就是公司的总经理，当物流成为公司的瓶颈了，你们是给自己找一个合适的理由呢，还是往前走一步，和采购充分沟通协同，给我一个满意的结果呢？"大家都沉默了，陷入了沉思。

在企业里，类似这样的现象挺普遍，如果我们都把问题归咎于别人，那就说明自己没问题，也就不会想着怎么提升能力。反过来，面对这样的情况，如果能够从自身找原因，那就会有不同的结果。不妨问问自己：我为什么没能及时提醒采购呢？如果提醒了，那再进一步，我为什么没能提供他们帮助呢？如果也帮助了，那再进一步，我为什么没能和他们一起梳理背后的系统问题呢？对问题意识的程度越深，对自己的要求就越高，自己能力提升的内在驱动力就越强。如果认知是物料不齐套是采购的问题，和我无关，那就不会觉得自己有

问题，自然就不会提升自己。如果认知是物料不齐套是我的问题，我应该给予必要的提醒、帮助、系统分析，那就会想办法去提升自己的协调能力、管理能力、思考能力等。前一种人只能按部就班地做事，而后一种人则可以更多地担当重任。

认知的高度、宽度、深度不同，最终决定了能力提升的程度不同。不管什么人，其认知的高度、宽度、深度都会有上限，也是"天花板"，一旦触及上限，就会形成认知盲区，就如哲学家卡尔·波普尔所说："任何时候，我们都是被关进自己认知框架的囚徒。"形成认知盲区的原因很多，最核心的就是两个：一个是缺乏常识，一个是自我设限。

人类对自然界的认知就是一个常识不断丰富的过程，打雷从自然常识来看就是云层中的正负电荷相遇而产生的放电现象，但是古时候的人可能认为打雷是老天爷发怒了。再比如《孙子兵法》里讲的"以少胜多"，我们可以津津乐道地讲出很多经典战例，很多年来我们一直以为，以少胜多就是通过出其不意，一个妙招就扭转乾坤，取得胜局，其实这就是缺乏常识的表现。这里的常识是什么？就是兵力优先原则，两军对抗，一定是兵力多的一方获胜。《孙子兵法》里面有这样一段话："故用兵之法，十则围之，五则攻之，倍则分之，敌则能战之，少则能逃之，不若则能避之。""十则围之"，意思是：如果你的兵力是对方的十倍，就可以围住对方轻轻松松地打一场包围战。"五则攻之"，意思是：如果你的兵力是对方的五倍，就可以正面发起进攻痛击敌人。"倍则分之"，意思是：如果你的兵力是对方的两倍，就可以先把对方分解开，然后一块一块去"啃"。"敌则能战之"，意思是：当敌我双方兵力相当，就要和对方周旋，寻找分割对方的机会再开打。"少则能逃之"，意思是，如果敌人兵力比我们多，那就躲避它，不可硬打。"不若则能避之"，意思是：如果敌人兵力比我们高很多，那就必须主动躲远一点，千万不要让对方发现我们的踪迹。仔细分析我们发现，原来"以少胜多"根本就不是通过一个妙计实现以"少数人"战胜"多数人"，而是通过不断重整和组合，制造出能以"多数人"去攻击对方"少数人"的机会！一句话，"以少胜多"的本质，其实是变着法地"以多胜少"！

自我设限的典型案例就是跳蚤实验。有一位生物学家，把一只跳蚤放在桌上，让它自由活动。跳蚤在桌上自由跳跃，轻轻松松蹦跶得很高，可以高出它身高的好几倍。然后，生物学家把跳蚤转移到一个玻璃罩里。这时，变化发生了。跳蚤依然在跳跃，但每次奋力高高跃起时，都狠狠地撞在玻璃罩上，然后被顶了回来。随后，生物学家开始逐渐降低玻璃罩的高度。跳蚤很敏锐，怕被撞疼，随着玻璃罩高度的降低，也在慢慢降低自己跳高的幅度。最后，玻璃罩降到几乎贴近桌面了。跳蚤已经不再跳跃。这时如果拿走玻璃罩，跳蚤应该会重新恢复跳高了吧？并没有。这只跳蚤已经失去了跳跃的意愿，只愿意伏地爬行。这种现象被称为"自我设限"，也叫"跳蚤效应"。

认知有四重境界：第一级是不知道自己不知道，这类人意识不到问题存在，自我感觉良好，能力提升最慢；第二级是知道自己不知道，这类人意识到了问题的存在，有针对性地去提升自己的能力；第三级是知道自己知道，这类人在解决问题的过程中总结出了事物规律，可以举一反三；第四级是不知道自己知道，这类人把规律变成了最朴素的常识，永远保持空杯心态。企业如何通过提升员工的认知来提升员工的能力呢？我们总结出了员工提升认知三要素模型（图2-4）：学习常识、树立标尺、权威影响。

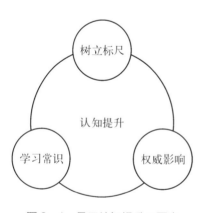

图2-4 员工认知提升三要素

学习常识的目的是为了给员工认知提供基础性参照，常识的不断丰富让这样的参照系边界越来越宽。树立标尺是为员工认知提供权威性参照，企业有两个核心内容可以为员工认知提供权威性参照：一个是企业的核心价值观，一个是企业的目标体系，它们就相当于两把尺子。权威影响为员工认知提供影响力参照，企业领导人就是企业的权威，领导人的身体力行和领导人对员工的内心期盼都会在潜移默化中影响员工的认知。认知指导实践，实践提升和验证认知，企业该如何从行动学习、树立标尺、权威影响三要素出发进行系统思考呢？有哪些成功实践可以借鉴参考呢？

1. 学习常识

常识，是自然界最基本的现象或规律，它是人类认知中最朴素、最珍贵的财富，不需要专家的论证，也不需要理论的支持和任何冠冕堂皇的说教。常识的高贵之处就是它敢无所顾虑地告诉人们：皇帝没穿衣服就是没穿衣服！任何理论或观念，想要判断其是真理还是谬误，就用常识去参照，常识可以解放人的思想，甚至颠覆人对世界的认知。

我们到底该如何学习以及学习什么才能提升自己的认知呢？

（1）为什么学

有个关于思维的理论被称为黄金环理论，如图2-5，有三个核心要素：为什么？怎么做？是什么？

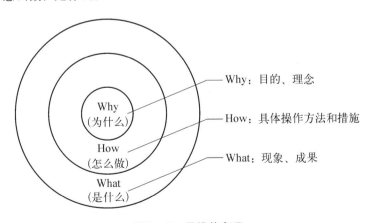

图2-5 思维黄金环

黄金环理论解释了为什么一些人能够在别人不能的地方产生灵感和激发潜力。地球上的每个人都百分之百明白自己做的是什么，其中一些知道该怎么做，包括具体的操作方法和举措，甚至是独门绝技，但是非常少的人明白为什么做。这里说的"为什么"指的是：你的目的是什么？你这样做的原因是什么？你怀着什么样的信念？

学习也一样，为何而学？目的不同，对认知的提升程度就会不同。如果只是为了完成一项任务而学，那最多只是走一个过场，证明自己学过了，其实并没走心；如果是为了解决一个具体问题而学，我们就会找到解决这个问题的具体方法，以后遇到同样的问题，我们就会用同样的方法；如果是为了解决一类问题，我们就会从多个解决方法中去总结，提炼一些共性的知识；如果是想搞清楚出现这类问题的深层次原因，那就会回归本质，去学习适用范围更广的一些原则和原理性的知识。所以学习的动机不同，学习的知识的深度和范围就不同，对认知的提升程度就不同。

不管是本着解决一个问题，还是解决一类问题，还是一劳永逸地解决根本问题的目的，学习都是为了改变。如果学习仅仅是为了知识，就不能很好地转化为认知。

（2）学什么

企业环境下，员工学习的内容大致可以分为三类：

第一类有助于解决具体问题，侧重于具体的工具、方法、技巧，我们称之为应用型知识，应用型知识适用面窄，一种知识只能解决一类问题；

第二类是分析问题的思维和系统框架，适用面相对较广，虽然没有具体的应用型知识指导性那么强，但对于分析问题很有指导意义，我们称之为原理型知识；

第三类是适用范围最广的，具有普遍的适应性，它让人回到原点去思考问题，认识事物最底层的结构和逻辑，通过改变人的认知让人具有一双更好地发现问题的"慧眼"，我们称之为原点型知识。

企业积累、沉淀的制度、流程、手册、指南、技术等基本都属于应用型知识，但原理型和原点型知识相对积累较少。这三种知识都重要，但我们往往把80%的精力放在应用型知识的学习上，20%的精力放在原理型知识的学习上，而很少把时间放在原点型知识的学习上。我们常常把时间花在提升"技术效率"，以应对具体工作场景的具体工作，而忽略了看清现象背后的本质，掌握底层逻辑的"认知效率"的提升。单纯追求"技术效率"时，面对新的问题就要学习新的知识，越学越多。而提升"认知效率"后，万变不离其宗，很多现象不过是同一问题的不同表现而已。

从认知的角度来看，不管是哪种知识的学习，都是为了丰富常识，企业要做好知识管理，帮助员工积累技术层面的应用型知识、分析层面的原理型知识和思维层面的原点型知识。

（3）怎么学

常识性知识并不等于自我认知，其需要一个转化过程，只有经过大脑认知的过滤，才会在根本上改变我们的观念和行为。在常识性知识转化为自我认知的学习过程中，有一个非常重要的环节就是反思，反思的结果往往是推翻固有认知并重建新认知。投资大师查理·芒格说："在过去的任何一年，如果你一次都没有推翻过自己最中意的想法，那么这一年就算浪费了。"由此可见反思对提升认知的重要性。

反思是把新知识和自己原有的认知进行链接，并得到反馈，这样，知识才会产生影响，相当于借助新知识对原来的认知再重新认知，即对认知的认知，按照美国心理学家弗拉维尔的定义，就是"元认知"。企业组织管理干部进行批评和自我批评，就是反思的过程，反思的深度决定认知的高度，反思得越深，认知就提升得越高。

雨果曾说："一个专心致志思索的人，并不是在虚度光阴。虽然有些劳动是有形的，但也有一种劳动是无形的。"深度反思的过程往往是痛苦的，就像舞蹈运动员早期要训练的"拉筋"动作。"拉筋"为什么痛苦呢？疼痛是一个原因，但最主要的原因还不是疼痛，而是明知接下来会更疼痛，但是还要继续往下压，以此不断逼近最高的标准。深度反思的过程也是一样的道理，明知要触及自己固有的认知、思想和灵魂，但就是要不断逼近事物的本质。一旦你想明白了一些事情，不断超越了自己固有的认知，可以站在更高层次思考问题的时候，那种通达、释然的感觉无穷美妙。所以有思想的人，总能在小事上反思，能随时随地反思，这个过程就是在锻炼思维，最终带来的将是最大的隐形竞争力。人与人的差别并不在于认知的多少，而在于能否对以往经历进行有效反思，从反思中获得更深入而有效的认知，从而从根本上改变自己的观念和行为。

2. 树立参照

"我们听过无数的道理，却仍旧过不好这一生。"这句话引发了很多人的共鸣，尤其是那些觉得自己学了很多知识但仍旧生活一团糟的人。

媒体曾有这样的报道：有个老太太在马路边摔倒，被一个年轻人扶了起来，后来这个年轻人被老太太讹诈。类似的报道不止一个。广州电视台专门设计了一个调查实验，设置一个80多岁的老太太步履蹒跚地过马路的场景，目的是想看看是否会有人上前提供帮助。当时路上车水马龙，记者躲在暗处进行掩蔽拍摄，时间一分一秒过去了，只见一个个行人从老太太身边走过，但是没有一个人上前帮忙，甚至有些人还有意避开老太太，有些车辆看到老太太想过马路，赶紧加大马力快速通过，时间一点点过去了，考虑到老人摔倒的风险，摄制组结束了拍摄。

我们不能仅通过一个调查来证明一种社会现象，但有一点可以肯定的是，当我们的切身利益受到影响时，平时的常识就可能失去作用，可见知道常识和

能否按照常识去做还相隔很远。企业经营过程中也有很多常识，比如整体利益重于局部利益，创造价值才能分享价值，人人利他才是真正的利己，遇到问题应先从自身找原因，销售额最大化同时费用最小化最终才能利润最大化……但实际运作过程中，出于利益、责任、自我保护等原因，我们往往会把常识丢在一边，而采取了不符合常识的行为，而这一切的根源还是在认知上，改变认知的一条路径是向内求，通过学习和自我反省，提升认知，还有一条路径是借外力，通过外力的导向来改变认知，我们把这种外力导向称为"权威参照"。

企业可以用来帮助员工改变认知的"权威参照"有两个：一个是企业的核心价值观，一个是企业的目标体系。它们就相当于两把尺子，企业要借助这两把尺子不断进行度量，把度量发现的偏差及时反馈给员工，从而提升或改变员工的认知，进而提升员工的能力。

（1）核心价值观参照

认知的提升从得到反馈开始，自己给自己反馈，就叫自我反思，外界给予的反馈就叫参照，这个参照权威性越强，就越有利于改变认知。企业核心价值观是企业全员必须拥有的终极信念，是衡量是非的标准、员工行为的准则，是引领企业进行一切经营活动的指导性原则，是企业坚持走下去的内在动力和面向未来的共同承诺。核心价值观好比一把尺，用这把尺来衡量员工行为的善与恶、对与错、是与非。有了尺度才能界定行为、明白道理、改变认知。

阿里巴巴的核心价值观是：客户第一、团队合作、拥抱变化、激情、诚信、敬业。马云在《阿里巴巴公司价值观实施细则》的寄语中说到，阿里巴巴的核心价值观"六脉神剑"是所有阿里巴巴人共同尊重的价值观、人生观，她来源于人性最美、最善良的一面，也必能激发人性最美、最善良的一面。

阿里巴巴推行核心价值观考核，涉及招聘、培训、人员选拔、绩效考评、文化建设活动等人力资源管理的各个领域，它考核的是员工在日常工作中所展现的态度、行为与六大价值观的契合度。每一条价值观都分别设置了由低到高（1—5分）五个级别，并通过案例来解读每一个行为要求。

阿里巴巴的核心价值观考核细则就是一面镜子，让员工不断用这面镜子来观照自己的行为，在这个过程中得到符合、不符合或不同符合程度的反馈，并通过考核机制促进员工进行反省，以提升员工的认知，进而提升员工的行为与企业核心价值观的契合度。

（2）目标体系参照

能力的提升源于对问题的认知，核心价值观侧重员工对行为问题的认知，如图2-6所示的能力冰山模型。员工的能力可以分为显性能力和隐性能力，显性能力最直接的体现就是业绩，以及为了达成业绩所需要具备的技能和知识。隐性能力体现在员工的行为特征、自我管理、特质和动机上，最核心的就是思维和价值观。

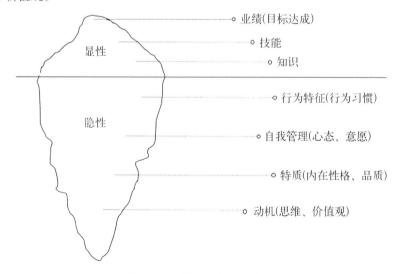

图2-6　员工能力冰山模型

目标体系侧重员工对结果问题的认知。目标定得低，怎么做都没问题，目标定得高，怎么做都有问题，目标越高，问题越明显。可见目标本身会直接影响员工对问题的认知，进而会影响到员工能力提升的速度和空间。那该怎么确定企业的目标体系呢？这需要我们对企业目标体系进行分解，如图 2-7 所示。

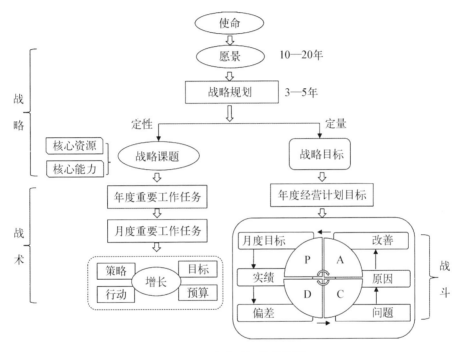

图 2-7　企业目标体系分解

企业使命就是企业最终极的目标，愿景就是 10—20 年以后的宏伟蓝图，战略规划相对具体，解决的是企业 3—5 年的发展，战略规划最后会形成战略目标体系，一个是定性的战略课题，涉及企业核心竞争力的系统建设，一个是定量的战略目标，定性的战略课题不可能一下子完成，会分解到年度重要任务中，最后分解到月度重要工作任务中。战略目标也不可能一下子实现，要把大的战略目标分解到年度经营计划目标，再继续分解到每月的小目标，针对每月的目标，用每月的实际结果（简称实绩）去匹配，找到偏差，发现偏差背后的问题和原因，然后展开经营改善。所以整个企业的目标体系是通过定性的重点任务和定量的经营目标层层分解，实现从战略、战术到战斗的贯穿。

企业要从顶层设计开始，自上而下，以定性和定量两个目标体系为抓手，形成企业内部员工可以参照的权威标尺，通过不断对标，取得及时反馈，从而促动员工对问题的认知，及时弥补能力的短板，持续提升个人能力和组织绩效。

3. 权威影响

大家可能会有这样的经历，朋友遇到了困难，你从各个方面帮助他分析问题，并提出中肯的建议，但他怎么也听不进去，我们会感慨有的人为什么会如此固执。因为固执，所以就拒绝学习，拒绝接受别人建议。反过来，越拒绝学习，越听不进别人的建议就越固执，如此形成恶性循环。

孩子的教育也会面临类似的问题，我们经常苦口婆心地跟孩子说，现在是读书的好时机，要沉下心、多吃点苦、多学点知识，将来对自己的人生肯定有帮助，但是孩子就是听不进去，他总是固执地寻找理由，固执地选择放弃努力。

一个人认知的"天花板"会受两个因素影响，一个是常识太少，另一个就是自我设限，固执就是自我设限。自我设限就像是给认知竖了一道厚厚的墙，里面的人出不来，外面的人进不去。要打破"自我设限"这道墙，一个非常有效的方式就是权威影响。如果说员工自己学习是提升认知的自我动力，企业树立标尺是提升认知的外在压力，那权威示范就是提升认知的"绿色通道"。比如有些孩子在读幼儿园之前，那是奶奶疼爷爷爱，想要什么都必须实现，否则就要赖打滚。但你会发现孩子一旦上了幼儿园，就立即懂事多了，而且嘴里经常说"这是老师说的"，老师就是孩子眼中的权威，从权威身上学到的越多，对自己的行为进行反省的及时性和主动性就越强。

企业里的权威是谁呢？是领导人，是奋斗者，是各个领域的标杆。在企业环境下，发挥权威的积极影响对提升员工的认知非常有帮助。权威的影响包括权威示范和权威的期待，权威示范就是企业的领导人和奋斗者们通过自己身体力行地去树立榜样，真正做到言行一致、以身作则、表里如一，通过权威的良好示范效应，促进员工学习并参照权威的做法去做，在做的过程中，"自我设限"就会被打破，重新认知之旅由此开启。权威的期待则是权威发自内心的相信和认可，这种自觉或不自觉的心理暗示都对人有非常大的激励，从而影响人的自我认知，并使人朝着积极的方向发展，正所谓"相信相信的力量"。关于权威的期待，心理学中有一个著名的罗森塔尔效应可以说明。

罗森塔尔是美国著名心理学家，1968年罗森塔尔带助手们来到一所乡村小学做了一项实验，在一到六年级各选了3个班，对这18个班的学生进行了一个"未来发展趋势测验"，测验结束后，他以赞许的口吻把一份"最有发展前途者"的名单给了校方，并叮嘱他们要保密，免得影响实验的准确性。但其实名单上的名字都是罗森塔尔随机选的，他根本没有去看这个测验的成绩。奇妙的是，8个月后，罗森塔尔和助手们对那18个班级的学生进行复试，结果让人意外，因为凡是上了名单的学生，每一个成绩都有了较大的进步，而且性格活泼开朗，自信心强，求知欲旺盛，更乐于和别人打交道。通过类似的大量实验，罗森塔尔提出了一个词，叫"权威性谎言"，权威的期待，可以强有力地影响人和动物。

罗森塔尔效应的启示在企业管理上同样适用，领导对员工抱有期望，而且有意无意地通过态度、表情、言语和给予更多提问、辅导、赞许等行为方式，将隐含的期望传递给员工，员工就会给领导以积极的反馈。这种反馈又激起领导更大的热情和更高的期望，并给予员工更多的关照。如此循环往复，员工的能力、业绩以及行为就会朝着企业期望的方向靠拢，使期望成为现实。

总结一下，改变认知要从学习常识、树立标尺和权威影响三个环节系统思考，如图2-8，它是一个循序渐进的过程，需要有足够的耐心，而且永无止境。

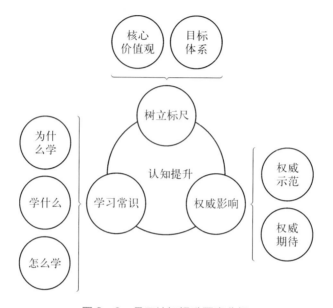

图2-8　员工认知提升要素分解

《随感》2006年第一期，刊登了一篇文章，题为"小处的优美与大处的壮阔"，作者是姜少杰，文中描绘了这么几幅图画。

第一幅画：一片鲜艳的红，上沿呈现锯齿状，不知何物。

第二幅画：一只两眼圆睁的大公鸡，金黄色的嘴，绿色的翅膀扑闪着，第一幅画中那片红原来是它的冠。

第三幅画：原来这只公鸡站在一堆木头上，两个小男孩趴在窗台上紧紧盯着它，做跃跃欲试状。

第四幅画：一个农家的院子，院子里有五只羊、三只鸭，一只小白狗在追着鸭子满院子跑，院子的小主人，即那两个小男孩，一心一意要逮住那只鸡。

第五幅画：镜头拉远，原来上述这些都是玩具做的，一个扎着马尾巴的小女孩在认真地摆弄着它们。

第六幅画：一个老人，花白的头发，在看电视。上面所有的画面竟然是电视里的一个镜头。

第七幅画：这里是一座繁华的城市，一辆电车缓缓驶过，老人与电视居然是电车上贴的广告画。

别急，事情不会就这么结束。

第八幅画：一个小镇里，邮差正在把一封信交给一位女士。那座繁华的都市原来是信封右上角邮票上的图案。

请发挥你的想象，下一幅图画会是什么？

认知的提升，就类似这个故事中不同画面的切换过程，原来你以为自己所看到的已是整个世界，没想到它只是冰山的一角。一旦你超越了某种境界再来看某些事情，可能会觉得豁然开朗，原来世界是这样，颇为自得。而实际上，也许你的认知与事物的本质依然有很大的差距。

四、 方向——能力的高度

企业环境下，员工能力要与时间和空间链接才有现实意义。员工能力从无到有，由弱到强，这是从时间维度来看的能力。但能力还有空间的属性，企业从战略的角度更需要匹配什么样的能力？我们的能力范围和能力边界在哪？所以企业员工的能力方向需要由企业的战略来定义。

如何把员工的能力和企业的战略进行匹配呢？有两条基本路径，一个是战略直接驱动，一个是战略间接驱动。

1. 战略直接驱动——个性化能力

战略直接驱动能力的核心要抓住两个主线：一个是增长源，一个是瓶颈。企业经营如逆水行舟，不进则退，要不增长，要不倒退，守是守不住的，所以企业做战略一定要立足增长，那增长到底从哪里来呢？这就涉及企业的战略增长源，企业的战略增长源一般是四个方面：新产品、新市场、新业务、新能力。

新产品就是通过产品的更新迭代来丰富既有客户的供给，从而取得增长；新市场就是保持既有产品，但是通过市场的延伸，比如以前只做国内市场，现在可以涉足国际市场，通过市场的延伸带来新的增长；新业务就是跳出了原有的产品、市场或业务形态，通过孵化新的事业单元寻求增长，比如原来是做实体店的，现在发展了新的电商业务，电商业务就属于新业务，它的发展也会带来企业增长；新能力是指从企业运营层面来思考，通过新的能量提升，有效支撑企业的战略，带来企业增长，比如企业通过产能扩充，扩大了生产能力，从而带来了增长。

不管是以上哪一种增长源，企业都要思考在这样的增长源驱动下，如何制定有效的策略和行动举措来实现增长源的落地，再根据策略和举措来匹配能力。它的驱动路径是战略—增长源—策略—举措—能力需求，如表2-3。

表2-3　战略直接驱动能力路径

项　目		策　略	举　措	能力需求
增长源	老客户深挖（增长7 000万元）	以品质提升为突破口，协同交期和服务升级，提升客户的满意度	1. 品质与交期调研（多维度），提出改善方案	品质和交期管理能力 专业研发能力 产品的宣传和引导能力
			2. 构建客户样板打样的快速研发模式	
			3. 强化业务端对产品的把握，建立大客户服务部	

（续表）

项　目		策　略	举　措	能力需求
增长源	国外新招商20家（增长5 000万元）	基于大数据分析，以市场为导向，打造爆款模式，以单店盈利支撑招商成果	1. 建立常态化的爆款数据分析系统	大数据分析能力研发生产柔性能力店铺运营能力爆破开发能力
			2. 研发生产的快速反应，形成VIP特殊通道	
			3. 赋能店铺，提升运营管理能力	
			4. 打造爆款运营模式，给客户提供电商整体运营解决方案	
	投放商务系列新品类（增长3 000万元）	利用品牌、规模、资质优势，精准整合商务系列产品供应链资源	1. 找到优质的具备商务系列产品开发和生产能力的资源	供应链的寻源能力渠道开发能力商业策划能力
			2. 商务系列的新渠道开发	
			3. 商务系列产品的商业策划	
瓶颈	新产品导入进度	通过优化供应链和下单及时性来提升物料及时性，从而加快新产品导入进度	1. 梳理并完善供应商资质和合作意愿	供应商关系管理能力采购订单的闭环管理能力快速新品导入能力
			2. 建立下单不及时的稽查机制	
			3. 建立新品快速导入模式	
	物料成本偏高	以市场导向的成本核算、重点物料消灭独家、设计工艺优化为三大突破，实现物料成本的控制	1. 建立以事业部作为主体的成本核算机制	成本核算能力供应商兼容替代能力工艺优化创新能力
			2. 梳理重点物料供应情况，消灭独家	
			3. 提升工艺的自动化水平	

（续表）

项　目		策　略	举　措	能力需求
瓶颈	人工成本偏高	以优化人岗配置、人员留用、工艺优化、管理创新、品质管控、减少物料等待为系统抓手，全面实现公司人工成本的降低	1. 目标导向的人员配置优化方案	人力资源管理能力 工艺优化创新能力 品质管控能力 供应链管理能力
			2. 优化人员考核、留用机制	
			3. 工艺优化、自动化水平提升	
			4. 实施计件工资制	
			5. 品质提升方案	
			6. 从供应链源头系统解决物料等待问题	

2. 战略间接驱动——通用化能力

不是所有的能力都是直接为战略服务的，战略不同，增长源、策略和举措就不同，需要匹配的能力就不同，所以战略直接驱动的能力具有很强的时效性，但是战略间接驱动的能力往往具有很强的通用性，比如如何做供应链管理，如何做人力资源管理，如何做生产现场管理，等等，都需要一些通用性的能力，这些能力是由组织的岗位职责来确定的。它的路径一般是战略—业务流程—组织岗位要求—能力需求，如表2-4所示。

表2-4　战略间接驱动能力路径

战略导向	业务流程	岗位职责	能力需求
竞争优势： 通过差异化服务解决行业痛点，实现增长	端到端的服务流程：细化服务场景，提升客户体验	运营部：管理服务的全过程	信息搜集 客户沟通 项目化管理 宣传推广 数据统计分析

（续表）

战略导向	业务流程	岗位职责	能力需求
产品重点： 打造高端定制系列产品	高端定制产品研发流程： 打造高端定制系列产品	研发部： 管理高端定制系列从需求到产品定型的全过程	消费者心理数据分析 市场竞争情报分析 市场分析 定价方法 并行研发 展会推广
渠道优化： 大力拓展线上新零售渠道建设，实现增长	新零售业务流程： 建立新零售从信息搜集到交付的全业务流程	渠道拓展部： 新零售的业务运作	地产楼盘数据收集分析 样板房打造 客户画像 多媒体引流 社交化引流 粉丝经济
成长助推： 打造增长导向的自驱动经营管理模式	自驱动管理流程： 建立从目标到落地的过程闭环管理	经营管理部： 自驱动经营管理体系构建	向心力系统经营 经营哲学 经营策略 组织创新 核算经营 体制变革

第三章
组织自驱动
系统——动力

利润增长引擎组织自驱动系统的第二个微观变量是动力，能力解决的是员工会不会做的问题，而动力解决的是员工愿不愿做的问题，如图 3-1 所示。

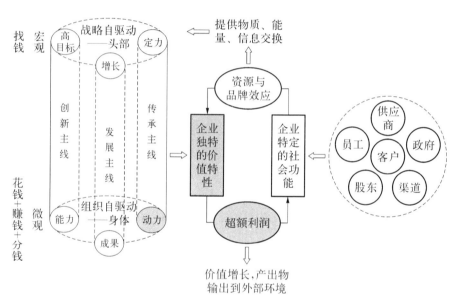

图 3-1　组织自驱动系统——动力

能力和动力这两个因素也会相互影响，比如如果可以自由选择的话，人们总是会在自己最擅长的事情上投入较多的热情，因为更容易有成就感，所以动力会更足，反过来，更大的动力会促进人们克服困难，更快地提升自己的能力。能力的提升源于实践和认知，那动力到底源自哪里呢？它受哪些因素影响呢？人的动力是先天就具备的，还是可以后天培养的呢？为什么有些人的动力来源于自我驱动，而有些人的动力需要不断的外界刺激？企业如何把握动力背后的因子，通过有效的机制设计，让员工保持持久的工作动力呢？

有一位年轻的企业家朋友，"草根"出身，创业15年，把企业做到了近十个亿的规模，员工也从起初的几十人壮大到一千多人，国内外通讯领域几个龙头企业都是他们的客户，公司业务每年都以至少30%的比例增长，成长势头非常好，成为当地的明星企业。

他的创业之路并非一帆风顺，其间经历了很多发展的困惑、决策的艰难，还有可能面临的未知风险以及人才和资金的压力等，但不管遇到什么样的困难和挑战，他总是浑身是劲，动力十足，我知道这是优秀企业家都具备的特质。一次吃饭聊天，大家谈到关于员工动力的话题，我就问他，他自己这种源源不断的动力到底从何而来？

这位企业家回顾了自己的成长历程，说："我是一个不服输的人，从小就不怕困难，而且愿意做有挑战的事情，在创业初期，这种品格帮了我很大的忙，让我渡过了初期的艰难，找到了自信。企业进入了快速发展阶段，业务和客户相对成熟，团队经过创业初期的历练，也相对成熟和稳定。企业规模迅速扩大，在当地影响力也越来越大，作为一个年轻的企业家，能够得到社会的关注和认可，无形中强化了我的自我成就感，在实现自我价值的同时，我也会花更多的时间来思考企业更长远的发展，如何给员工搭建更好的舞台，如何为社会作出更多贡献，体现企业的社会价值，等等，这些现在是驱动我忘我工作的强大动力。"

从这位企业家的经历可以看出，他的工作动力一开始可能来自创业不能失败，要做出名堂来的压力。后来在具体运作过程中，他克服了一个个困难、解决了一个个疑难杂症，这种成就感对他就是一种激励。随着公司逐步壮大，他

的很多想法都得以实施，一个个好的结果也不断验证他的战略决策的正确性，追求更大的成就感成为新的工作动力。当公司规模越来越大，人才也越来越多时，企业家就会希望在成就自己的同时，能帮助更多的人取得成就。由此可见，不同的人，工作动力不一样，同一个人，在不同人生阶段，工作的动力可能也不同。可见，人的动力因人而异，因时间而异，那么，到底是什么在影响动力呢？或者说人的动力的影响因素是什么呢？心理学家研究发现，动力背后的影响因素是需求，也称为动机，我们经常会说一个人的"动机不纯"，说的就是动力背后的东西，同样表现出来的都是强大的动力，但是背后的动机却千差万别。了解动机的概念对企业设计有效的激励机制是非常有必要的。为什么明明感觉是很有效的激励政策，但真正实施起来效果却并没有想象的那样好？为什么在设计激励政策的时候，出发点是好的，但是实施起来却带来了意想不到的负面效果？……所有这些企业在机制设计和实际操作过程中碰到的困惑，也许在我们把握了动机的概念和原理后，都会得到解答。

马斯洛需求层次理论分析的就是动机，如图3-2所示。马斯洛将人的需求

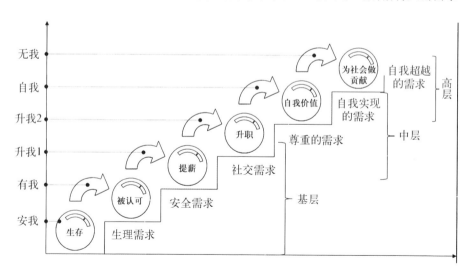

图 3-2　人的需求层次

层次分为生理需求、安全需求、社交需求、尊重的需求、自我实现的需求，后来又增加了一条，即自我超越的需求，这六个层次由低到高，层层递进，这六个层次不是串行的关系，而是并行的关系，也就是说这六个层次在一个人的身上会同时存在，只是体现的强弱不同。

马斯洛的需求层次理论同样适用于企业的员工，企业员工的需求也是分层次的，首先是基本的生存的需求，员工需要生活，需要养家糊口，这一层次的需求是最基本的，如果这个都无法保证，员工是没有心思在企业工作的，这个层次的需求可以称为"安我"，也就是要安定下来。解决了第一层次的需求以后，员工开始想着自己能否不断得到团队成员的认可，和团队成员建立良好的人际关系，工作能够开心愉快，这个阶段的需求可以称为"有我"，就是大家心里都比较认可他。再往下，员工既可以安定了，团队成员又认可了，他又开始想着是否可以涨工资，是否可以升迁，通过涨工资和职务升迁以证明自己的价值得到了认可，这个阶段我们称为"升我"。再往下，员工对自我价值的需求越来越强，认为人活着不但要自己生活好，还应该要为企业、他人和社会做点什么，这个阶段称为"自我"，即自我价值的实现，这个阶段，虽然自我价值得到了实现，但是心中还是有个"小我"，要做到真正的"无我利他"，就要放下"小我"，成就"大我"，这就到了员工需求的最后一个阶段，也是最高的境界，就是"无我"的境界。一个优秀的企业家一定不是强调自己的力量和自我的价值，而是放下自己，成就更多的人，达到无我的境界，这样就可以无为而治，就如《道德经》第五十七章所说："我无为而民自化；我好静而民自正；我无事而民自富；我无欲而民自朴。"

基于人的需求层次理论，要想最大化地调动人的积极性，就必须要弄清楚他背后的需求或动机。动机产生动力，动力产生动作，动机不同，动力不同，动作就不同，结果也就不同。在思考员工工作动力之前，要分析员工的动机，这样才能有的放矢，有针对性地构建企业的激励体制，所以企业科学的体制设计是一个立体的、全方位的系统工程。

一、 内部动机与外部动机

人的动机可以概括为两类：内部动机和外部动机。内部动机指个体对所从事的活动本身有兴趣从而产生的动机。在从事活动的过程中，个体可以获得满足感，这种满足感本身就是对个体的一种奖励和报酬，因此，个体从事这种活动时不需外力的推动。外部动机是由个体所从事的活动以外的刺激诱发而产生的动机。这种活动本身并不能给个体带来直接的满足，但通过这种活动却可以产生另外一种或另外多种效应，这种效应也就是活动以外的刺激。如图 3 - 3 所示。

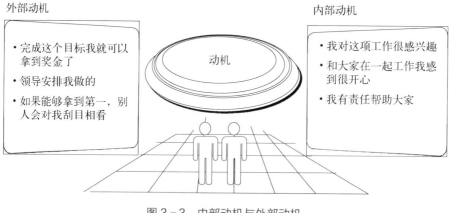

图 3 - 3　内部动机与外部动机

"完成这个目标我就可以拿到奖金了""领导安排我做的""如果能够拿到第一，别人会对我刮目相看"，这些都属于外部动机，这些工作本身我可能并不喜欢，但是为了拿到奖金、给领导留个好印象、博得别人的羡慕等，我也愿意去做。奖金、好印象和别人的羡慕就成为产生动机的外部刺激因素。反过来，如果拿不到奖金、不能给领导留个好印象、不能博得别人的羡慕，我就会感到有压力，所以这些外部刺激因素在产生外部动机的同时，带来的也是压力。这种压力会随着目标标的的重要程度不同而不同，比如如果我对奖金、给领导留个好印象和别人心目中的位置不那么看重的时候，我可能就没那么大的压力了，也就意味着外部动机的动力就小了。

内部动机则不然，比如"我对这项工作很感兴趣""和大家在一起工作我很开心""我有责任帮助大家"，这个工作过程本身就可以让我有满足感，就不需要其他外在的刺激。

了解了外部动机和内部动机，我们结合案例一起来分析一下企业在进行激励机制设计中遇到的一些问题。

1. 案例：合理化建议

企业在发展过程中，总会存在一些这样那样的问题，各项工作都有改善的空间，有些员工就会给企业献计献策，有些建议的确给公司带来了可观的收益。企业为了进一步强化员工的参与意识，更好地发挥员工的创造性和主动性，对公司的发展献计献策，于是专门制定了激励政策，每提一条合理化建议，就奖励20元，一段时间内，大量的合理化建议相继产生。但是一段时间后，公司发现很多合理化建议本身就是员工的本职工作，于是就取消了合理化建议的激励制度，结果合理化建议不再有人提了，连原先没有激励也能主动给公司提建议的人，好像也不再有动力去做这件事了。

合理化建议奖励属于外部动机，而提合理化建议的有两类人，一类是自己主动要做的，属于内部动机，还有一类是为了拿到合理化建议的奖金，属于外部动机，当合理化建议的奖励一旦取消后，外部动机立即消失，原来靠内部动机去做这件事的人也热情骤减，内部动机受到了削弱，可见奖赏也会伤人。

美国心理学家爱德华·德西曾讲过这样一个寓言故事：有一群孩子在一位老人家门前嬉闹，叫声连连，几天过去，老人难以忍受，于是，他出来给了每个孩子10美分，对他们说："你们让这儿变得很热闹，我觉得自己年轻了不少，这点钱表示谢意。"孩子们很高兴，第二天仍然来了，一如既往地嬉闹，老人再出来，给了每个孩子5美分。5美分也还可以吧，孩子们仍然兴高采烈地走了，第三天，老人只给了每个孩子2美分，孩子们勃然大怒，"一天才2美分，知不知道我们多辛苦！"他们向老人发誓，再也不会为他玩了！从此，这群孩子再也不来了。

原来孩子们到这里来玩，就是为了自己开心，属于典型的内部动机，但孩子们快乐了，老人痛苦了，因为老人受不了孩子们的吵闹，后来智慧的老人想出了这样的好办法，通过奖励孩子们的行为，将孩子们的内部动机（为自己快乐而玩）变成了外部动机（为得到美分而玩），然后再通过激励递减，从而削弱了外部动机，最终，他实现了让孩子们不再来的目的。

2. 案例：激励永远不够

某些企业在经营过程中，为了提升销售业绩，提高市场占有率，往往会给销售更高的提成，当然，这样的激励政策在短期内的确会对销售业绩起到拉动作用，但是随着市场竞争激烈程度加剧，业绩提升越来越难，有些业务人员甚至还出现业绩下滑的局面，怎么办？企业就再提升提成比例，同时结合阶段性成果，设计了很多临时性的激励手段，但是当企业把能想到的激励手段都用遍了，业绩还是不能如期提升的时候，该怎么办呢？而且提成又不能往下调，只能调高，真是"高处不胜寒"啊。

很多企业认为激励是万能的，做什么事都要和物质激励挂钩，感觉也很公平，但是如果有一天企业突然不激励了，或者员工感觉这个激励已经不足以让自己满意的时候，外部动机就会递减，甚至原本的内部动机也将消失殆尽。所以企业的激励机制就是一把双刃剑，设计得好就会强化员工的内部动机，从而达到持续提升员工工作动力的目的，反之，就会削弱员工的内部动机，产生负面影响。

企业所有的外部激励最终都会面临一个共同的挑战，就是激励的可持续性。单纯的外部激励并不能持续，随着时间推移，激励效果递减，一旦激励政策取消或往对个体不利的方向调整，外部动机会断崖式减退。图 3-4 所示的就是外部激励的变化趋势。

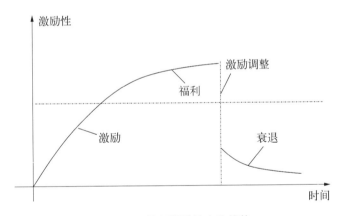

图 3-4　外部激励的变化趋势

一个人真正的动力永远只来自内部动机，心理学家爱德华·德西说："人们行为的理由深藏于内心，只有探寻自己的心灵深处，并且将那些内在的（通常是无意识的）动力带入意识之中，才能促成改变。"所有的外部激励只有转化为内部动机，才能持久发挥积极作用。外部动机是"要我做"，内部动机是"我要做"，企业该如何帮助员工实现从"要我做"到"我要做"的进化，从而保持持久的工作动力呢？

心理学家爱德华·德西和哈佛大学心理学教授布鲁纳通过大量的实验研究，发现每个人都有三个最基本的心理需求——自主、胜任和联结，如果人的这些需求能被满足，就能持续激发内部动机，让人全心全意投入某件事情，同时拥有更好的体验和表现。

二、自主

自主的核心就是自我管理，自我驱动。实现自主，就意味着可以根据自己的意愿，带着兴趣和意志沉浸在做事的过程中，并感受到自由和快乐。与自主相对的是控制，一个人在被控制的情况下做事，可能迫于某种压力会顺从，但内心并没真正接受，反而会消极抵触甚至是故意破坏。

最近几年，国内一些优秀的企业，如华为、阿里、海尔、宝钢、上汽集团等都在强化员工自主管理的经营思想，而且取得了良好的效果。华为"班长的战争"和"让听得见炮声的人来作决策"，阿里的"小前台、大中台战略"，海尔的"人单合一"，韩都衣舍的"三人小组制"，万科地产和永辉超市的"合伙人制"等都体现了强化员工自主管理、自我驱动的经营思想。

所有强化员工自主管理的企业，在组织建设、运营模式、分权管理、平台化建设上都有着独特的经营思想，可以概括为"组织化小、权力下放、独立核算、强化成果、管理简化、平台化"。

1. 倒三角服务型组织建设

对于强化自主管理的企业，企业员工不只对老板负责，更对用户负责，他们直面用户需求。在组织形态上，组织被不断化小，从金字塔式的职能型组织变革为倒三角服务型组织，如图 3-5。

在金字塔式的职能型组织结构中，权力最大的管理者在金字塔的塔尖，下面依次是高层、中层、基层管理者，最基层的是具体做事的员工，每一层都是

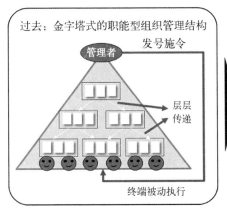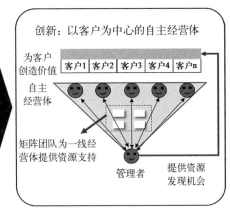

图 3-5 倒三角服务型组织

按照上一级的指令做事，这样的组织结构更强调执行力和效率。任何事物都有两面性，当员工习惯于按照指令去做事的时候，虽然体现了执行力和效率，但员工的思维也在慢慢僵化，有指令就知道怎么做，没有指令就不知所措，甚至为了避免犯错，宁愿等也不愿意主动做事，所以整个企业像是传统的绿皮火车，所有动力都来自车头，车厢越多，火车跑得越慢。

在倒三角服务型组织结构中，最上面是一个个小的自主经营体，也是公司的利润中心，它们最贴近市场和客户，它们对小组织的经营结果负责任，同时，公司也会给予其更多的自主决策的空间，让它们自主经营，真正实现"责、权、利"的统一。

自主经营体下面是管理中台，包括供应链、IT、仓储、客服等可以标准化的服务则统一由这些部门提供。自主经营体会及时传递压力，倒逼这些中台服务部门不断优化服务，整个平台的基础也日益牢固。

倒三角服务型组织的最下面就是以企业高层经营者为首的核心经营团队，他们在有些企业被称为"经委会"，主要负责企业战略制定、新事业孵化、机制设计和企业文化打造四大方面的内容。

相对于金字塔式的职能型组织，倒三角服务型组织让企业更贴近市场和客户，全员都在直接或间接地为客户创造价值，让员工有更多自主决策的空间。"不当家不知柴米油盐贵"，一旦员工进入经营者的角色，学会自主决策，要对经营结果负责时，员工思考问题的角度和层次就会不同，对自我的要求也会不同，内驱力也会越来越强，成长的速度也更快了。

2. 独立核算的运营模式

运营过程本质上就是一个 PDCA 循环的过程，企业大多数是以 KPI 指标为抓手，为组织或个人确定几个 KPI 指标，围绕 KPI 指标制定目标，然后在执行过程中不断和目标对标，寻找差距，再根据差距进行分析改善。但在实际操作过程中，如果操作不当，就会存在一定的弊端。KPI 指标的设置往往是根据业务进行分割，彼此是孤立的，KPI 指标好，不一定就代表最终结果好，属于典型的点上思维，有些 KPI 指标之间甚至是冲突的，比如对于采购来说，采购降成本是一个核心 KPI 指标，但是一味降成本，就会带来物料质量的问题，不良质量成本就会上升，但这个指标对采购人员来说不一定会考核，所以往往会造成各环节的员工只关注和自己考核强相关的 KPI 指标，扯皮推诿，导致公司协作差。

强化员工自主管理的企业，在运营过程中，往往会建立独立核算系统，形成"量、本、利"的会计报表，如表 3－1。

表 3－1 经营会计报表

经营会计损益表			
1. 销售额（收益）	×××	●————现象	③
2. 变动费	×××	●————手段	②
3. 界限利益	×××	●————产出	④
4. 固定费	×××	●————投入	①
5. 经营利润	×××	●————结果	

表内从上往下依次是销售额、变动费、界限利益、固定费、经营利润。通过销售额看到的是经营体的主营业务收入，变动费是拿回销售额的手段，变动费的使用也反映出经营的策略，界限利益是经营的产出或成果，固定费是经营的投入，经营利润是最终的经营结果。企业真正的经营过程是这样的，首先是投入固定费，以固定费为基础，活用变动费，拿回销售额，制造大于固定费的界限利益，最后取得正的经营利润。

员工在自主经营的过程中必须懂得"实现销售额最大化的同时费用最小化，结果就是利润最大化"这一基本经营原则，在这一过程中，如何合理使用固定费和变动费，以实现利润最大化，这就要员工学会算账，费用不是越低越好，如果费用的使用可以创造更多的销售，取得更多的利润，这样的费用是越多越好，而且费用的使用体现出你的经营策略，费用没有使用出去，感觉是给公司省钱了，其实不然，费用没有使用可能说明你该做的动作没有做，进一步反映你压根就没有经营的策略，所以不知道该怎么花这个钱，所以基于经营会计报表进行 PDCA 的运营相对于纯粹的 KPI 指标来说，给员工提供了更多的自主决策的空间，人的能力就是在这个过程中逐步提升起来的，真正的经营人才也是在这个过程中脱颖而出的。

3. 量化分权管理

强化自主管理，就意味着员工拥有更多自主决策的权利，企业就要采取科学的、有利于员工自主经营的分权管理方式。企业的分权类型有两种，一种是流程分权，一种是量化分权，流程分权和量化分权的主要区别在于：流程分权是以业务流程为主线，按照不同的职务等级授予流程审批权限。量化分权是以经营数据为依据，经营结果好，经营能力强，企业就会给予更多的资源使用的权利，以为企业创造更多的价值。

企业在创业初期，管理基础相对薄弱，很多方面都是空白，那时企业内部几乎没有什么流程，都是靠感情、自觉性、主动性做事，所以基本不存在流程分权，那时的分权只有量化分权，当企业发展到一定规模以后，部门越来越多，专业化分工越来越细，业务链条也越来越长、越来越复杂，这时企业就需要流程来规范业务运作，所以当企业到了一定的规模以后，流程分权和量化分权将会并存，流程分权更多是管理和控制，倾向于风险控制。量化分权更多是自主，强调实力主义，倾向于效益提升。

管理学家德鲁克曾经说过："太多的管理专家将效率视为企业的生命线，陷入了唯理主义的泥潭，而迷信自上而下的集权和控制。但是，人的多样化和对自由的追求是天生的，企业和组织的目的，就是提供一个制度框架，让每一个平凡的员工都能够做出不平凡的事情。"

当企业处于规模扩大导致集权经营、效率下降，因业务多元化需要更懂行的人来经营，业务模式多样化需要大众创意，需要加快经营人才培养速度，经营管理基础好且体制健全，客户需求多样化且更趋向速度竞争的市场环境等情况时，更要采取量化分权，激活员工的自主与活力。

4. 平台化建设

未来的世界将越来越趋向于个性化、碎片化。传统僵化的科层结构和一家公司的单打独斗，都很难跟上这个时代的步伐。在快速迭代和高度个性化的时代，一个伟大的公司必将是平台型组织的公司，如亚马逊、阿里巴巴、京东、谷歌、百度、苹果、腾讯等，这些都是平台型公司。

平台化建设会逐步弱化企业的边界，不求为我所拥有，只求为我所用，从而最大化地整合社会资源，海纳百川，所以平台化建设会更强调自主与个性，每个人都要保证自己能够持续创造价值，需要不断学习，不断往前走。赛马不相马，企业要让员工从过去的执行者变成现在的创业者，从过去的员工转变成现在的总经理，所以海尔有一句话是：让每个人都成为自己公司的CEO。

平台化已经从一种组织形态上升为一种思维，其本质就是以用户价值最大化为导向，去管理、去中心化是其组织原则及特征。这种开放的、尊重个性的、共创共享、整合而大的平台思维伴随互联网技术的发展和资本的力量，使得平台的构建和发展比以往任何时候都更具现实意义。

基层创新是平台发展的源动力，我们所处的商业环境已经从稳态经济、工业时代切换到了动态经济、互联网+时代，商业的本质不变，但是商业的逻辑产生了很大变化，以前是战略决定组织，组织决定人才，现在是人才驱动战略和组织，所以最大化地在平台内部强化自主经营，激活基层的活力和创新，是平台化企业实现组织效能、常葆组织活力的关键。要让真正有创业激情和创新思维的人才在平台上有用武之地，让平台成为吸引人、培养人、考察人、淘汰人、沉淀人的人才生态系统。

强化员工自主经营的企业，除了以上特征之外，还有一个重要的前提就是强调目标和责任，企业给予员工更多的自主是为了更好地完成组织目标，履行职责，而不是为了自主而自主。脱离了目标和责任的自主，只会造成个人的自由散漫和组织的混乱无序。企业管理层唯一要把控的事情就是紧盯目标，保持结果导向，过程中如何实现这个目标就放手让员工去创造性发挥，这样才有可能充分发挥员工的潜能，从而释放企业活力。

三、 胜任

胜任就是自己感到自己有足够的能力来从事这些行为并取得好结果。胜任和能力有关，一般来说，能力强，胜任感就更强，反过来胜任感强也会进一步促进自主性，会有更强的内在动机去提升自己的能力。

一个朋友分享了他女儿弹钢琴的故事，10岁的女儿已经考了钢琴十级，让他很是骄傲。女儿对钢琴也很感兴趣，每次家里来人，总不忘去表演一下。

但在她刚学钢琴时可不是这样的，那时的她坐在钢琴椅子上，就像热锅上的蚂蚁，扭来扭去，浑身难受，而且又哭又闹。为什么她现在喜欢弹琴？因为她现在弹得越来越好了。

这样的转变是怎么产生的呢？这位朋友说："每次下班回家，我都说很累，想让女儿弹琴给我听，女儿觉得弹琴可以帮助爸爸解乏，也很乐意，我闭着眼睛，感受着女儿的琴声给我带来的快乐，我时不时还点点头，刚开始我就是希望通过这种'伎俩'来鼓励女儿弹琴，但后来我是真心喜欢听，她也真心喜欢弹，而且进步很快，她时不时还会提醒我专心听。每当有钢琴比赛，我也会让她参加，有时会得个小奖杯。我就把小奖杯一个个摆在她的钢琴上面，慢慢地，女儿越来越喜欢弹琴，信心有了，兴趣也有了，形成一个正向循环。"

这个故事说明激发人的胜任感可以强化人的内部动机，进而产生兴趣。很多优秀的管理理论的核心思想也是基于激发员工的胜任感。

1. Q12背后的胜任动机

管理学中有个著名的盖洛普员工敬业度调查，简称Q12，为企业提供了员工忠诚度和敬业度的指标体系，其核心就是强化员工的胜任感和主人翁责任感，让员工学会爱上自己的工作。著名社会科学家乔治·盖洛普曾经花了60年时间对企业成功要素的相互关系进行了深入的研究，建立了描述员工个人表现与公司最终经营业绩之间的路径，即盖洛普路径。盖洛普认为，要想把人管好，首先要把人看好，把人用对，给他创造环境，发挥他的优势，这是管人的根本。盖洛普对 12 个不同行业的 24 家公司的 2 500 多个经营部门进行了数据收集，然后对这些不同公司和文化的 10.5 万名员工的态度进行分析，发现有 12 个关键问题最能反映员工的保留、利润、效率和顾客满意度这四个硬指标，它们分别是：

---

1. 我知道公司对我的工作要求吗？

2. 我有准备好我的工作所需要的材料和设备吗？

3. 在工作中，我每天都有机会做我最擅长做的事吗？

4. 在过去的 7 天里，我因工作出色而受到表扬吗？

5. 我觉得我的主管或同事关心我的个人情况吗？

6. 工作单位有人鼓励我的发展吗？

7. 在工作中，我觉得我的意见受到重视吗？

8. 公司的使命目标使我觉得我的工作重要吗？

9. 我的同事们致力于高质量的工作吗？

10. 我在工作单位有一个最要好的朋友吗？

11. 在过去的 6 个月内，工作单位有人和我谈及我的进步吗？

12. 过去一年里，我在工作中有机会学习和成长吗？

这 12 个问题中，"我知道公司对我的工作要求吗？""在过去的 7 天里，我因工作出色而受到表扬吗？""工作单位有人鼓励我的发展吗？""在工作中，我觉得我的意见受到重视吗？""在过去的 6 个月内，工作单位有人和我谈及我的进步吗？"都是从关注员工的胜任感出发的，如果这些问题的答案是肯定的，员工的胜任感就强，工作的内在动机就更强。从大量的实践调查结果来看，很

多企业在以上这些涉及员工胜任感的问题上普遍得分偏低，说明企业在如何提升员工的胜任感上重视不够，考虑不多。我们往往更关注目标达成或没达成的考核规则，但在过程中对如何提升员工胜任感缺乏系统思考和落地方法。

通过提升胜任感，强化内部动机转化，核心的成果就是让员工"爱上自己的工作"。哲学家亚瑟·叔本华曾经说过："生命是没有意义的，除非有工作；所有的工作都是辛苦的，除非有知识；所有的知识都是空虚的，除非有热望；所有的热望都是盲目的，除非有爱。有爱的工作才是生命的具体化！"所以，要想拥有一个充实的人生，你只有两种选择：一种是"从事自己喜欢的工作"，另一种则是"让自己喜欢上工作"。只要喜欢了，就能不辞辛劳，不把困难当困难，一心一意埋头工作，自然而然就能获得力量。有了力量，就一定能做出成果。有了成果，就能获得大家的好评。获得好评，就有胜任感，就会更加喜欢工作。这样，良性循环就开始了。

在体制设计中该如何将企业经营和员工胜任感相关联呢？一个是"薪酬与绩效考核机制"，另一个是"晋升机制"或者叫"能力等级资格体系"。这两个体制对应的就是员工在企业最基本的两个诉求：一个是当下的收入，一个是未来的发展。当下收入的高低是根据"薪酬与绩效考核机制"来定的，未来的发展是根据"晋升机制"来定的，员工如果能够为企业创造价值，就可以获得高薪酬和晋升，高薪酬和晋升就是对员工创造价值的回报，也是员工提升胜任感的基础。

企业该如何帮助员工不断创造价值，继而提升胜任感呢？在探讨这个话题之前，我们不妨思考一下，为什么网络游戏总是那么吸引人？为什么看似无聊的游戏，有人却愿意花费几个小时甚至是一整天的时间沉迷其中，废寝忘食？我们不提倡大家花大量时间去打游戏，但是我们可以分析一下，游戏到底是做了什么让人这么投入呢？研究表明，所有的游戏，都设计了四个非常重要的环节，总结起来就是一句话，"测状态、定目标、给通路、分成果"。所谓"测状态"就是通过一定方式测出你当下的水平，比如当下你只能打到哪一关，让你知道你当下在哪。"定目标"就是设置由低到高的关卡或级别，让你知道你下一步到哪里去。"给通路"就是告诉你过关、升级的攻略，让你知道如何过下一关。"分成果"就是通过适当的激励，让你知道达到一定级别后有什么好处。如图 3-6，四个基本操作，让你由易到难，在不断过关的过程中拥有成就感，从而激发你去挑战更高的目标，进而获得更大的成就感，如此往复。

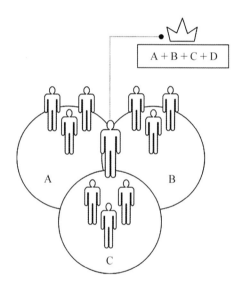

A. 测状态：

通过问卷、访谈、经营阶段性结果数据等评测个人当下的能力、意愿和思维动态。

B. 定目标：

结合经营导向、岗位要求和能力状态设定可行的、差异化的提升目标。

C. 给通路：

帮助员工梳理成长路径和成长策略，并给予支持和关注，助力其达成目标。

D. 分成果：

有效评估员工创造的价值，设计科学的价值分配机制，与员工共享成果，让实干者得到奖励。

图 3-6 "测状态、定目标、给通路、分成果"四部曲

那企业该如何做才能让员工更有胜任感，从而爱上自己的工作呢？特别是现在，80 后、90 后成为企业的主力军，企业要让他们在明确事业的目的和意义的同时，为他们提供快乐的工作氛围，让他们不断获得成就感。在企业管理中，很多优秀的企业都应用了这样的管理方法，比如滴滴快车、美团外卖、喜马拉雅等等，都是通过类似的"测状态、定目标、给通路、分成果"的管理方法，让司机、骑手、主播们不断获得成就感，不断提升胜任感，不断提升工作的热情和内在动力。

"测状态、定目标、给通路、分成果"四部曲看似简单，真正做好却并不简单。企业都有各自不同的操作手法，也存在各自操作的问题，比如有些企业连"测状态"都做不到，员工做出了多大的成果不清楚，现状也不清楚，没有参照，只知道闷头做。有些企业有了一些测状态的手段，但是没有目标，做到哪算到哪，"测状态"只是一种事后算账而已。还有一些企业，虽然实现了"测状态"和"定目标"，但是就如何实现目标缺乏有效的通路设计，导致大家没有方向，没有资源支撑，打乱仗，结果是状态清晰了，目标也明确了，但是就是完不成目标。当然，如果企业在分成果上缺乏科学、公平的机制，也会挫伤大家的工作积极性。

"测状态、定目标、给通路、分成果"这四点都能做好的话，人就会不断攻克一个个"山头"，成就感自然就会产生。反过来，如果这四点做得不好，人就会陷入充满疲劳感和挫败感的深渊，主动性会被不断磨损，直至丧失殆尽。这四步分别如何操作呢？

2. 测状态

企业从经营的视角出发，该如何有效测出员工的工作状态呢？就是采取基于经营会计的独立核算的模式，通过前面介绍的倒三角服务型组织，为每个经营体建立经营会计报表系统。通过经营会计报表的销售额、变动费、界限利益、固定费和经营利润五大科目以及它们下一级更细化的科目的经营数据，就可以知晓各经营单位当下收入、费用和最后利润的状况，如表3-2所示。各个科目每月都有计划值，有实际值，有实际与计划的差异。每月定期输出数据，就相当于每月给各经营体做一次"体检"，经营会计报表就相当于"验血报告"，通过报告就可以看出当下经营状况的好与坏，同时还可以把各经营体的经营现状放在一起进行排名，所以通过经营会计报表的各个维度的经营数据就可以客观、系统、及时地测出各个经营体的经营实况。

表 3-2 某公司经营会计报表

单位：万元　　2014 年 9 月 1 日—2014 年 9 月 30 日

项目 \ 分类		计　划		实　际		差异
		金额	占比	金额	占比	
销售额	总销售额	500	100%	167.3	100%	-332.7
变动费	原材料成本	343.19	68.64%	101.97	60.95%	-7.69%
	计件工资	30	6.00%	10.92	6.53%	0.53%
	辅　料	2.92	0.58%	0.37	0.22%	-0.36%
	水电费	2.79	0.56%	2.09	1.25%	0.69%
	招待费	0	0.00%	0	0.00%	0.00%
	差旅费	0	0.00%	0	0.00%	0.00%
	推销费	0	0.00%	0	0.00%	0.00%
	包装物	2.6	0.52%	0.46	0.27%	-0.25%
	不良质量成本	3.17	0.63%	2.96	1.77%	1.14%
	半成品与原材料占用资金利息	2.47	0.49%	1.94	1.16%	0.67%
	成品占用资金利息	2.2	0.44%	2.25	1.34%	0.90%
合　计		389.34	77.87%	122.96	73.50%	-4.37%
界限利益		110.66	22.13%	44.34	26.50%	4.37%
固定费	折　旧	6.92		7.06		0.14
	社　保	4.09		5.38		1.29
	福　利	3.01		1.18		-1.83
	维　修	1.49		0.44		-1.05
	工　资	11.98		13.74		1.76

（续表）

项目＼分类		计 划		实 际		差异
		金额	占比	金额	占比	
固定费	办公、通信等	0.24		0.03		-0.21
	差 旅	0.48		0.2		-0.28
	研发耗料、试制费	1.99		1.79		-0.20
	其 他	1.79		0.28		-1.51
合 计		31.99		30.1		-1.89
经营利润		78.67	15.73%	14.24	8.51%	-64.43

有人不免要问，原来企业用的 KPI 指标不也是可以通过数据起到测状态的作用吗？的确，KPI 指标体系，包括财务指标、运营指标、管理指标等也可以用来做经营状态的评测，但是经营会计报表相较 KPI 指标，更加全面、系统，更能直接体现经营的成果以及经营成果背后各个科目要素的内在联系。如果把 KPI 指标比喻成梁柱，那经营会计报表就是房子；如果把 KPI 指标比喻成一棵棵大树，那经营会计报表就是生态森林。

1952 年 7 月 4 日清晨，加利福尼亚海岸起了浓雾。在海岸以西 21 英里的卡塔林纳岛上，一个叫费罗伦丝·查德威克的 43 岁女人准备从太平洋游向加州海岸。这一次如果成功了，她就是第一个游过卡塔林纳海峡的妇女。那天早晨，雾很大，海水冻得她身体发麻，她几乎看不到护送她的船。时间一个小时，一个小时地过去，千千万万人在电视上看着。有几次，鲨鱼靠近她了，被人开枪吓跑，而她继续在游。15 小时之后，她又累，又冻得发麻。她知道自己不能再游了，就叫人拉她上船。她的母亲和教练在另一

条船上。他们都告诉她海岸很近了，叫她不要放弃。但她朝加州海岸望去，除了浓雾什么也没看不到。几十分钟之后——从她出发算起 15 个小时 55 分钟之后，人们把她拉上船，而把她拉上船的地点，离加州海岸只有半英里！后来她说，令她半途而废的不是疲劳，也不是寒冷，而是因为她在浓雾中看不到目标。查德威克小姐一生中就只有这一次没有坚持到底。

这个故事说明人要看得见目标，才能鼓足干劲完成他有能力完成的任务，言外之意，目标的执行要不断得到反馈，才更有利于目标的达成。每个月都及时统计各个经营单位的经营会计报表就是对目标执行的反馈，是属于不断地"测状态"，所以测状态要贯穿目标执行的整个过程，测状态的频次越高、颗粒度越细，反应就会越及时。要实现这样的效果，企业就需要在信息化管理上下功夫。

3. 定目标

行动计划前，首先要有清晰明确的目标，确定清晰的目标可能只占整个目标落地的 1%，但是这个 1% 做不好，就会影响后面的 99%。

《爱丽丝漫游仙境》中，有一段爱丽丝与猫的对话，很有寓意。

爱丽丝问："能否请你告诉我，我应该走这里的哪条路？"

猫回答："这要看你想去哪儿？"

爱丽丝说："我去哪儿都无所谓。"

猫回答："那么，走哪条路都是一样的。"

这个故事说明，做事一定要有明确的目标，如果没有明确的目标，不但自己不知道怎么做，别人就是想帮都不知道怎么帮你。谷歌首席人才官博克说："如

果你想吸引这个星球上最优秀的人才，你需要有可以激励他们的远大目标。"

《芈月传》中芈月为了统一三军将士的心，说了这样一段话："将士们，我承诺你们！从今以后，你们所付出的一切血汗，都能够得到回报，任何人触犯秦法都将受到惩处！秦国的一切，将是属于你们和你们儿女的！今日我们在秦国推行这样的律例，他日天下就有可能去推行这样的律例。你们有多少努力就有多少回报，你们可以称为公士、为上造，为不更、为左庶长、为右庶长，为少上造、为大上造、为关内侯，甚至为彻侯，食邑万户！你们敢不敢去争取？能不能做到?!"

此时，三军所有将士齐声大喊："我们能，我们做得到！我们能，我们做得到！我们能，我们做得到！……太后、太后、太后……"

企业经营也一样，只有具备明确的目标，才能按照正确的方向行动，也才有可能取得好的结果，这样才会在经营实战中不断提升自信和胜任的体验。以前面的表3-2为例，根据经营会计报表的数据分析，可以发现实际与计划的差距，也可以直观地看出经营存在的问题，比如销售额严重不达标，比计划少了332.7万元，在具体费用的使用上也存在以下问题：

※ 工资成本上涨导致损失：$0.53\% \times 167.3 = 0.89$ 万元。

※ 水电费上涨导致损失：$0.69\% \times 167.3 = 1.12$ 万元。

※ 不良质量成本上涨导致损失：$1.14\% \times 167.3 = 1.91$ 万元。

※ 半成品与原材料占用利息上涨导致损失：$0.67\% \times 167.3 = 1.08$ 万元。

※ 成品占用利息上涨导致损失：$0.9\% \times 167.3 = 1.51$ 万元。

以上情况导致界限利益率下降 4.37%，共造成损失 4.42%×167.3＝−7.39 万元。通过这样系统的数据分析，我们不但能知道问题在哪，还能知道这些问题的不同影响程度，这样对下一个月的经营目标就有了更明确的方向。

在目标的具体量化值的确定上，既要考虑到当下的现状，也要考虑到公司的年度目标要求。比如销售额当下的现状是 167.3 万元，比计划的 500 万元少了 332.7 万元，那下一个月的销售目标应该定多少合适呢？这就要结合年度经营目标要求、当下的经营现状、剩下的时间、可能采取的策略等多方面因素，最后讨论确定一个相对合理的目标。在目标制定的过程中，要尽量避免强压式的目标摊派，目标的执行者要参与目标的制定过程，自主制定的目标执行起来才会更好。企业在具体操作时要做好目标设定、目标论证、目标沟通和目标确认这几个环节。目标设定就是要对标年度计划，目标论证就是要探讨达成目标的策略，目标沟通就是要达成共识，目标确认就是要强调承诺，在这几个环节上充分体现员工的参与感和自主意识。结合表 3-2 的案例，假设经过分析后，企业确定了下一个月的经营目标如下：

※ 提升销售额到 550 万元。

※ 降低工资成本到计划值。

※ 降低水电费成本到计划值。

※ 降低不良质量成本到计划值。

※ 降低半成品与原材料占用利息到计划值。

※ 降低成品占用利息到计划值。

有人可能会说，根据经营会计报表设定的这些科目计划目标不就类似于一个个 KPI 指标吗？它和我们企业一直采用的 KPI 指标有什么区别呢？KPI 一般

适合客户、需求和产品都是已知的情况，相对比较静态，指标一旦定下来，短期内就不会调整。但在不确定性越来越强的情况下，目标的变化速度很快，KPI 在灵活调整上就有难度。而每个月以经营结果为导向的目标设定，更贴近经营实际，其方向性、实战性、有效性和灵活性更强，真正做到了以经营为导向。

4. 给通路

目标确定好，就一起探讨实现目标的策略和举措，并协调公司中后台部门提供支持，在战略、策略、路径、管理信息化及流程、工具方法、资源等方面全方位赋能，这就是"给通路"。表 3－2 的例子中，企业通过分析，明确了下一月的经营目标，但确定目标不代表目标一定能实现。围绕目标，达成目标的关键路径是什么？行动计划是什么？如果这些不能搞清楚，目标执行上就会打折扣，这是很多企业面临的困惑。表 3－3 就是以下一个月经营的几个主要目标为例，围绕目标实现的关键路径、行动任务和时间计划进行的通路设计。

表 3－3　实现目标的通路设计

目　　　标	关键路径	行动任务	时间计划
提升销售额到 550 万元			
降低不良质量成本占比到 0.63%			
降低成品占用资金利息占比到 0.44%			
降低水电费占比到 0.56%			

除了在目标实现的关键路径上提供支持，在管理信息化、流程、战略和资源方面提供的支持也是"给通路"的范畴。企业为员工提供的通路够不够宽，够不够平整，直接影响到员工奔跑的速度。给员工提供具体的工具和方法，相当于搭建了乡村小路；给员工流程和体系支持，教员工掌握原理和方法论，让

员工知道如何做更有效，相当于搭建了城市道路；企业有清晰的战略规划，且有阶段性的战略成果，大家相信公司战略目标一定可以实现，相当于给员工搭建了高速公路。

5. 分成果

对员工的工作成果进行有效的评估并和员工共同分享成果，对于提升员工的胜任感很有帮助，这种帮助不只是激励内容本身，而是通过分成果让员工感受到被认可。具体该如何定义成果、分享成果，本书第四章会详细展开。

"测状态、定目标、给通路、分成果"是一个赛马不相马的道场，通过"测状态、定目标、给通路、分成果"，有些人一开始就找到胜任感，有些人在帮助下逐步有了胜任感，也有一些人自始至终都找不到胜任感。有成就、能做出成果的人才有胜任感，他就会承担更大的责任，反之，就会慢慢被淘汰，所以"测状态、定目标、给通路、分成果"的过程也是企业"选、育、留、用"人才的过程。

四、 联结

联结，换句话说就是人与人的关系，它是人的第三种内在心理需求，人们不仅需要胜任和自主，还需要在感受到这种胜任和自主的同时感受到与他人的关系，心理学中称之为"联结"的需要，即爱与被爱的需要，关心与被关心的需要，满足了联结的需求，人就有归属感。

管理学中有个著名的"霍桑实验"，实验从 1924 年持续到 1929 年，目的是想找到到底哪些因素会影响工人的工作效率，包括照明实验，和后来的福利实验，最终得到的结论是照明和福利并不是影响工人工作效率的真正因素，意味着实验是失败的。但是通过实验实验者意外发现，被领导约谈的，并且单独在一个小房间的这个小组总是表现出比其他人更高的效率。

霍桑实验说明人是社会人，被选中参加实验的团体，他们的光荣感、被重视的自豪感以及成员间的良好关系对人的积极性有明显的促进作用。

在现实生活中，那些拥有健康、丰富人际关系的人总是呈现出更加热情、鲜活的生命力，而那些人际关系匮乏的人，生命力也显现出匮乏和干瘪。企业里，如果人只有物质的满足而缺乏情感的互动，或者说人与人之间是一种损耗性的关系，人的创造力会大幅下降。所以硬性且机械式的管理，只能抹杀人的才能。企业要分析员工的思想，了解他们的真正需求，不仅要满足员工必要的物质需求，还要满足员工更深层次的社会需求，即让他们感受到被关注、尊重和重视，同时加强员工参与管理的程度，通过民主管理、民主监督的机制，增加他们对企业的关注，在和谐的人际关系中增强其主人翁意识、责任感和个人成就感，将他们的个人目标和企业的经营目标完美地统一起来，从而激发出更大的工作热情，发挥其主观能动性和创造性，实现员工的自我价值。

1. 联结的基点——贡献导向

彼得·德鲁克在《卓有成效的管理者》中说过这样一段话：在一个组织中，管理者拥有良好的人际关系，绝不因为他们有"与人交往的天赋"，而是因为他们在自己的工作和人际关系上都注重贡献，他们的工作也因此富有成效，这也许是所谓"良好的人际关系"的真义所在。在以工作或任务为主的环境下，如果我们不能有所成就，那就算我们能与人和谐相处、愉快交谈，又有什么意义呢？这种"和谐相处、愉快交谈"恰恰是恶劣态

度的伪装。反过来，如果能在工作上取得成绩，即使偶尔疾言厉色，也不至于影响人际关系。

———————————————————

通过德鲁克的这段话，我们明白在企业中建立有效联结的根本出发点是以作出贡献为基础，离开这个基点而建立的所谓的"和谐关系"都难以长久，最终也会弄垮企业。所以企业需要思考如何结合岗位职责与目标，清晰地界定何为贡献；员工需要思考，如何基于良好的联结去作出更大的贡献。不管是什么类型的贡献，都可以归纳为硬性贡献和软性贡献，硬性贡献就是直接成果，比如财务收益、新产品开发、客户拓展等，而软性贡献是有助于组织持续产生直接成果的，比如人才的培养、文化的传承、知识的积累。

2. 联结的类型——人与事、人与人

企业联结的类型概括起来莫过于两个方面，一个是人与事的联结，一个是人与人的联结。

（1）人与事的联结

人与事的联结就是要处理好人与事的关系，把合适的人放在合适的岗位上，让他最大化地发挥作用。要做到这样，就要善于发现人的优势，用人所长。

———————————————————

美国钢铁工业之父卡内基的墓碑上刻着："一位知道任用比他本人能力更强的人安息在这里。"卡内基的成功，就是因为他敢用比自己强的人，能看到并发挥他们的长处。卡内基曾说："把我的厂房、机器、资金全部拿走，只要留下我的人，四年以后我又是一个钢铁大王。"

———————————————————

把合适的人用在合适的岗位上，核心就是识人与用人。真正苛求的上司，总是先识别一个人最擅长干什么，然后再"苛求"他去做什么，而且他不关心

和他是否合拍，而是更关心他是否作出贡献。阿里铁军业务"三板斧"叫"建团队、定目标、追过程"，其中第一板斧就是建团队。建团队的前提就是选人和识人，所以阿里有一套专门找到"和阿里的味道一样的人"的选人方法，总结为"望、闻、问、切"。企业把人与事的关系处理好了，企业的人事工作就到位了，但从实际运作来看，人事工作恰恰是很多企业最头疼也是最薄弱的环节，这也是为什么越来越强调企业管理者首先要是一个合格的人力资源经理的原因。

现在企业的主力军都是80后、90后，是更强调个性与体验感的群体，用人所长，就给人提供了做自己擅长做的事情的机会，就有利于人产生胜任感，在做事的过程中，就会有更好的体验，自然就会投入地去做事，甚至爱上自己做的事。

（2）人与人的联结

人与人的联结就是处理好人与人的关系，打造一个好团队。尤其是企业规模越来越大，分工越来越细，一个人往往很难独立完成一个任务，况且优点明显的人，缺点往往也明显，如果大家都以自我为中心，各行其是，我行我素，三个臭皮匠也不会顶一个诸葛亮。所以在用人所长的同时，还要避其所短，加强协同，处理好人与人的关系，打造一个有战斗力的团队。

人与人联结的紧密程度，可以用五个"信"字开头的词来形容，分别是信用、信心、信任、信赖和信仰。信用是最初级的，有了信用，才会有信心，但是信心是单方面的，我对你有信心，不代表你对我有信心，信任就进一步升级了，它是双向的，从"一元关系"发展到了"二元关系"，信赖就更进一步了，你看到我，而我也看到你，你能感受到我的痛苦，我也能感受到你的痛苦，我们是相通的，你依赖我，我也依赖你，彼此是相互依存的。信仰又进了一步，有了共同的信仰，大家理念共通，你就是我，我就是你，回归原点。就像老子在《道德经》中所说："常德不离，复归于婴儿。"

企业在实现人与人的联结上，采取的手段各式各样，按照著名心理咨询专家、作家武志红老师的说法，可以概括为"权力规则"和"珍惜规则"两种。

哲学家马丁·布伯在其提出的"关系本体论"中说：世界的本体是"我"和"你"之间，是关系。当我将你视为我达成目标的工具或对象时，你在我这儿就沦为了"它"，这时就构建了"我与它"的关系；当我放下我的所有预判和期待，带着我的全部本真和你的本真相遇时，这时就构建了"我与你"的关系。

权力规则，其实就是"我与它"的关系：我将你视为达成我的目标的对象与工具，试图建立一个都是我说了算的空间。

珍惜规则，实际上就是"我与你"的关系：我别说控制你，甚至都不忍将我的各种知识和本领使用在你身上。我只想让那个带着本心的我，和你的本真相遇。

在企业环境下，权力规则和珍惜规则同时存在，只不过有些企业偏重权力规则，有些企业偏重珍惜规则，有些企业在初创期多采用珍惜规则，而在发展和成熟期多采用权力规则。不管是什么企业或者一个企业的不同发展阶段，企业都要找到最适合自己的方式，没有绝对的标准，或许这就是管理的艺术吧。

作为企业领导人，要合理运用权力规则和珍惜规则，过分强调某一个都不行。企业作为一个组织，无规矩不成方圆，权力大的人，责任也大，企业经营要民主，最终还要集中，过分地民主也经营不好企业。权力规则由人在控制，我们叫"人治"，权力规则用制度来约束，我们叫"法制"。现代企业经营，更强调从"人治"到"法制"的转变。

权力规则如果是石块，珍惜规则就是水。再细小的石块，哪怕是沙子，也永远装不满一个瓶子，因为沙子与沙子之间总有缝隙，只有水才能在缝隙中流动，装满整个瓶子。所以在职场中，管理者也不能赤裸裸地完全使用权力规则，那样通常会得到"冷血""功利"的负面评价。需要适度地配合珍惜规则，比如人性的关怀、积极的鼓励，来提升员工的幸福感，要爱人，真正的爱是发自内心的、包容的、不求回报的。一开始，企业家心里装的往往是自己的小家庭，然后依次是自己的大家庭，然后是自己，再慢慢心怀员工、社会与国家，这些都是爱的不断升华。说到底，爱就是你心里装着多少人，装的人越多，爱就越大，成就也越大。珍惜规则让权力规则显得更柔和，更容易被接受。权力规则和珍惜规则的有效结合，可以实现刚柔并济，阴阳调和。

3. 联结的纽带——利益与情感

企业中所有关系的联结，最终都离不开利益与情感这两条纽带。在员工联结或关系需求上做得比较好的企业，都是在这两个方面建立了有效的联结。在利益联结上，公司要将公司利益与个人利益相关联，只有公司好了，个人利益才能好；在情感联结上，领导者要给员工"种下一颗梦想的种子"，爱他、尊重他、成就他，要不断宣传、贯彻公司的理念、使命、价值观，让员工，甚至是基层员工明白自己所从事的事业的目的和意义，要让他知道自己在其中的角色和作用，感受到自己对于公司的重要性，从而激发员工对公司和团队的使命感，让他爱上自己的工作，真正实现理念共通，哲学共有。

企业体制设计和不断深化的过程，其实就是从利益纽带到情感纽带的升华过程。如图3-7所示，企业的体制设计可以概括为利益共同体、事业共同体和命运共同体三类。

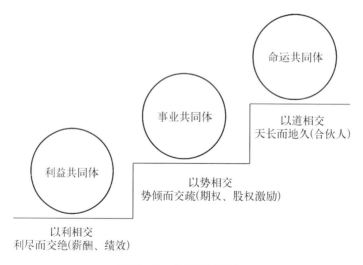

图3-7　企业体制设计

（1）利益共同体

据说石油大王洛克菲勒早年去一个自己买下的油田视察，发现油田管理极度混乱，他把管理者叫来一顿臭骂："为什么我一天就能发现的问题，你们天天都发现不了？"油田经理淡然回答道："先生，这是您自己的油田。"洛克菲勒50岁之后，开始致力于让每一个管理者都对"自己的油田"负责！

洛克菲勒让每一个管理者都对"自己的油田"负责就是让管理者把公司的事情变成自己的事情，从体制的角度来看，就是让员工和企业成为"利益共同体"，这种直接的经济利益关系将员工和企业绑定在一起，以便更好地促进企业发展，企业越好，员工得到的就越多，员工要想得到越多，就要更加努力工作，让企业越来越好。利益共同体是体制设计的基础，企业围绕着如何分钱、分权、分机会、分风险进行的体制设计，都是和利益共同体的打造息息相关的。

但是，纯粹利益共同体的前提条件是有利才有未来。一方面从员工的角度来看，企业效益好的时候，员工就信心十足、干劲十足，但是一旦企业进入发展的低谷，员工无利可图，但恰恰又是需要大家一起抱团取暖的时候，员工往往会离企业而去，或者企业效益也不错，但是别的企业给的待遇更好，有些员工禁不住诱惑，也会离企业而去；另一方面从企业的角度来看，如果员工能力很强，工作意愿高，可以给企业带来更多价值的时候，企业对员工就信心十足，但是一旦因为某种原因员工不能像以前那样给企业创造更多价值的时候，往往会受到冷落甚至被辞退。所以利益共同体的明显弊端是，这种纯粹依靠利益绑定在一起的联结并不十分牢靠，可谓"利尽而交绝"。

（2）事业共同体

联想总裁柳传志曾说："单纯的利益共同体是很容易从内部瓦解的，而牢固的事业共同体却坚不可摧。"

阿里巴巴、华为、海尔、万科等知名企业，都采用事业共同体的方式，给予员工股权，让公司管理、技术、营销等各方面的骨干都变成公司的股东，从而将公司的命运和每个人的命运绑定在一起，大家为一份共同的事业而奋斗。事业共同体也会涉及利益，但它和利益共同体最大的区别就是出发点不同，联结的纽带不同。纯粹的利益共同体，其出发点就是获得利益，凡事"利"字当先，联结的纽带就是利益。事业共同体的出发点是成就一份事业，联结的纽带是"共同事业心"，真正做到一群人、一条心、一辈子，跟定一个人、只干一件事，一荣俱荣，一损俱损。

就像小米创始人雷军说的："我把小米的每一个创始人都变成股东，那小米就是所有人的事业，小米搞砸了亏的不仅是钱的问题，还有面子的问题，所有人都没面子。同样的，小米成功了也不是我一个人的成功，也不只是七大联合创始人的成功，而是小米整个初创团队所有人的荣誉。"

构建事业共同体，需要一定的条件基础。首先事业要有一定的目的和意义，一份没有目的和意义的事业很难感召优秀的人才，稻盛和夫的"经营十二条"中第一条就是明确事业的目的和意义。其次要有一定的感情基础，特别是初创期，老板不可能找一个自己都不熟悉的人来做事业伙伴，一般来说要找彼此熟悉的，有相同的思想理念，彼此认可和信任的人。如果只是意气用事，往往会出问题，有些企业老板遇到了自己喜欢的人，热血沸腾，马上承诺给股份，那个人才也承诺要努力工作，跟老板干一辈子，但是蜜月期一过，双方都慢慢发现这地方有问题，那地方也有问题，这时对企业来说就比较被动，拿着公司股票的人，却不是可以长远走下去的人，就像是身上有根刺，浑身不自在。所以企业在前期的事业共同体建设中，选好人至关重要，"三观"要一致，并且那个人要对企业理念文化有高度的认同感而且愿意去践行。

事业共同体也不是企业体制设计的终极目标，任何事业的发展都不会一帆风顺，事业发展良好，大家彼此就有信心，但是一旦事业发展不顺利，甚至出现大的挫折，往往就有人不愿意一起坚守下去，更不愿意一起承担风险，有些人会提前下船，可谓"势倾而交疏"。

（3）命运共同体

在企业环境下，命运共同体是基于利益共同体和事业共同体之上的、更深入的体制设计，正所谓，"以势交者，势倾则绝；以利交者，利穷则散……唯以心相交，方能成其久远"。企业命运共同体就是要企业和员工以心相交，心心相印。企业与员工之间不是简单的雇佣关系，而是利益息息相关，命运紧紧相连，同进退、共患难。企业在顺境时共同快速成长，在逆境时同心同德，共同抵御危机。

据网上公布的信息①，2016 年，全球盈利能力最强的公司是电商巨头阿里巴巴，其 3.6 万名员工共创造了 427 亿元人民币的利润。然而，有一个只有 8 000 多名的员工的公司，竟然创造了近百亿元人民币的利润，在人均创造利润方面可以与阿里巴巴旗鼓相当。这个公司就是日本的 7 -

---

① 小杜：从利益共同体到命运共同体 7—11 人效比肩阿里背后（2019 - 10 - 10）
［2021 - 08 - 09］. http://www.3490.cn/jigou/xinwen/5602.html。

Eleven 公司，一个看起来非常传统的便利店公司。这个公司从 1974 年创立以来，经历了日本经济衰退最严重的时期，但仍然保持了连续 40 余年的增长。

为什么这个公司能够做到长期屹立不倒，甚至可以与电商巨头阿里巴巴的人均绩效比肩呢？这得益于这个公司的命运共同体的体制设计。命运共同体一般通过合伙人的方式来实现，合伙人的方式让员工真正成为企业的股东，员工需要真金白银地投入资金，员工不为别人打工，而是为自己打工。

___

企业要想打造合伙人机制需要具备几个条件：第一，企业必须有清晰的且得到高度认同的经营理念。第二，企业必须有清晰的发展目标，且合伙人对此充满信心并愿意为之付出。以前国民党的部队打仗，经常用大洋来激励士兵往前冲，但是士兵一想，命都没了，要钱有什么用？而共产党的部队，没有大洋可以奖励，大家饭都吃不饱，哪来的大洋奖励士兵呢？但是冲锋陷阵时士兵一个个勇猛无比，不要性命也要往前冲，为的是什么呢？为的就是让穷苦百姓当家作主，为的就是让自己的父母和兄弟姐妹们不再受苦、受压迫，为的就是早日实现共产主义，所以命运共同体的合伙人，必须要在思想理念上高度一致，具备愿意为公司的梦想和目标付出不亚于任何人的努力的坚强意志。第三，合伙人必须要能给公司持续创造价值，不但是当下，还包括将来，所以要善于学习并敢于自我革新。第四，合伙人愿意投钱一起承担风险。这一条是合伙人的试金石，要想成为合伙人，必须要共同承担风险，如果嘴上说得挺好，一旦要真金白银掏钱出来的时候就退缩了，就不是真正的合伙人。对于一个经济条件好的人来说，投入 100 万元以上算是一个大的风险了，但是对于一个经济基础一般的人来说，投入 10 万元以上就是很大的风险了，风险不是以金钱的多少来衡量，而是根据不同的人的接受程度来衡量，投入不同，风险相同，但收益不同。第五，共享经营成果。

现在很多企业已经认识到命运共同体的重要性，2016 年"双十一"，腾讯公司创始人马化腾在腾讯公司创立 18 周年之际，向员工授予每人 300 股腾讯股票，本次授予股票总价值约 15 亿元人民币。公司还为在职员工、外包人员和公司服务人员准备了总额约 3 000 万元的现金红包。

腾讯公司的这种做法，就是让员工与企业形成命运共同体。还有一些新兴的互联网公司从一开始创立就实行了全员持股，而一些传统企业则进行了股权改革，并尝试在一些新的业务板块实施合伙人机制，目的都是通过合伙人机制的设计，让认可公司理念、愿意和公司同甘共苦的员工成为股东，持有企业的股票，与企业结成一体。企业在与员工结为命运共同体的基础上如果再进一步，那就是实现企业与产业链的上下游成为命运共同体。

比如前面讲的 7-Eleven 公司，它不仅与员工结为了命运共同体，还将这一关系延伸到了它的加盟商和供应商，7-Eleven 便利店发展的规模这么大，但它只聘用了 8 000 多名全职员工，其余的人员则是加盟店、制造商和供应商的雇员。7-Eleven 在日本的加盟店就有 1.8 万多家，在 7-Eleven 公司这个大的命运共同体体系之内，所有的东西都是可以共享的，共享顾客、共享信息、共享物流、共享采购和共享金融。顾客在网上购买一件商品，就可以在最近的加盟便利店取货。在这个公司体系之内的企业都能获得利益，一些曾经名不见经传的中小企业，在与 7-Eleven 合作后，不但促进了 7-Eleven 的发展，也使企业自身得到了成长，有的甚至成长为上市公

司。在日本经济不景气的时候，由于这些企业、员工之间结成了命运共同体，它们仍然取得了骄人的成绩。

所以，企业要想获得快速、长远的发展，由利益共同体、事业共同体转变为命运共同体是必由之路，也是未来企业发展的趋势。员工只有与企业形成命运共同体，才会有主人翁意识，才能把工作当作自己的事业来做，实现自己的人生价值，可谓"以道相交，天长而地久"。

五、 自驱动管理

通过前面关于人的外部动机和内部动机以及内部动机的三个基本需求的论述，我们已经知道，企业不单要思考如何激励他人，更要思考如何创造条件，让他们更好地激励自己。自己激励自己就是自我激励，也叫自驱动。

1. 识别认知盲区

内部动机虽然相比外部动机更为持久和稳定，但客观地说，个体与生俱来的兴趣毕竟有限，大部分态度、价值观和行为都是后天习得和培养的，需要利用外部刺激给予强化，而后逐渐培养个体对活动本身的兴趣和对行为的控制力，最终将外部动机转化为内部动机，继而转化为动力和行为。所以企业就要研究，要设计什么样的激励更有利于将外部动机转化为内部动机，而不是削弱内部动机。在思考这个课题之前，企业至少要知道自身的问题在哪里，是否存在认知的盲区，在找到系统的解决方案之前，不妨先自问以下问题。

※ 一讲到员工动力，是否会立即想到激励？

※ 过往都用了哪些激励措施，效果如何？激励的筹码是否在不断

上升？

※ 是否研究过员工的内部动机？当下，清楚员工内部动机的满足程度吗？

※ 是否清楚有哪些激励政策强化了内部动机，哪些反而弱化了内部动机？

※ 采取了哪些有利于员工自主的举措？是在组织层面、运营层面、分权层面，还是其他层面？成效如何？薄弱环节在哪里？

※ 采取了哪些有利于员工提升胜任感的举措？成效如何？薄弱环节在哪里？

※ 是否清晰员工当下的状态？是否为他们明确了工作目标？是否有通路帮助他们成长和达成成就？如有，成效如何？薄弱环节在哪里？

※ 采取了哪些有利于员工提升动力的联结方式？是倾向于权力规则还是珍惜规则？成效如何？薄弱环节在哪里？

※ 体制设计在利益联结和情感联结上分别采取了哪些举措？是偏重利益联结还是情感联结？如何优化？

※ 企业后续在提升员工动力方面有哪些新的调整？目标是什么？导向是什么？如何落地？

以上是企业需要思考的问题，但员工的动力不只是企业单方面的事情，它涉及员工和企业之间的关系，既然是关系，那就是双方甚至是多方的事情。武志红老师说这样一段话：

每个人的自我就像是一个能量球，当一个人向外界展现自己的意志时，就像是伸展出了一个能量触角，如果这个能量触角与其他存在建立了好的

关系，那么这个能量触角就被照亮了，变成了白色能量，成为了热情、创造力等生命力；如果这个能量触角没有和其他存在建立关系，被忽略或被拒绝了，那么它就会变成黑色能量，成为攻击性。攻击性向外，就变成破坏性，而攻击性向内，就变成了抑郁。

包含创造性和热情的白色生命力和包含破坏性和恨的黑色生命力，它们本质上是一回事，区别仅仅在于白色生命力是被看见的生命力，而黑色生命力是没有被看见或被忽视的生命力。所以，如果我们想转化破坏性为生命力，很简单，看见它就可以。

作为个体，我们要带着充满热情和创造力的白色能量去工作，还是带着充满情绪、恨，甚至是破坏力的黑色能量对待我们的工作？在建立良好的关系，保持强劲的工作动力的过程中，我们自己可以做些什么？我们不妨也问自己一些问题，至少可以知道作为个体的我们，问题在出在哪里，是否也存在认知的盲区。

※ 我是否满意自己的状态？如果不满意，造成这种状态的原因，有多少是出于我自身的？

※ 在有约束的外界环境下，我为了保持最佳状态做出了哪些努力？

※ 我是否热爱自己的工作？如果不是，我是否尝试爱上自己的工作？

※ 我是否愿意以最真实的自己去面对任何人和事？如果不是，阻力来自哪里？

※ 自主对应着责任，胜任对应着能力，而责任心和能力是可以自己把控的，我给自己的责任心和能力打多少分？

※ 如果让我放下眼前的满足，去追求更大的价值，这个"更大的价

值"会是什么？

※ 我是否知道自己的舒适区？我是否有打破自己的舒适区而取得突破的经历？我的体验是什么？

※ 我是否知道自己的优势？我的时间有多少是利用在发挥优势上，又有多少是用在克服劣势上？

※ 我的梦想是什么？我是否正走在实现梦想的路上？

---

2. 系统思考

一辆车行驶在马路上，是什么决定了车子的速度？第一，一定是车子本身，马车也是车，拖拉机也是车，轿车也是车，再好的马车也跑不过一辆破旧的轿车；第二，是环境，路面的质量、坡度、自然环境也会影响速度。

我们把车子比喻成人，马路就相当于企业平台，员工在企业平台上发展，就类似于车子在马路上奔跑。要想让员工在企业平台上铆足劲去奔跑，参照影响车子速度的两个核心因素，人本身、人所在的企业环境就非常重要。

（1）把人选对

人分为"自燃"型、"可燃"型和"不燃"型。有些人生来就充满激情，自我驱动；有些人在得到帮助和影响后可以转变，而有些人则"顽固不化"，不思进取，自我封闭还自以为是。企业要解决员工动力的问题，第一个环节就是选人，把人选对事半功倍，反之，事倍功半。所以人力资源上有一句话叫作"选择大于培养"，只有选对了，培养才会有价值。

马云曾说："我要找的是合适的人，而不是把谁改造成合适的人，我也基本改造不了谁。"阿里巴巴经过大量的长期实践，总结出了类似于中医的"望、闻、问、切"的面试选人法则，目的是找到优秀的，又和"阿里的味道"一样的人。

※ 望

望就是观察，按照阿里的说法，叫"闻味道"，俗话说相由心生，一个人的能力素质、思维习惯会在人的身上留下痕迹，一个不经意的细节往往可以体现出一个人的本质，所谓"一滴水反映太阳的光辉"。

※ 闻

闻就是听，听应聘者的自述，更深入地了解应聘者，为后面的环节做好铺垫。

※ 问

根据前面环节掌握的信息，抓细节，通过梳理细节，分析应聘者的表现是否有逻辑上的破绽，做好进一步甄别。

※ 切

切就是背景调查，如果望、闻、问都没什么问题了，对于一些关键岗位的候选人就可以做一些背景调查。

（2）环境促进内部动机转化

选好人只是开始，不是全部，还要培养好和用好，企业如果育人不力、用人不当，再优秀的人也很难留得住。所以企业要从人的自主、胜任和联结这三个内在需求出发，营造良好的企业环境，充分利用一些更有利于向内在动机转化的"诱因"，促使内在动力的产生，实现员工自我驱动。

※ 内部环境促进内部动机转化

企业环境分为内部环境和外部环境，内部环境主要体现在体制合理性、文化认同和战略共识上，如果一个企业体制科学，文化认同和战略共识度高，我们就可以说这个企业的内部环境比较好。首先从体制环境来看，什么样的体制算是好的体制呢？从人的内在动力的角度来看，促使人产生内在动机的组织、制度、人事安排都是好的体制设计，如图 3-8 所示。

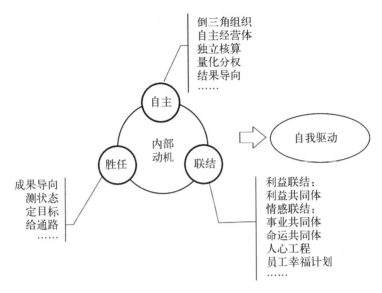

图 3-8　促进内部动机转化的体制设计

前面讲的倒三角服务型组织、量化分权、独立核算等，都是有利于满足人"自主"需求的诱因。测状态、定目标、给通路、分成果是有利于满足人"胜任"需求的诱因。发现人的优势，用人所长，将权力规则和珍惜规则相结合，从利益共同体发展为事业共同体乃至命运共同体，以及实施人心工程、员工幸福计划等都是为了满足人"建立良好联结"的需求。以满足这些需求为出发点的体制设计更有利于促进外在动机到内在动机的转化，形成员工的自我驱动。

除了科学的体制之外，企业员工理念共通、思想统一、哲学共有，集体的信念就会更强，这种信念会牵引大家形成向心力。同时企业战略定位清晰、战略共识度高、发展空间大、拥有战略自信，这些都是企业发展的"势能"，会推动企业往前发展。这些都会促进内部动机的转化。

※ 外部环境促进内部动机转化

企业外部环境包括产业或行业发展前景、社会形象、品牌知名度、竞争格局、企业与外部利益相关者的关系等，外部环境良好，企业就会具备更好地整合社会资源的能力。良好的外部环境让员工对企业更有战略自信，并更有自豪感，也会更有利于促进内在动机的转化。

在内外部环境的"加持"下，外部环境提供"外力"，基于良好外部环境的产业前景和战略优势形成势能，提供"推力"，基于文化认同形成的坚定信念提供"引力"，基于体制设计的激励导向带来"压力"，在外力、推力、引力、压力的有效结合下，企业可以更好地满足员工自主、胜任和联结的需求，从而促使员工形成自我驱动力，如图3-9。

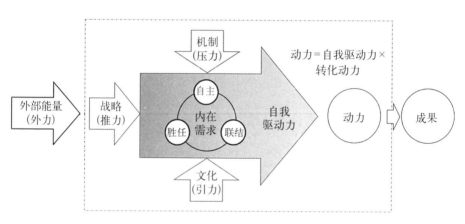

图3-9　动力"五力"模型

动力"五力"模型系统地解释了员工的动力问题，企业以此为基础进行相应设计，可以让员工充满热情和创造性地开展工作，不断为企业创造价值，取得成果，而企业的成果又回归社会，有利于企业营造更良好的外部环境，从而更好地借外力，内外兼修，实现可持续发展。

综合以上，我们归纳出一个动力方程式：动力=自我驱动力×转化动力。转化动力包括：外部能量的外力转化、战略的推力转化、文化的引力转化和体制的压力转化。如果自我驱动力为零，转化动力就没有支撑，再好的环境和资源也发挥不了作用，动力终将是零；反过来，如果转化动力为零，自我驱动力再强，终将不可持续，甚至是在错误的轨道上运行，有效动力也终将为零。所以自我驱动力和转化动力是相辅相成、互相促进的。

第四章
组织自驱动
系统——成果

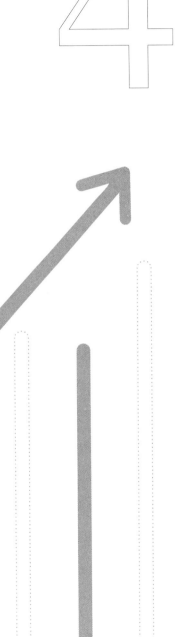

利润增长引擎的组织自驱动系统的第三个微观变量是成果，在组织自驱动系统的三要素中，能力是基础，动力是保障，成果是目标，能力和动力最终都是为成果服务的，如图4-1所示。

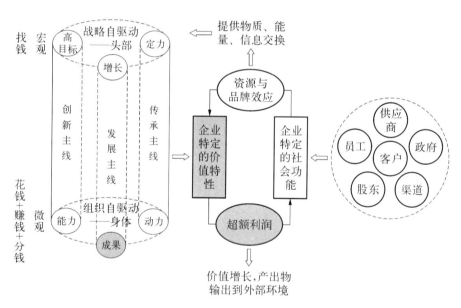

图4-1 组织自驱动系统——成果

能力强、动力足，工作成果就会更显著，反过来，显著的工作成果会让人更有动力去挑战高目标，继而更好地提升自己的能力，所以能力、动力和成果这三个变量是驱动人才成长发展的核心要素，它们之间是相辅相成、互相促进的。

一、任务、结果与成果

先来看看以下这个故事：

一个鞋厂老板派了两个业务员去非洲考察鞋在当地的销售市场。一个销售员回来汇报，非洲人不穿皮鞋，所以鞋产品没有市场。而另外一个业务员说，非洲所有的人都不穿鞋，所以市场无限大。

老板不放心，到底谁说的对呢？于是又派了第三个业务员去调查市场。这个业务员去了一个月，没有消息。老板急了，打电报给他询问。业务员说，别着急，再给我半个月时间。一个半月后，第三个业务员回来，给老板作了如下报告：

第一，这里所有人都不穿鞋子，所以他们的脚有毛病，他们需要穿鞋。

第二，因为不穿鞋子，他们的脚有毛病，他们的脚比较宽，所以公司现有的产品不适合他们用，需要给他们量身定做。

第三，这个市场要进入，预计一年可以进入这个市场，预计能卖 3 万双鞋子，利润会达到 50 万元，投资回报率会在 30%。

第四，这个市场是一个原始部落，进入市场有一个游戏规则，是什么呢？这个部落是酋长负责制，所以进入市场需要公关，把酋长搞定，公关费 5 万元。并且这个公关还有个捷径，这个酋长有一个美丽的千金，所以最好派一个帅哥过来。

最终，公司按照第三个业务员的报告进行了营销推广，市场迅速打开，企业取得了意想不到的利润。

首先，从任务的角度来看，"去非洲考察鞋在当地的销售市场"这个任务，三个人都完成了。其次，从结果的角度来看，三个人的结果就不一样了，第一个人得出"鞋在非洲没有市场"这个结论，第二个人得出"鞋在非洲大有市场"这个结论，第三个人不但得出"鞋在非洲大有市场"这个结论，而且通过调研给出了可行的行动方案。再次，从成果的角度来看，第一个没有任何成果，第二个人发现了商机，也算是有一点成果，第三个人的成果是不但发现商机，而且为公司提供可行方案，为打开非洲市场作出了贡献。由此可见，任务、结果和成果是完全不同的概念。

完成任务不等于就有成果，结果也不等于成果，成果一定是好的结果。我们的工作不是以任务为导向，也不是以结果为导向（我们都不希望看到不好的结果），而是以成果为导向。过程好说明我们做事有一个好态度，而成果好才能证明做事的能力，所以在成果面前，只有功劳，没有苦劳。

二、 成果定义

日本时装设计大师山本耀司曾说过这样一句话："自己"这个东西是看不见的，撞上一些别的什么，反弹回来，你才会了解"自己"。跟很强的东西、可怕的东西、水准很高的东西相碰撞，然后才知道"自己"是什么。这句话的意思是人与人，人与环境，都互为镜子。境遇不同，镜子就不同，照出的自己也不同。只有与很强的东西、可怕的东西、水准很高的东西相碰撞时，才会撞碎裹住自己的外壳，在伤痛中涅槃，最终看到不可思议的自己。

1. 成果与目标

对于成果而言，目标就相当于"镜子"，目标不同，照出的成果也不同，只有与高目标相碰撞，才会收获令人满意的成果。所以企业要想有大成果，就要有高目标，要想有不可思议的成果，就要有不可思议的目标。

正如谷歌首席人才官拉兹洛·博克所说："如果你想吸引这个星球上最优秀的人才，你需要有可以激励他们的远大目标！"现实社会中，永远都是没有目标的人跟随有目标的人，有小目标的人跟随有大目标的人，有大目标的人跟随有不可思议的目标的人。领导者要肩负的责任就是搭建舞台，赋予企业和员工梦想和伟大的目标，并协助所有员工实现自身的价值和梦想。利益是最基本的保障，舞台才是最重要的归属。

万丈高楼平地起，所有大目标的实现都是源于一个个小目标的完成，完成一个个小目标最终实现大目标的过程就是收获一个个小成果最后收获大成果，这一从量变到质变的过程。

高目标倒逼能力，使命拉升动力，在能力和动力的支撑下，在目标的牵引下，几大因素共同促进成果的达成。

2. 成果分级

在企业环境下，我们如何根据目标来定义成果？如何有效地进行成果管理，从而让员工有更大的热情和能力持续创造更大的成果呢？企业要转变根据几个 KPI 指标来定义成果的思维，企业需要 KPI，但以 KPI 为导向的是运营思维，不是战略思维，成果的定义要以企业的增长为导向，追溯到在企业愿景战略的规划、战略目标的制定和战略路径的选择上，如图 4-2 所示。

如果把愿景看成不可思议的目标的话，那企业的战略目标就是大目标，企业的年度经营计划目标就是中目标，部门和个人的年度及月度目标就是小目标。一个个部门和个人的小目标的实现保障了企业年度目标的实现，每一年的年度目标这个中目标的实现保障了战略目标的实现，每一个 3—5 年战略大目标的实现保障了企业愿景这个不可思议的目标的实现。

我们把支撑战略目标实现的成果定义为一级成果，把支撑年度经营计划目标实现的成果定义为二级成果，一级成果既是实现战略目标的成果，也是二级成果的目标，以此类推，每一级成果都是本级目标的成果同时也是下一级成果

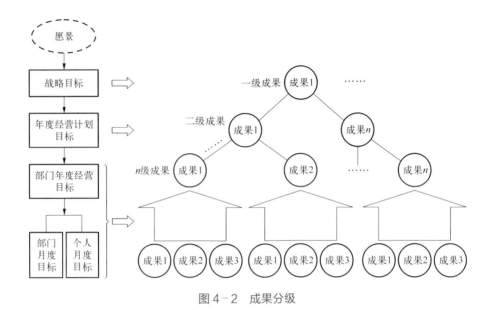

图4-2 成果分级

的目标。

举例说明，比如有个电视剧叫《大决战》，讲述了解放军由战略防御转入战略进攻，接着连续进行了辽沈、淮海、平津三大战役，最后百万雄师横渡长江，解放南京，最终取得解放战争全面胜利的整个历史过程。如表4-1所示。

表4-1 解放战争路径表

战略定位	一级成果1： 战略防御	一级成果2： 战略进攻	一级成果3： 主力决战	战略 目标
打一场史无前例的人民战争	二级成果： 军事上：歼灭敌人有生力量 政治上：争取舆论优势 思想上：诉苦运动，明确为谁打仗 保障上：土地改革，建立群众基础，解决兵源问题	二级成果： 解放东北 解放中原 解放徐州	二级成果： 三大战役 渡江战役	解放 全中国

解放战争的战略目标是解放全中国，要实现这个大目标，就要达成三个一级成果，分别是：战略防御、战略进攻和主力决战。战略防御，既是达成战略

目标的成果同时又是一个目标，要实现战略防御的目标，就要达成四个二级成果：在军事上要歼灭敌人有生力量；在政治上争取舆论优势；在思想上进行诉苦运动，明确为谁打仗；在保障上推行土地改革，建立群众基础，解决兵源问题。同理，战略进攻也需要三个二级成果来支撑，分别是解放东北、解放中原、解放徐州。主力决战也需要三大战役、渡江战役两个二级成果来支撑。

成果从纵向看，相互有隶属关系；从横向看，相互有依赖关系。就像表4-1所示，每一个一级成果下面都有隶属于它的若干个二级成果，同时三个一级成果之间有先后顺序，先是战略防御再是战略进攻，最后才是主力决战，如果在解放战争初期就开始主力决战，那就不符合当时的形势，也违背了客观规律。

为了更好地衡量、验证成果，每一级成果都需要有可以量化的指标。比如歼灭敌人有生力量，那到底需要歼灭多少呢？每一场战争都会有明确的歼敌数量要求。一个个可以量化的成果的达成可以不断提升战士的信心，就像企业可以不断提升员工的信心一样，有了信心，热情和动力就更足了，能力提升也就更快了。

三、 成果地图

为了更好地达成战略目标，我们将各级成果组合在一起，形成有先后顺序和逻辑关系的成果组合，并称之为成果地图。如表4-2所示。

以某培训公司年度经营目标为例，为了达成销售额25%的增长目标，参照平衡记分卡，公司从财务、客户、内部流程和学习成长四个维度提出了系列成果组合。在财务维度，公司提出了两个一级成果，分别是增加客户数量和提高单位客户收入，为了支持这两个一级成果的达成，在客户维度的核心是要提升客户价值，于是提升客户价值就成了客户维度的一级成果，而交付品质、人才

表4-2 某培训公司的成果表

年度经营目标：销售额提升25%

	关键成果	关键成果指标		行动方案
		指标名称	目标值	
财务（果实）	收入增长 提高单位客户收入 增加客户数量	销售额提升率 新客户提升率 单位客户收入提升率	25% 50% 15%	客户需求调研 培训收入提升计划 咨询收入提升计划
客户（树叶）	提升客户价值 人才培养（关系） 交付品质（形象） 产品迭代（产品）	项目满意度 课程满意度 人才培养目标达成率	100% 100% 90%	客户满意度调查 客户满意度证明 走访巡查 人才培养评估
内部流程（树干）	战略渠道有效开源 项目化管理保证交付质量 产品创新开发新产品	战略渠道数量 项目管理覆盖率 创新活动次数	50家 100% 3次/年	举办季度创新研讨会 渠道拓展互动 利益信息化系统进行项目复盘
学习成长（树根）	渠道队伍职业化 师资队伍专业化 人才建设 PMS管理系统 CRM管理系统 信息化建设 机制 文化 组织建设	师资队伍专业测评通过率 渠道队伍规模 信息化系统优化 员工满意度	100% 10人 100% Q12大于4.3	师资队伍培养及交流考察 信息化系统建设应用 机制优化及文化传播落地 团队建设

培养和产品迭代就成了客户维度的三个二级成果。为了支撑客户维度的成果，在内部流程层面就要重点抓产品创新、项目化管理和战略渠道建设三个一级成果。以此类推，在学习成长层面，人才建设、信息化建设和组织建设就是三个一级成果，其中人才建设这个一级成果需要师资队伍和渠道队伍的专业化和职业化这两个二级成果来支撑，信息化建设需要 CRM 管理系统和 PMS 管理系统这两个二级成果来支撑，组织建设需要文化建设和机制建设这两个二级成果来支撑。

以目标为导向，通过成果地图的形式，把达成目标的关键成果和路径进行有效的识别和梳理，并对每一个成果都提出对应的衡量指标、目标和具体行动方案，这样既可以聚焦单个成果，也可以系统思考各个成果之间的依赖关系，既见树木又见森林。

四、 成果管理

有了目标和成果地图，行动就有了方向，对于成果管理来说也就是完成了30%，接下来的70%就要靠对成果进行过程管理，围绕成果的良好过程管理是按照成果地图达成成果目标的基本保障。我们在前面动力部分讲到过提升胜任感的四部曲——测状态、定目标、给通路、分成果，它们同样适用于对成果的管理，因为胜任感和成果是密切关联的，成果会提升胜任感，而胜任感又有利于取得更大的成果。

这里我们重点讲成果的分享，它和企业的激励机制密切相关。成果的类型不同，相应的激励机制也会不同。企业员工的成果类型可以分为三大类，一类是经营业绩型，一类是能力提升型，一类是战略贡献型。

1. 企业常用的五种激励

成果类型不同，成果分享的导向也不同，如图 4 - 3 所示。企业常用的五种

激励分别是：行为塑造激励、基本贡献激励、成果贡献激励、战略贡献激励和
长期贡献激励。

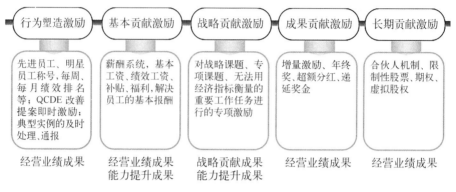

图4-3　企业常用的五种激励

行为塑造讲究激励的及时性，通过及时激励来鼓励员工的某些行为，肯定
他们的努力。企业针对员工的 QCDE 改善行为而采取的激励方式就是典型的及
时激励。

基本贡献激励，主要体现在月度薪酬上，包括固定工资与绩效工资。固定
工资与能力等级资格体系挂钩，能力等级资格越高，固定工资越高，能力等级
资格不是一成不变的，每年评定一次，能上能下。绩效工资与月度绩效挂钩，
而月度绩效的好坏以月度目标的达成为依据。

战略贡献激励，主要针对战略课题、专项课题、重大瓶颈攻关项目等，这
些课题取得的重大进展和突破，虽然短期内在财务数据上体现不出来，但对企
业长远发展很重要，企业应给予激励。

成果贡献激励是以年度为单位，对一年的总体经营情况进行总体评价，既
要考虑到一年的利润情况，还要考虑能力提升和战略贡献，然后以年终奖金、
年度增量激励等方式进行激励。

长期贡献激励是跨年度的，解决了谁为谁打工的问题，将企业由利益共同

体上升到事业共同体和命运共同体，具体操作往往是采用期权、股权激励和合伙人机制。

2. 经营业绩型成果

经营业绩型成果包括财务收益型成果和业绩成长型成果，对于用会计手法可以测算出来的收益，比如经营利润或一项改善的收入扣除成本费用后的结余，我们将其统称为财务收益型成果，具体衡量指标有销售额、利润、利润率、资本周转率等。业绩成长型成果主要是业绩的变化，主要体现在销售额的提升、利润的提升和市场占有率的提升上。一般来说，成熟的业务更侧重财务收益型成果，成长型业务更侧重业绩成长型成果。

财务收益型成果包括及时、短期、中期和长期财务收益。比如生产线员工作出了一项改善，成本节约了或报废减少了，这种效果立竿见影，而且也可以通过财务测算出来具体收益，这属于及时财务收益成果。再比如每个月通过经营会计报表对各个单位进行独立核算，算出它们这一个月的经营利润情况，月度经营利润属于短期的财务收益。相对于月度经营利润，我们把年度经营利润称为中期财务收益，比年度更长的我们称为长期财务收益。及时财务收益成果分享应采取行为塑造激励，强调激励的及时性；短期财务收益成果分享应采取月度绩效基本贡献激励；中期财务收益成果分享应采取年终奖金、年度分红或年度增量激励等成果贡献激励；长期财务收益成果分享应采取期权激励、股权激励、合伙人机制等长期贡献激励。

3. 能力提升型成果

能力提升型成果是从能力提升的角度来定义的成果类型，比如来料合格率提升、交付及时性提升、供应链成本控制等，这些成果分别反映了在品质管理、交付管理和供应链管理等业务能力方面的提升。能力提升的类型会涉及产品研发、市场推广、渠道建设、品牌传播等各个方面，能力提升的方向要紧扣企业战略，要优先提升对战略目标有直接贡献的能力。能力提升的成果从激励的角度会涉及能力等级资格的晋升，能力提升的成果越大，能力等级资格越高，对应的薪酬就越高。

4. 战略贡献型成果

战略贡献的成果往往来源于对公司战略有重大贡献的专项攻关课题，可以是战略课题，也可以是年度经营计划中的重要工作任务，针对这些重大战略课题或任务取得的战略贡献成果，企业往往采取战略贡献奖励的方式，比如总裁特别嘉奖等。

经营业绩型成果是企业成果的最直接体现，能力提升型成果和战略贡献型成果眼下不一定能体现在财务收益上，但是从长远的角度看，它们是支撑企业持续取得可观的经营业绩型成果的重要保障。企业往往将一些重要的资源投放在能力提升和战略贡献上。如果把经营业绩型成果比喻成"碗里的"，那能力提升型成果就是"锅里的"，战略贡献型成果就是"田里的"。

第五章
战略自驱动
系统——定力

战略自驱动系统是组织自驱动系统之上更高一级的驱动系统，相对于组织自驱动系统来说，战略自驱动系统更宏观一些，它有三个核心要素：定力、高目标、增长，如图 5-1 所示。本章我们将针对战略自驱动系统的第一个要素——定力，展开论述。

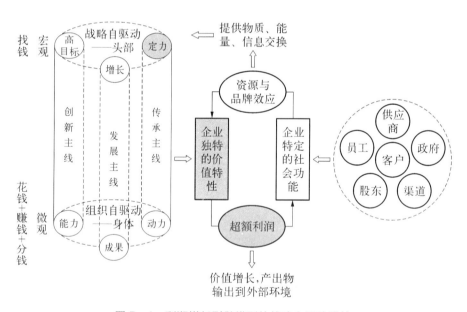

图 5-1 利润增长引擎模型的战略自驱动系统

一、 什么是定力

我们常常会看到这样的现象，暴风雨之后，路边经常会有树木被风刮倒，被刮倒的树木到底是大树多还是小树多呢？事实证明是大树多，小树树干韧性强且风阻小，反而不容易被刮倒。凡是被刮倒的大树，一般都有一个特点，就是树大了后重心慢慢偏离根系，加上枝繁叶茂、树大招风，如果树根又浅，当风的方向正好刮向重心偏离的方向时，大树就很容易被刮倒。所以树越高大，根就要越深，其生命状态才是稳固的，这就是定力的重要性！

"定力"一词源于佛教，是祛除烦恼、妄想、让心神凝聚一处而不散乱的禅定功力。在现代语境中，定力泛指人控制自己的欲望或行为的意志，拥有这种意志，就能做好选择，具体体现在在名利面前选择抵挡诱惑，在危险面前能够从容淡定，在困难面前选择坚定执着，在成功面前能够保持清醒。

电视剧《大决战》中讲到解放战争中最艰难的战斗之一：塔山阻击战。它是为保障东北野战军主力夺取锦州，于辽宁省锦州西南塔山地区对增派锦州的国民党军所进行的防御作战。塔山只是一个在锦西以东大约有一百户人家的小村庄，距离锦州30公里，距锦西4公里，唯一的重要之处就在于塔山是到达锦州的最快路径。因此，能否坚守塔山，阻击增派锦州的国民党军东进兵团就成为东北野战军主力攻打锦州成功与否的关键。但是塔山只是光秃秃的山包，无遮无拦，国民党东进兵团靠着大炮、坦克、舰艇、飞机和数倍于我军的强大兵力优势，坚信半天就可以拿下塔山。结果激战六天六夜后，国民党部队驻守的锦州都已经丢了，塔山也没拿下一寸阵地。国民党的军事专家们作了数次战争推演，怎么都想不通，这么强大的兵力和武器装备，怎么就是拿不下塔山？后来负责主攻的国民党的一位军长总结说："我们国军的兵力武器的确比共军强，但有一点我们比不上人家，就是共产党的士兵知道为什么而打仗，而国民党士兵却不知道，我们就输在这一点上！"

共产党军队最强大的武器就是坚定的意志，因为有了定力，红军经历二万五千里长征，枪林弹雨、九死一生，也不忘初心，砥砺前行。但凡成功的人、成功的组织，一定都是有定力的，企业经营也是一样，一个有定力的企业至少要做到"四不"：不为利所诱、不为危所乱、不为难所困、不为功所迷。

1. 不为利所诱

安徒生的童话故事《红舞鞋》广为流传，故事讲述了女孩与一双具有魔力的红舞鞋的故事。有一双非常漂亮、非常吸引人的红色舞鞋，舞者穿上它，跳起舞来都会感到更加轻盈、富有活力。但这是一双具有魔力的鞋，一旦穿上就会永无休止地跳舞，直到舞者的全部精力耗尽为止。有一个擅舞的、年轻可爱的姑娘实在抵挡不住这双红舞鞋的魅力，不听家人的劝告，悄悄地穿上它跳起舞来，果然，她的舞姿更加轻盈、更有激情、更加奔放，姑娘感到有舞之不尽的热情与活力。她穿着红舞鞋跳过街头巷尾、跳过田野乡村、跳过森林墓地，她青春美丽、人见人爱，姑娘自己也感到极大的满足和幸福，她不知疲倦地舞了又舞，即使感到倦意，也无法停下脚步。

当太阳升起来的时候，人们发现姑娘安静地躺在一片青青的草地上，她的双脚又红又肿，姑娘力竭而亡，她的旁边散落着那双让人永不知疲倦的红舞鞋。

《红舞鞋》的故事使人感慨万千，理智的人都知道不应该以生命为代价去追求个人事业上的短暂成功。可是人生的道路上像红舞鞋这样的诱惑却随处可见、时时可见。经营企业如同经营人生，企业也同样面临着很多类似红舞鞋的诱惑。有了定力，企业就会明白，企业的责任不是寻找一双红舞鞋，使公司活上一阵子，而是要让公司活得久。

任正非经常在各种场合反复地强调："我现在想的不是如何去实现利润最大化的事，而是考虑企业怎么活下去，如何提高企业的核心竞争力的问题。"当年华为在初创期时，正赶上深圳房地产大发展的黄金时期，但是华为坚守自己的本业，只在通信领域这个主航道精耕细作，这种"活得久是硬道理"的理念就源于不为利所诱的定力。

2. 不为危所乱

美方对华为接连出招，从买卖两头围堵，企图通过制裁打垮华为。芯片是硬件系统的核心，一旦断供，对像华为这样体量的企业来说，后果不堪设想，但是华为人没有慌乱，一篇题为"没有伤痕累累，哪来皮糙肉厚，英雄自古多磨难"的文章充分反映了华为人的心声。文章中有两句话："回头看，崎岖坎坷"，"向前看，永不言弃"。

首先，"回头看，崎岖坎坷"，"向前看，永不言弃"，这两句话已经充分地表明了华为对美国打压和封锁的态度，那就是明白自己没有退路，只有意志坚定，置之死地而后生，才能让自己闯出一条血路和生路。

其次，坚信华为与美国相关企业有着非常深的利益联结，某种程度上已经形成了"共生关系"。如果美国政府进一步制裁、封锁华为，美国相关企业也会受到重创，丢掉大量市场和饭碗，这对美国企业造成的负面影响将远大过华为。

再次，华为一直未雨绸缪、不懈努力的，就是在通信技术领域不断向前奔跑，他们坚信打铁还需自身硬，只有成为行业的技术领先者，才有底气应对一切打压。

自始至终，华为都冷静、沉着、有条不紊地应对和部署，而且任正非在接

受记者采访的时候还说:"华为的目的不是为了赚钱,而是为人类作贡献,既然大家都是为人类作贡献,那我们的目标就是一致的,我们期盼和美国的技术各自代表不同的标准在珠峰顶胜利会师的那一天。"这种"胸怀祖国,放眼世界"的大格局和大境界就是不为危所乱的定力。

3. 不为难所困

从 2013 年 5 月进行市场调研到 12 月上市,小米的移动电源仅仅用了 8 个月的时间,就引爆了整个行业。对于小米移动电源商业的成功,有人说是小米找准了消费者的痛点,这也没错,但是光找准痛点只是开始,解决痛点的过程才是最大的考验,这条路对小米移动电源的操盘人张峰来说,也是步履艰难。

涉足移动电源行业之初,小米的目标是开辟两条产品线:第一条是生产高标准的出口移动电源,售价 99 元;第二条是生产国产的移动电源,售价 69 元。但随着计划的推行,张峰和雷军达成一个新的共识:必须按照 99 元的最高标准做出售价 69 元的产品,要做就把性价比做到极致!

困难接踵而来,想要将价格压到最低,就必须要找到正确的合作伙伴,没有供应商的鼎力支持,一切都是镜花水月。另外在移动电源的外壳材料选择上,为了体现小米移动电源较高的性价比,决定采用金属外壳,对于自己打磨金属壳的经历,张峰说:"8 月开干之后,我再也没去过小米。发布会前去小米与雷军开会,他说感觉我至少老了 10 岁。铝合金金属外壳的加工难度非常大,内部金条经过喷砂阳极处理后,外壳表面呈现正反两面各两根金条,就算是苹果代工厂也束手无策。为做好型材,我们几乎跑了所有型材厂。型材成型后要经过 12 小时的工序处理才能看到效果,由于代工厂白天忙于生产苹果公司的产品,我们只好晚上赶工。我在生产线上熬了三个星期，一边盯生产进度一边对比效果。整个过程只能靠着坚强的意志与之死磕。"

最终，小米移动电源在上市的第一年就卖出了将近 2 000 万只，成为全球出货量最大的一款移动电源，彻底引爆了市场。这种"聚焦客户痛点，将产品做到极致"的产品理念就是不为难所困的定力。

4. 不为功所迷

海尔 CEO 张瑞敏曾受邀到香港科技大学作题为"没有成功的企业，只有时代的企业"的演讲。他说海尔不是"成功的企业"，这不是谦虚，而是他对于企业成功的定义不同。他认为，现代企业必须要有观念的革新，也就是一种成功的观念——企业成功只是因为踏准了时代的机遇和节拍，绝不能骄傲地停下脚步。一旦停下创新的步伐，就无法跟上时代的节奏，就可能被时代所抛弃。在张瑞敏看来，海尔的成功确实赶上了中国改革开放以及"走出去"的潮流，"成功地踏准了节奏"，这正是海尔目前在白色家电做到全球第一的奥秘。

成功只能代表过去，不能代表未来。不能因为踏准了一次就停滞不前、不思进取，沉迷在良好的自我感觉中。暂时的成功只是对过去的阶段性总结，企业更重要的是要培养不断更新核心竞争力的动态能力。这种"与时俱进，永不停息"的精神就是不为功所迷的定力。

总而言之，企业经营需要定力，没有定力的企业就像是没有根的浮萍，随波逐流，大浪淘沙，第一批淘汰的一定是这些没有根基的企业。有定力的企业意志会更坚定，目标会更明确，思想会更统一，当然道路可能会更艰辛，但他们更有可能成功，为什么？因为他们把别人在诱惑、困难面前因错误选择、不知道如何选择或者是因成功而懈怠所浪费的大量时间都用在了往心中笃定的方向前行的路上。就像以色列人信奉的一句话说的，"天下难做的事情更容易做成"。

二、 定力的时代意义

1. 不确定性中的确定性

我们今天正处在乌卡时代（VUCA①），各行各业都面临更加明显的易变性、不确定性、复杂性和模糊性。一个昨天还好端端的企业，今天突然倒闭了；一个今天还是不起眼的企业，明天可能会成为一匹黑马。昨天投 20 万元搞一场招商会，效果显著，今天同样投 20 万元搞招商会，结果会怎样？不确定。以前市场上就是买方和卖方的关系，现在互联网技术发展，商业模式创新，买东西的人不一定是使用东西的人，使用东西的人不一定是买东西的人，利益关系更加复杂，相互关联依赖，牵一发动全身；市场边界越来越模糊，竞争对手越来越模糊，我们甚至不知道自己的竞争对手到底是谁，跨界"打劫"成为常态……

飞机发明者莱特兄弟最早是开自行车车行的，在他们之前，德国人已经多次让飞机飞上天，但问题是飞机飞起来后不能保持动平衡，飞上天就摔下来，后来，莱特兄弟终于解决了飞起来后的平衡问题。飞机在飞行过程中，任何外界因素都会影响到平衡，而且飞行速度越快，波动就越大。企业发展也是一样

---

① VUCA 分别是 Volatile，Uncertain，Complex，Ambiguous 的缩写，意思分别是不稳定的、不确定的、复杂的、模糊的。

的道理，内外部环境因素的变化都会对企业的发展产生影响，因此越是在变化的环境下，企业越要坚守不变的东西，这就是维持企业这架"飞机"平衡的定力所在。

亚马逊创始人杰夫·贝索斯说："我经常被问到一个问题，未来十年，会有什么样的变化？但我很少被问到未来十年，什么是不变的？"他用几千万美元起家，融资2亿美元来做自己的线上书店，颠覆了美国市场占有率8%—12%的、最大的书店巴诺；他完成对书店的颠覆以后，涉足零售，对手变成零售商之王沃尔玛，现在亚马逊的市值超过了美国前10大零售店的市值总和；接着他又颠覆了计算能力市场，一个没有技术基因的电商企业，居然在云计算领域大显身手。为什么亚马逊和贝索斯总能一次又一次地颠覆行业？

答案是：将战略建立在不变的事物上，并把所有资源倾注其中。那么，贝索斯始终坚持的那个不变的东西到底是什么呢？是无限选择、最低价格、快速配送。贝索斯说，即便再过十年也不会有客户跳出来说："哎，贝索斯，我爱你，我爱亚马逊，但我就希望你价格再贵一点，我希望你的配送慢一点。"

贝索斯认为，世界上有两种成功的公司：一种是尽可能地说服客户支付高价格；另一种是拼命把价格降到最低，把利润都让给消费者。贝索斯坚定地选择后者。比如亚马逊AWS业务在长期没有竞争对手的情况下，主动降价51次。无限选择、最低价格、快速配送这三件事情背后的核心是什么？就是客户体验。

"做全世界最以客户为中心的公司"，这就是亚马逊的文化。很多公司都会说"以客户为中心"这句话，但贝索斯把这句话变成了信仰，并且真正执行。

所以越是在产品快速更新迭代，新商业模式层出不穷，技术日新月异的充满不确定性的时代中，企业越要找到自己心中的确定性，这最大的确定性就是定力，它犹如定海神针，有了它，我们才有"板凳宁坐十年冷"的毅力和决心。

2. 长寿企业的奥妙

据《中国民营企业发展研究报告》统计，中国民营企业的平均寿命为 2.9 年，60% 的民营企业会在 5 年内破产，80% 的民营企业会在 10 年内消亡。基业长青，做百年企业是很多企业家的梦想，但梦想和现实差距很大。

日本是世界公认的"长寿企业之乡"，其长寿企业数量居全球第一。日本超过百年历史的企业竟达 2.1 万家之多，超过 200 年的企业有 3 200 家，更有 7 家企业历史超过了 1 000 年。世界上最古老的企业前三位都在日本，寿命最长的企业是金刚组，创办于公元 578 年，迄今已有 1 400 多年的历史。

日本企业非常重视本业，近 90% 的日本企业都是规模不超过 300 人的家族企业，他们很少跨界经营，遵循细水长流、连绵不绝、不追求眼前利益的经营理念。用百年时间专注于某个领域，也为企业赢得了社会信赖，这种信赖成为长寿家族企业最宝贵的财富，提高了企业的抗风险能力。

企业只要坚持自己的特点，就不怕没生意做，哪怕经济不景气的时候，也仍然可以经营得很好，就像日本经营之圣稻盛和夫创办的京瓷公司，每次经济危机之后，公司都会经历一次跳跃式增长，体现出萧条中腾飞的大智慧。这种智慧体现在坚定而明确的经营理念、行业人的本分和持续不断的产品改良。每个细分领域的佼佼者的成功的秘诀最终也离不开这几点。

中国的企业并不缺乏胆量和勇气，身无分文也能搏杀千金的故事在老一辈的创业者中也为数不少，但要做成长寿企业，依然面临很大挑战。这种挑战不是作为一个企业创始人如何艰苦创业、披荆斩棘，而是如何让企业在传承中发展。

任正非曾说："长寿企业与一般企业在平衡长期与短期利益的时候有不同的原则，而不同的原则来源于对企业目的的认识。"对企业目的的认识层次不同，体现出来的定力就不同，企业领导人的核心职责就是让员工明白工作的目的和意义，他怀着强烈的愿望和自豪感，付出不亚于任何人的努力，在困难面前表现出坚强的意志，绝不放弃，从而凝聚员工，形成集体强有力的定力，这才是企业真正的经营之道。

三、 定力与动力

1. 定力在于定心

定力在于定心、定心在于信仰。企业需要员工出业绩，需要员工能力强，需要员工有干劲，所有这些都离不开企业对员工的心的经营。企业最大的动力莫过于人心所向，很多企业往往忽视这一点，过分地相信外在激励的作用，对一个企业来说，最高的激励应该就是股权了吧，如果股权激励还不能调动人的积极性，这时又靠什么呢？

以前国民党的部队打仗，经常用大洋来激励士兵往前冲，但是士兵一想，命都没了，要钱有什么用？而共产党的部队，没有大洋可以奖励，饭都吃不饱，哪来的大洋奖励士兵呢？但是冲锋陷阵时士兵却一个个勇猛无比，不要性命也要往前冲，哪来的这种连命都不要的动力呢？就是源自让穷苦百姓不再受苦、让人民当家作主、早日解放的信念。

经营企业就是经营人心，更能激发人的永远都是人对未来的期许，而不是当下的满足，正所谓"相信相信的力量"。一个企业如果能够实现员工在思想理念上的高度一致，让员工具备愿意为公司具有大义的梦想和目标付出不亚于任何人的努力的坚强意志，有了相信的力量和定力，想不成功都难。

2. 心态决定状态

在企业环境下，我们都希望员工能创造业绩，但业绩不会自动找上门来，因此我们关注员工的行为，但是有行为不代表就有业绩，还要再继续关注员工的技能。但我们常常会发现企业里有些员工明明有十分能力却只使出六分，还有四分藏着不使出来，仔细研究后发现，原来是我们的激励没到位，于是开始研究怎么考核和激励员工。企业往往认为把以上几个方面都管理好了，员工就管好了，其实不然。以上只是我们看得到的东西，如图5-2所示，业绩、行为和技能都属于行动层，考核激励都是通过外部因素影响一个人的动作动力，称为外在激励。很多企业认为只要有一套外在激励的方法，员工就会不断提升技能，做出能够产生业绩的行为，其实不然。

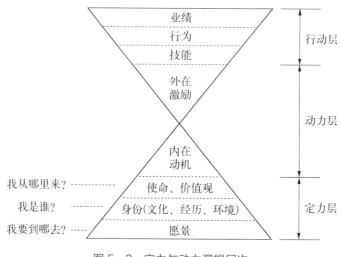

图5-2　定力与动力逻辑层次

行动层和外在激励都是看得到的东西，但往往看得到的东西是由看不到的东西决定的，那哪些是看不到的东西呢？在动力方面，要从显性的外在激励向隐性的内在动机延伸，人的内在动机我们在前面讲过，有自主、胜任和联结三个核心要素，其中联结又包含利益联结和情感联结，而情感联结的基础是有共同的使命、价值观和愿景。

对于一个企业来说，使命、核心价值观和愿景可能在创业之初就已经明确了，这就要求后来加入的人要从内心接受这样的使命、价值观和愿景，而这种认同会受到人的身份、家庭、区域文化、经历和环境的影响。

阿里巴巴创始人马云说："我们要找的是合适的人，而不是把谁改变成合适的人，我们基本改变不了谁。"所以阿里在面试环节，专门有个"闻味官"，其实就是从一个人的思维和理念层面进行甄别把关。

我们把受身份、文化、经历和环境影响的使命、价值观和愿景统称为定力层，是支撑动力的更底层的东西。定力是心态，动力是状态，心态决定状态，定力是最根本性的内在动力。

上述的逻辑层次图给企业管理也提出了更高的要求，水平一般的管理，往往局限在行动层，就结果谈结果。水平高一点的管理开始由行动层往动力层延伸，在动力方面，企业考虑比较多的往往是外在激励，忽视了从外在激励到内在动机的转化，如果能够考虑到内在动机转化，管理水平就又升级了。水平再高一些的管理，会更加重视定力层，企业老板就是企业的代言人，会通过讲故事、定目标、给愿景以及身体力行来影响人、激发人、凝聚人，最后形成企业集体的强有力的定力，这种定力就是企业这个大河流的"堤坝"。

任正非曾说："管理就像长江一样，我们修好堤坝，让水在里面自由流，管它晚上流，白天流。晚上我睡觉，但水还自动流。水流到海里面，蒸发到空中，雪落在喜马拉雅山，又化成水，流到长江，长江又流到海，海水又蒸发。这样循环搞多了以后，它就忘了一个还在岸上喊'逝者如斯夫'的人，一个'圣者'，只管自己流。这个'圣者'是谁？就是企业家。"

四、定力之源

《道德经》有云："夫物芸芸，各复归于根。"这个根就是企业的定力。企业的创始人的经历、价值观不同，决定了企业的定力也不尽相同。企业的定力到底是什么？

稻盛和夫在他的书《成功的真谛》中揭示了他的经营之道即定力，就是"敬天爱人"，"敬天"就是做人、做事、做企业要遵循自然规律，"爱人"就是始终把员工的利益放在第一位。

符合自然规律的道是最根本性、最朴素的道。但企业在经营环境下，如果只是用这样过于概括的思想来指导企业的经营活动，会显得过于虚无，而且不同的人理解会不同，所以企业要思考如何以最朴素的道为基础，同时还要结合企业的心路历程、当下的市场环境及将来的发展展望，赋予企业定力新的内涵。

要想得到这一问题的答案，经营者不妨先问自己三个问题，分别是：我是谁？（身份、理念）我从哪里来？/我是怎么走到今天的？（使命、价值观、经营原则、自信）我要到哪里去？（梦想、愿景）最后形成如图5-3所示的企业哲学框架，它就是企业的定力之源。

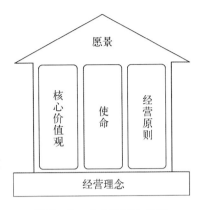

图5-3　企业的定力之源

1. 经营理念

经营理念是企业经营的系统性和根本性思想，企业战略的选择以及整个经营管理体系的构建都基于企业经营理念的基础之上。

松下的经营理念就是让穷人都能用得起松下的电器，所以松下有个自来水哲学，要把松下电器做得像自来水一样便宜，连乞丐都能用得起。基于这样的理念，松下选择了规模化战略，采取低成本、大规模的运作模式，实现大规模销售。

同样是日本的企业，稻盛和夫创立的公司京瓷的理念就完全不同，京瓷的理念其中有一条是"定价即经营"，意思就是要定出客户能够接受的最高价格，而不是最低价格。怎么样才能定出客户可以接受的最高价格呢？要创新才行，所以京瓷选择的是差异化战略，追求的是独特性和差异化，要付出不亚于任何人的努力，持续创新。

经营理念源自企业创始人的发心，它是对两个问题的思考：我们为什么要创办这家企业？到底为了谁？关于这两个问题，企业在不同的时间阶段，都会

135

有不同的答案，正因为不同，企业经营的格局以及做人做事的姿态才会升华。所以我们要尽量把自己的姿态放高一些，"为什么创办这家企业"是从社会价值来谈的：企业为社会提供了什么价值？企业存在的意义是什么？

要想把创始人一个人的理念变成大家共有的理念，企业创始人的理念就需要具备大义，只有这样才会感召更多的有识之士追随，跟着创始人长期发展。如果创始人只追求自己过得幸福，就不可能会有人追随他。

京瓷公司的经营理念是：追求全体员工物质与精神两方面幸福的同时，为人类和社会的进步与发展作出贡献。

这个理念就是稻盛和夫的发心，是稻盛和夫经历了 11 名高中学历员工集体离职事件①后通过深刻反思后而得出的京瓷的根本管理思想，京瓷在后续的战略选择以及经营原则的制定中，都以这个理念为出发点，这样的理念也得到了员工、社会、合作伙伴的广泛接受与认可。

2. 核心价值观

核心价值观是企业家在企业经营过程中身体力行并坚守的价值观念，是引领企业进行一切经营活动的指导性原则，它能够潜入员工的思想和心灵深处，具有很强的号召力和凝聚力，是员工共同遵守和维护的行为准则，它确保员工步调一致，更好地服务市场和客户。核心价值观好比一把尺子，用这把尺来衡量员工行为的善与恶、对与错、是与非。有了尺度才能界定行为、明辨是非。

华为的核心价值观是成就客户、艰苦奋斗、自我批判、开放进取、至

① ［日］稻盛和夫：《稻盛和夫自传》，陈忠译，北京：华文出版社，2010：129 页。

诚守信、团队合作。

阿里巴巴的核心价值观是客户第一、团队合作、拥抱变化、激情、诚信、敬业。

腾讯的核心价值观是正直、进取、合作、创新。

IBM 的核心价值观是胜利、执行、团队合作。

我们发现企业的核心价值观都是一些正能量的词，那为什么每个企业强调的价值观不一样呢？首先，它是由企业创始人个人的人生观和价值观生发而来，而个人的人生观和价值观与一个人的生活经历、环境和文化背景直接关联；其次，它和企业所处的时代、企业所从事的业务领域、社会变迁的趋势也有关。所以每一个企业的核心价值观都不尽相同，即使是同一个词汇，其内涵也会不一样。

所有优秀企业的核心价值观追根溯源都是一样的，那就是对"做人何为正确"的解读。如何对待客户，如何对待员工，如何对待股东和所有利益相关者，如何对待个人利益、企业利益和社会利益，如何对待成功与失败，如何看待当下与未来，等等，对这些命题形成的共识加以提炼，就是企业的核心价值观。

3. 使命

使命就是再苦再难，也要坚持下去的理由。

埃隆·马斯克在他的 SpaceX 团队成功发射了 Inspiration4 纯商业载人火箭后接受了记者采访，当被问及当初大家包括他的偶像们对他的太空商业飞机计划都不看好的时候他是怎么想的，埃隆·马斯克不禁潸然泪下，说自己实在是太难了，多么期望他们会激励自己、鼓励自己，看看自己所做

的所有努力。当主持人问到底是什么在支撑着他去做别人都不看好的事情时，马斯克说："我要做不一样的事情，就是太空飞行，我要让太空飞行对所有人来说都是可以实现的。"

正是因为有了这样的使命，才有了知难而上、永不放弃的毅力和决心。如果将这种使命上升到企业组织的高度，使其成为大家共同的使命，就会让大家真正感到工作的意义——不仅仅是在谋生，更是在"创造历史"。

华为的使命是聚焦客户关注的挑战和压力，提供有竞争力的通信解决方案与服务，持续为客户创造最大化价值。

阿里巴巴的使命是让天下没有难做的生意。

腾讯的使命是用户为本，科技向善。

IBM 的使命是无论是一小步，还是一大步，都要带动人类的进步。

正是因为有了这样的使命，并努力践行使命，企业才树立了良好的社会形象。所以使命就是担当，是企业存在的根本理由，也是企业制定战略、确定目标的依据。它阐述的是企业要在什么领域发展，企业存在的目的和意义是什么，企业要承担的责任和义务是什么。

使命是一种高度，有了高度才能看得长远而不是只看眼前，才能看到光明而不再是风雨。使命的意义在于，给梦想找到合理性理由，给自己一种定力。那一个公司该如何找到使命呢？思考三点：给客户一个承诺、给员工一个舞台、给社会一个担当。

4. 愿景

愿景是对企业发展前景和发展方向的高度概括，是企业未来 10—30 年的远大目标及对目标的生动描述，是企业对自身在未来社会中的地位和美好蓝图的展望。

华为的愿景是丰富人们的沟通和生活。

阿里巴巴的愿景是成为一家活 102 年的好公司，到 2036 年，服务 20 亿消费者，创造 1 亿个就业机会，帮助 1 000 万家中小企业盈利。

通用电气（GE）的愿景是使世界更光明。

企业愿景不只是企业老板的愿景，而是员工共同参与制定并充分达成共识的，是大家共同的梦想。对于企业领导人来说，如何把自己的愿景变成大家共同的愿景，让大家相信"相信的力量"，的确是一个挑战。

稻盛和夫在创立京瓷公司之初，就反复强调要把京瓷公司办成世界第一，稻盛和夫说这在当时宛如一个梦想，连自己心中也有疑虑。然而，即便如此，稻盛和夫却依然不断鼓舞员工"要瞄准世界第一!"与此同时，为了成为世界第一的公司，京瓷对干部员工应该如何思考、如何行动，从思维方式到工作方法，都作了明确的要求。

正是因为有了这样的愿景，"树立高目标""持续付出不亚于任何人的努力""把自己逼入绝境""极度认真地生活"这类表达克己的、严肃的思维方式和人生态度才会在企业经营中体现出来。

5. 经营原则

原则就是立场，在从使命到愿景的过程中，企业走的路是不一样的，不同的路就是不同的战略选择，不管选择哪一种战略，都要用经营的原则来约束每一项经营活动。所谓原则就是"贯彻做人、做事、做企业的正确的准则"，是评判行为的标准，是行动的依据，是对经营行为的主动引导或约束。经营原则能及时检查、审视我们已经或即将实施的行为，帮助我们纠正错误、抵御诱惑、坚定立场。

三鹿奶粉的战略很好，但是它没有遵循经营和做人做事的原则，导致在战略实施的过程中投机取巧、伤天害理，最终使得企业倒台，受到法律的制裁。这不是它的战略问题，而是它丧失了做人做事的基本原则。

正如稻盛和夫所说："我们在思考一个企业的战略战术之前，更应该思考企业经营的原理和原则。"

言外之意，原理和原则比战略和战术更重要。在原理和原则面前，战略和战术也仅仅是方法论。中国大多数企业都有自己的理念、使命、愿景，但是明确提出经营原则的却很少，这也往往是企业理念难以落地的重要原因，因为理念太虚，而具体的管理制度又太具体，两者之间缺乏一个桥梁，这个桥梁就是经营原则。通过经营原则，将企业经营理念进行渗透，最后再体现在制度和行为中。缺乏明确经营原则有时会让企业经历挫折。

有一个做传统消费品的企业，做了 30 年，也经营得非常稳健，但是前几年经营者发现搞房地产更赚钱，于是投入资金进入房地产，但是自己对这一块业务并不精通，最后导致项目失败，损失巨大，而且还因资金担保等问题牵扯法律纠纷，后来企业在梳理经营原则的时候，公司董事长就给企业制定了第一条经营原则：永不涉足本行业以外的任何领域。

企业该如何确立自己的经营原则呢？不能找放之四海而皆准的原则，比如团结就是力量、依法经营等，这些当然也没有错，但是企业经营原则要结合企

业的自身情况，要有时效性。

一般来说制定企业经营原则时要从以下五个方面考虑：① 企业曾经走过弯路后得到的教训；② 企业值得传承的优良传统或曾经成功的经验；③ 企业未来发展要特别强调的东西，需要上升到原则层面的；④ 企业当下存在的不良现象，需要上升到原则层面予以纠正的；⑤ 对员工、合作伙伴等利益相关者的行为准则要求。

企业经营理念、核心价值观、使命、愿景和经营原则所构成的企业经营哲学就是企业的定力的源头，是企业在实践的过程中不断强化，企业全员高度认同，最终实现哲学共有的思维方式和行为方式，所以我们把"共通的价值观 * 共通的思维方式 * 共同的行为方式"称为企业文化，它是企业最大的定力和自信。

五、 定力的传承

古语云："道德传家，十代以上；耕读传家次之；诗书传家又次之；富贵传家，不过三代。"企业家必须要认真思考企业要传承的"道"与"德"是什么。道德传承就是定力传承，没有传承就没有发展。就像中华五千年文明就是中华儿女世代传承的"道"与"德"，是我们文化自信的根源，也是我们最根本的定力。

1. 定力传承路径

所有优秀的企业一定都是文化生生不息、定力日久弥坚的企业。它们是怎么做到的呢？在定力的传承中，它们都有哪些成功的实践呢？优秀的企业至少都有三大自信：文化自信、战略自信、体制自信。这三大自信分别形成三大定力，分别是文化定力、战略定力和体制定力，其中文化定力决定战略定力，战略定力决定体制定力。如图 5 - 4 所示。

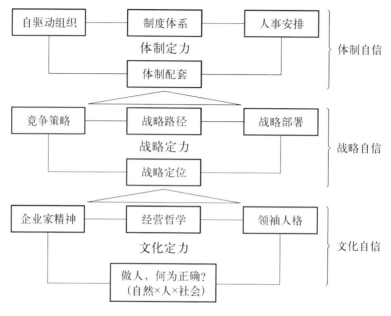

图5-4　企业的定力传承

一个优秀的企业，一定都有优秀的文化，这种文化追根溯源，是对"做人，何为正确？"深度思考之后形成的价值观念，不管是做人、做事、做企业，都不能违背自然、人、社会的和谐统一。真正的大智慧都是源于最朴素、最简单的道理，都要符合人之常情、事之常理。对"做人，何为正确？"这个核心命题的答案体现了企业创始人的领袖人格和企业家精神，上升到企业层面，代表了企业经营的思想和理念，具体包括经营理念、核心价值观、使命、愿景和经营原则，即企业经营哲学。企业从领导人开始，按照这样的思想和理念身体力行，并影响越来越多的人，使之成为员工内心深处最根本、持久的力量，大家相信它、践行它、传承它、并以它为自豪，这样企业就逐步形成了文化自信和文化定力。

江苏有个企业，专门做水切割设备，这种设备可以用高压水射流切钢板、皮革、玻璃等，曹德旺先生的福耀玻璃用的就是这家企业的水切割设备。这个企业的营销总监分享了这样一个故事：有一次，这个营销总监去福耀玻璃找他们的采购负责人，但不知道这个负责人在哪栋楼办公，当时正好是中午吃饭时间，公司员工走在去食堂的路上，他就问了一个员工，这个员工不是简单地告诉他在哪儿，而是放弃吃饭时间把他送到他要找的人的办公室门口，然后才去吃饭。

这件事情给这个营销总监的触动很大，他逢人必讲这个故事，虽然是件小事，但这就是企业文化在一个普通员工身上的体现，有了这种文化自信，自然就有了文化定力，它会影响企业和员工的行为，比如如何对待客户的抱怨，如何对待产品的品质提升，如何对待眼前利益和长远利益，等等。这个过程是企业领导人带领企业员工共同修行的过程，要多在事上磨炼，才能在关键时刻，尤其是面临两难选择的时候，坚守原点，不忘初心。

有了文化定力，企业在做战略，尤其是面临艰难选择的时候就有了依据，在今天千变万化的商业世界里，坚持正确的价值观会让企业更加坚定前进的方向和目标，具体体现在企业的战略定位以及围绕战略定位而展开的战略部署和战略执行中。

华为的战略聚焦是华为取得今天成就的关键，其战略源头有一点始终不变，就是"聚焦客户价值"，始终围绕客户来制定战略，真正随客户需求而动，依据客户的需求和痛点找到产品方向，找到组织变革方向，找到企业内部改革方向。

要做到这一点，就要懂得舍弃。在物欲横流的当今社会，企业家最难管的是自己的欲望，管住自己的欲望就是坚持住不干什么。"花繁柳密处拨得开，才是手段；风狂雨急时立得定，方见脚跟。"

文化定力会影响战略选择，真正的战略都是由心而发的。静而生定，定而生慧，有定力的人往往"独具慧眼"，在复杂形势下，更善于把握事物发展的本质规律和基本趋势，对全局有客观、充分的把握，从而能够克服短期困难、抵御各种诱惑，瞄准长期目标和主要矛盾，持续沉着行动，最终做到运筹帷幄，决胜千里，战略自信自然形成。这种战略自信让企业在战略执行过程中遇到诱惑、困难、危机或阶段性的成功时都不会左右摇摆、迷失方向，这就是战略定力。战略定力需要深邃的思想力、准确的判断力、坚定的意志力。

淝水之战，东晋以 8 万人马，打败了号称百万人马的前秦 80 万大军，不单令国家转危为安，而且流下了"八公山上，草木皆兵"的历史佳话。东晋主帅谢安在前秦大军压境之际居然一如既往，照样下棋、弹琴、饮酒、作诗，闭口不谈大战之事，与他下棋的客人忍不住问了战况，谢安从容答道："小儿辈遂已破贼。"谢安不是盲目乐观，而是基于细致的分析：第一，前秦虽然兵力庞大，但多为骄兵，且有大量俘虏，人心不齐；第二，前秦不擅长水战，一旦进入水战，他们无法施展；第三，前秦日益行军，疲惫不堪，容易军心涣散。正是因为谢安对全局有了充分的了解，从而形成了强大的战略定力，给前线的将士们吃了一颗定心丸，才使将士们怀着必胜的信心，顺利实现以少胜多。

官渡之战，曹操处于绝对劣势，如何变劣势为优势，一靠周密的谋略和正确的指挥，二靠其战略预知能力与其个人拥有的强大的战略定力。曹操在粮草就要用尽的极端困难条件下，仍然保持战略定力，与对方比耐力、比意志，等待战机，果然许攸的投靠，让曹操绝地逢生，看似出于偶然，实际却是必然。

文化影响战略，战略影响体制。企业的文化和战略不同，配套的体制也会不同。体制具体体现在组织体系和制度体系，以及这些体系背后所体现出来的战略和文化导向。文化重塑、战略调整都会涉及体制的变革，到底采取什么样的组织体系、制度体系，以及应该如何用人，把合适的人放在合适的岗位上，等等，这些体制设计的背后都体现出企业战略和文化的定力。

秋收起义受挫后，红军来到江西省永新县三湾村，原有5 000多人的起义部队仅剩不足1 000人和48匹战马，士气十分低落，组织很不健全，思想相当混乱。毛主席找准了问题的根本在于缺乏党对军队的绝对领导，于是作出了"三湾改编"的重大决定：

第一，部队缩编，把原工农革命军第一军第一师缩编为一个团。

第二，将党组织建立在连上，设立党代表制度，排有党小组，班有党员；营、团以上有党委，从而确立了"党指挥枪"的原则。

第三，设立士兵委员会，让士兵群众参加军队的民主管理，实行"官兵平等"，经济公平，破除旧军雇佣关系，确立新型的官兵关系。

"三湾改编"不仅是一次部队编制的变革，更是一轮强化党的领导，重建部队军事、政治、组织纪律，强化党内民主和党内政治生活的深度变革。这场成功的变革奠定了我们党领导的革命军队从胜利走向胜利的坚实基础，也是我党在新的历史时期继续保持先进性和纯洁性的体制定力。

随着企业规模的不断壮大，行业成熟度不断提升，企业和企业之间的竞争越来越从顾客层面、商品层面和业态层面延伸到企业内部的体制层面和文化层面。也就是说企业把握了优质顾客、先进的技术和产品以及好的商业模式，的确可以让企业保持领先，但是随着行业成熟度的提升和信息化的发展，仅仅靠

这些难以让企业保持持续的竞争力，越是成熟的行业，越是规模大的企业，竞争的焦点越是倾向于企业的体制和文化，而且体制和文化上的竞争优势竞争对手很难模仿，所以体制变革对于当下企业战略转型升级、重塑市场地位、跻身头部企业之列都非常具有现实意义。

万科的合伙人制，韩都衣舍的三人小组制，海尔的人单合一和小微公司合伙人制，华为的员工持股等都是企业作出的非常好的体制设计尝试。

这些体制设计的目的是不断提升企业创新活力，增强应对市场不确定性的能力，推动企业成功转型升级，其背后体现了企业对员工的管理理念和企业在新时代下的战略思想。以奋斗者为本，组织不断化小，权力不断下放，更加强调自主经营，建设命运共同体等都是将来体制变革在组织体系和制度体系方面的方向和趋势，不管方向和趋势如何变迁，不偏离企业初心和更有利于战略落地的体制都是我们要坚守或变革的。

《道德经》中说，"朴散则为器，圣人用之，则为官长，故大制不割"。站在企业经营的角度，"朴"就是企业的文化理念，是企业创始人的初心，"器"就相当于企业的体制，也就是说企业的体制都是从企业文化理念而来的，符合创始人的初心。优秀的企业家如果能够合理运用体制，就可以带好团队，成为好领导者，令企业和谐统一，体制自信和体制定力自然就建立起来了。

文化影响战略和体制，反过来，文化也需要战略和体制承载，否则单纯的文化就是"乌托邦"。从文化定力、战略定力到体制定力贯穿的过程，就是定力传承的过程。一个企业的文化定力让员工心有所属，战略定力让员工心有所向，体制定力让员工心有所依，它们共同支撑员工的日常经营活动，一个企业把人心经营好了，事也想明白了，员工的工作动力和热情就完全不同，能力提升自然更快，最终也会找到自己的能力自信，所以一个企业最终要具备四个自信：文化自信、战略自信、体制自信、能力自信，如图5-5所示。

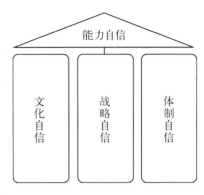

图5-5 企业的四种自信

2. 领导人的率先垂范

企业定力的传承涉及很多环节，其中最重要的就是企业领导人的率先垂范。企业领导人是定力传承的主要发起人，他们的一言一行都要和企业哲学思想相符合，如果说的是一套，自己做的时候又是另外一套，自己都没有定力，又怎么谈得上传承呢？员工思想形成的心理过程是这样的：不信不疑、半信半疑、深信不疑、信仰信念。在行为上也会经历从不动、心动、感动到行动的过程，在这个过程中，企业领导人的实践行动和表现出来的姿态就至关重要，尤其是面对利益、危机、困难和成功时的选择。

早年，国家和地方对环保的要求并没有像今天这样严格，一些企业为了追求增长会偷排污染物，这肯定是不对的，甚至是违法的，但在当时却并不少见。一个有良知的企业，就不能随大流，应该投入资金进行环保改造，但如果投入资金进行环保改造，经营成本就会上升，在价格战中的压力就会更大。所以，企业面临的选择是：偷排，不符合自己的良知；不偷排，企业经营压力更大，甚至会倒闭。那么到底该何去何从呢？

类似这样的困惑往往让企业进退两难，这时候企业领导人的定力就更加重要了。有人会说这个问题太幼稚、太理论化了，肯定是先考虑生存问题啊，但

是真正能够做成百年基业的企业，一定是能置之死地而后生的。当年没有张瑞敏抢起大锤砸烂几百台有品质问题的冰箱，就不会有今天的海尔；没有任正非时时刻刻保持危机和忧患意识，也就没有面对危机还能如此从容的华为。这，就是企业家的定力！星星之火，可以燎原。

成功的企业家，都是定力非常强的人，创业的过程很艰难，这种坚守也往往不被别人理解，所以从某种意义上来说，企业家是企业中最孤独的人，企业家的胸怀都是被委屈撑大的，而且在意识形态的高度上，他是独行在最前面的人，正可谓"昨夜西风凋碧树，独上高楼，望尽天涯路"。但是企业家又是企业里最幸福的人，企业家真正的幸福感不是来自金钱，也不是来自地位，而是自身无比坚定的信念最终得到了越来越多人的认同和追随，很多有相同信念和理念的人都聚集到他的身边，并能坚定地去实践和传承。这时，"待到山花烂漫时，她在丛中笑"最能体现一个成功企业家的心境。

3. 团队的集体修炼

定力的传承是一个实践的过程，同时也是修炼的过程，企业要通过经营实践的修炼，不断提高"心性"，把定力最终落实到经营数字上，不能体现在经营数字上的定力都是空中楼阁。

定力的集体修炼有两条线，一条线是把企业经营理念层层渗透到经营原则和企业制度中，另外一条线是通过战略和战略目标体系把企业经营理念渗透到企业制度中，最后在理念、经营原则、战略、目标体系和制度的约束下，展开经营活动，产生经营效益，并在此过程中形成正确的思维方式和行为方式，如图 5-6 所示。

一条线是将理念渗透到经营原则中，然后再把经营原则渗透到企业的经营管理制度中，用企业经营管理制度指导当下的经营活动，最后通过有效的经营活动创造价值，并将价值体现在公司的财务报表上。另外一条线是战略的取舍和目标体系的承诺。在这两条线的贯穿过程中，公司的理念和经营的战略意志

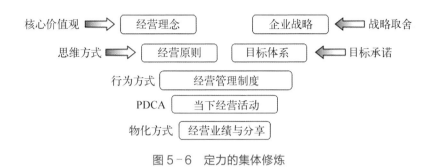

图 5-6 定力的集体修炼

分别通过经营原则和目标体系的承诺渗透到经营管理制度中，并指导全体员工展开经营实践活动，最后形成经营业绩，并体现在财务会计报表中。

（1）遵守管理制度

以经营原则为桥梁，理念会渗透到更多、更具体的经营管理制度中，在正确的制度系统的保障下，才能形成正确的行为系统。其中一个非常重要的环节就是制度的执行，对于企业制度百分之百的执行是集体修炼的重要内容。制度在出台之前可以经过充分讨论，听取多方意见，但是一旦出台，必须无条件执行，这样才能保证正确的结果。为什么军队中的很多行为是高度规范和统一的，就是因为军队对制度的执行是非常严格的，只有强有力地执行制度，才会有统一的行为和良好的结果。

（2）当下经营实践

当下的经营实践是集体修炼的道场，定力从实践中来，也要回到实践中去。在以企业理念为指导并结合企业的实际经营活动不断强化、深化、固化的过程中，企业上下才能形成共通的思维方式和行为方式。

企业经营活动是围绕 PDCA 循环展开的，PDCA 循环周期有长短之分，战略规划（P）、战略执行（D）、战略检查（C）、战略演进（A），这样的 PDCA 循环属于大循环，循环周期一般是 3—5 年，也就是一个战略周期。针对年度经营计划的 PDCA 循环属于中循环，循环周期是一年，针对月度计划以下的 PDCA 循环，属于微循环，循环周期就是一个月，甚至一周和一天。

人的价值观、思维方式和每一天的具体工作有什么关联呢？举个简单的例子，想要高效完成每天的工作，必须要有明确的目标和计划，也就是说要将企业的战略规划逐层分解到年度计划、月度计划、周计划和日计划，这就涉及如何来确定这个计划值的问题，那么这个计划值到底定多高才合适呢？

制订计划的过程就体现不同的理念和思维。如果制订计划时先想的是怎么给自己留好退路，就会定出非常保守的计划值，这种理念和思维实际上是利己的。如果始终给自己制定有挑战性的目标，通过有挑战性的目标来倒逼自己创造性地工作并为组织创造价值，在创造价值的同时实现个人快速成长，这种理念和思维就是利他的。如果企业通过一定的制度来引导和强化这样的思维方式，它就慢慢渗透到行为方式中，有了共通的价值观、思维方式和行为方式，企业文化就形成了。企业文化和企业经营活动相互依存、相互促进，良好的企业文化氛围，结合企业科学、合理的经营体制，就会让员工更容易，也更愿意做出业绩。

（3）经营业绩与分享

集体修炼的最好方式就是实战，在实战的过程中磨炼人、识别人、培养人、淘汰人、沉淀人，最终要以业绩说话，业绩就是战斗成果。企业经营没有成果，就难以维系长远发展，但也不能光看眼下的成果，要由果追因，努力的过程更加重要，人的能力和思维就是在这个过程中培养起来的。所以集体修炼就是要员工付出不亚于任何人的努力，在坚守公司经营原则和遵守制度的前提下，不断提升经营业绩，同时不断分享经营业绩背后的故事，也就是努力的过程，这个过程要结合核算系统来进行，通过核算系统不断发现问题、分析问题、解决问题，培养员工的能力和思维。

稻盛和夫创立的第一家企业京瓷就是每日坚持经营分享，只表扬不批

评，每天分享业绩背后的所思所想，通过这种方式把哲学理念逐步物化，与每天的具体工作和行动联系起来。

集体修炼的核心目标就是要企业上下通过修炼，形成共通的价值观、思维方式和行为方式，而共通的价值观×共通的思维方式×共通的行为方式就是企业文化。一个企业最核心的竞争力，就是企业文化的竞争力，因为这个竞争力是对手几乎无法模仿的，它渗透在企业员工的脑子里、心里和血液里。

第六章
战略自驱动
系统——高目标

战略自驱动系统第二个宏观变量是高目标，如图6-1。有定力的人能够知难而上，更倾向于挑战高目标，而高目标又倒逼能力提升，其中的关键是创新，由此引出企业的创新主线。下面我们将针对战略自驱动系统的第二个要素——高目标，展开论述。

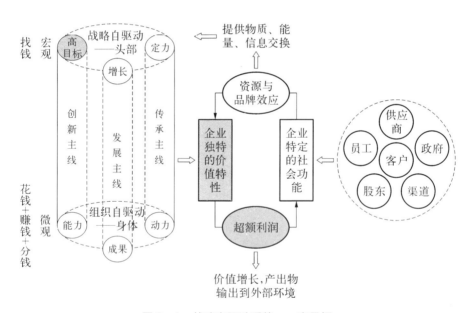

图6-1 战略自驱动系统——高目标

大多数企业在每年十月份左右会开始制订下一年的年度经营计划，其中就会涉及年度经营目标的确定，于是目标制定者和目标执行者之间开始进行博弈，然后往往会出现这样的场景：老板说明年需要做3亿元，营销老总说明年最多只能做2.5亿元，大家各有各的理由，最后谁也说服不了谁，那就各让一步，2.8亿元成交吧。这种现象不只是体现在做年度经营计划时，很多企业的管理干部和员工好像天生就怕定高目标，身上总是缺一股劲，这也是让很多企业困惑的问题。正如管理大师德鲁克所说："一切问题都是目标设定和目标达成的问题。"

王阳明说："志不立，天下无可成之事。"每个成功者在获得成功前，一定都会为自己设立一个高远的目标，这就意味着从一开始他就知道自己的目的地在哪里，以及自己现在在哪里，然后不停地朝着这个目标前进。虽然目前离目标可能还相差甚远，但至少可以肯定的是，他迈出的每一步的方向都是正确的。就像西方有句谚语所说："人的天赋像火花，能熄灭也能燃烧，而让其燃烧成熊熊烈火的办法，便是树立远大的目标，并向着这个目标不停地努力。"

那么，到底是什么驱使人主动给自己设定高目标呢？为什么很多企业都会面临员工对目标讨价还价，找各种理由拒绝高目标的现象？如何激励企业员工主动设定高目标并帮助他们达成目标呢？

1953年，哈佛大学曾经做过这样一个关于目标对人生结果影响的调查，一群智力、学历、环境、条件都相差无几的学生在走出校门之前，哈佛大学对他们进行了一次关于人生目标的调查。结果是这样的：

27%的人没有目标；

60%的人目标模糊；

10%的人有清晰但比较短期的目标；

3%的人有清晰且长期的目标。

25年后，哈佛大学再次对这群学生进行了跟踪调查，结果是这样的：

3%有清晰而且长远的目标的人，一直朝着心中的目标努力，成为社会各界顶尖的成功人士，他们不乏白手创业者、行业领袖、社会精英；

10%有清晰但比较短期的目标的人，他们生活在社会的上层，他们的短期目标不断达成，成为行业专业人士，有很好的工作，比如医生、律师、公司高级管理人员等；

60%目标模糊的人，他们生活在社会的中层或下层，尽管能够安稳地生活，但是没有取得什么成绩；

27%没有目标的人，他们生活在社会底层，生活得十分不如意，不断抱怨社会和他人，经常失业，家庭也不幸福。

从调查可以得出这样的结论：人们总是认为成功是先天注定、与生俱来的，但事实上并非如此，许多人一事无成，并不是因为他们没有天才的智慧，而是因为他们缺少一个高远的奋斗目标，以及为此排除万难、不断奋斗的毅力。

一、什么是高目标

大家往往认为完成的结果比过去有较大提高，这就算达成了高目标，其实不然，真正的高目标，指的是胸怀梦想，把自己逼入绝境，不得不通过创新的思维方式和工作方法以及改变现有的行为模式等付出不亚于任何人的努力才能达成的目标。

如图6-2所示，随着业务的发展，基于内部的基础建设、能力提升和外部的机会把握，自然而然就可以形成的业务增量，我们称之为基本目标，比如市场需求快速提升，新产品通过市场预热逐步打开了局面，产能扩大更好地满足了市场供给等。基本目标只能代表基本业绩，在基本目标之上，需要进一步通过创新变革才能达成的，我们称之为新增目标。

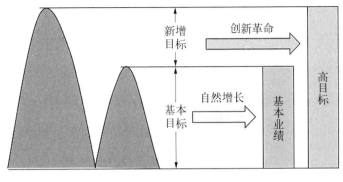

图6-2　高目标

基本目标加上新增目标才是高目标，在高目标面前，没有最好，只有更好，不断对标强者，如果找不到比自己更强的，那就倒逼自己，永远做最好的。

任正非在华为还规模很小的时候就立志要将其做成市场领导者，认为华为总有一天会走到前面，走到没有对手的悬崖边。

稻盛和夫在创立京瓷公司之初，就反复强调要把京瓷公司办成世界第一，这在当时宛如一个梦想，连稻盛和夫自己心中也有疑虑。然而，即便如此，稻盛和夫却依然不断激励员工们"要瞄准世界第一"。

管理大师加里·哈默尔（Gary Hemal）和普哈拉（C. K. Prahalad）曾讲过："过去20年里，达到世界顶尖地位的公司，最初都具有与其资源和能力极不相称的雄心壮志。"

1. 高目标是一种思维

《论语》有云："取乎其上，得乎其中；取乎其中，得乎其下；取乎其下，则无所得矣。"对于一个规模100亿元的企业，目标定到多少算高目标？120亿元？200亿元？都不是。高目标并不能用一个具体的数据来衡量，那到底什么是高目标呢？高目标本质上是一种思维方式。

我有一位企业家朋友H先生，他是为下游客户提供配件的，下游客户将他提供的配件组装成成品对外销售、最近几年配件行业同质化竞争越来越明显，价格也成为下游客户的重要考量因素，对于价格定位中高端的他们来说，销售增长明显放缓，如何提升销售额成为困扰他的最大问题。我和他曾经有这样一段对话：

H先生：何老师，最近我们研发了一个新产品，我们不只做配件了，也做集成产品，这款新产品性能绝对好，比我们客户现有的产品还要好，我感觉一定有市场。

我：有几个问题有没有思考过，你做下游客户同样的产品，对现有的客户一定有冲击，你要如何应对？另外，你们做了20年的配件，现在延伸做成品，你们的优势在哪里？你做这个产品到底是想要什么？

H先生：对现有客户的冲击一定会存在，所以我想用一个全新的品牌去做，客户可能不知道两者的关联，我们做这个产品主要是迫于销售额增长越来越难的现状，想提升销售额。

我：你们的目标是什么？

H先生：这个我还没认真想过，我回去再想想。

后续我在帮他们系统梳理战略的时候，以三年三倍增长为目标，倒推增长源，并从产品、市场、组织三个核心维度进行策略研究，最后制定了三步走的战略路径：

① 练内功、打造爆破，把产品性价比做到极致；

② 聚焦大客户，实现规模和成本控制双突破；

③ 发展研发软实力，实现从配件生产到综合解决方案转型升级。

所以，原来做那款产品的想法就暂时放弃了。

讲这个案例的目的是想说明，我们在面对问题的时候，很容易直接想到做什么（What），而很少想为什么做（Why），我到底想要什么，以及我的目标是什么。如图6-3所示。

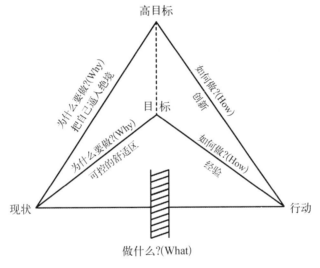

图6-3 爬坡模型

针对现状或问题形成的压力，人大脑的本能反应是马上采取行动，以规避压力或痛苦，即马上想到"做什么?"这种从现状直接到行动的思维，属于问题导向，在问题导向下，人容易感受到的是压力、沮丧和失落，采取的行动往往是基于过去经验的救火式的行动，行动本身不一定是最需要做的，也不一定是最合理的。所以我们要用一堵墙阻断从现状到行动的通道，改为从现状先"爬坡"到目标，根据目标再思考如何行动。从现状到目标，思考的是"为什么要做"，从目标到行动思考的是"如何做"，不思考这两个问题就很容易陷入"任务"之中，即便这个任务是有目标的，那也不过是这个手段的目标而已。

从现状爬坡到目标，再到行动的三点思维相对于直接从现状到行动的点对点的单线思维，好在哪里？三点思维是成果导向，突破了大脑的本能反应带来的趋利避害的束缚，使人更能感受到意义、价值和内心的期待，行动的方向会更明确，资源会更聚焦，动作会更彻底。

目标本身，有一般性的目标和高目标之分，一般性的目标往往停留在自己可控的舒适区，凭经验就可以完成，所以在目标制定的时候，人们会尽量想着不要突破自己的舒适区。高目标就不同了，它是把自己逼入绝境，不给自己留退路，然后逼着自己走出舒适区，进行自我变革和创新，这也是为什么大家都知道要有高目标但现实情况下又不愿意去选择的原因。在制定目标的时候，员工永远只有两种思维，一种就是想办法留在舒适区，找理由制定低目标，是利己思想，还有一种就是倒逼自己，挑战高目标，是利他思想，不存在中间地带。

每逢年底我经常会帮助企业梳理来年的年度经营计划，基本逻辑是明确年度经营方针、制定年度经营目标、确定增长源、梳理经营策略、找到运营短板六个步骤，并在此基础上形成年度重要工作任务清单。但我经常会遇到这样的情况，等工作任务清单出来后，企业负责人会说："何老师，你经过了前面那么多步骤才得到最后的工作任务清单，其实我们不需要走前面那么多步骤，根据经验也能直接制定一个任务清单出来，而且和你的这个清单也差不多。"这个问题给我的启发很大，其实纯粹从"做什么？"的角度来看，以制造型企业为例，莫过于品质、成本、交付、产品研发那些事，好像也没什么两样，那为什么企业和企业之间的差别那么大？由此我得出结论：平庸的企业都在"What"层面竞争，稍微优秀一些的企业在"How"层面竞争，而更优秀的企业则上升到"Why"层面的竞争。

具有高目标思维的人一定有非常坚定的理想、抱负和情怀，也就是我们前面讲的"定力"在支撑，他们就是华为经营哲学讲的"奋斗者"，他们才是企业最宝贵的财富，只有他们才能创造奇迹。

稻盛和夫曾说：

企业经营就像是爬山，如果你像远足一样去爬附近的小山，当然不需要任何训练，轻装去爬山就行了。但如果要攀登险峻的高山，就需要严格的训练，需要充足的装备。如果想征服世界最高峰珠穆朗玛峰，那就需要具备高超的攀登技术和丰富的经验，需要充足的食品和装备，需要周密的准备。"要攀登什么样的山"，就是说，你想创办什么样的公司，因为目标的不同，公司需要的哲学、思想也不同。一旦树立了高目标，那么很自然就需要建立与之相匹配的思维方式以及方法论。京瓷瞄准的是世界第一的高目标，所以在京瓷还是中小企业时，就奔着世界第一而努力奋斗，到今天，京瓷果然成长为世界第一的陶瓷公司，这样的结果证明了我的哲学，我强调的思维方式和方法论，是正确的。

稻盛和夫讲的这段话为我们勾勒出了"坚守定力、明确期待、制订计划、突破挑战"的高目标思维路径。第一是坚守定力，明确事业的目的和意义以及肩负的使命（在京瓷还是中小企业时，就奔着世界第一而努力奋斗）；第二是明确期待，即你到底想要什么（世界第一的陶瓷公司）；第三是制订计划，不断明确目标并为完成目标安排行动（充足的食品和装备以及周密的准备）；第四是突破挑战，既然选择了，就要相信没有不可能完成的任务（一旦树立了高目标，那么很自然就需要建立与之相匹配的思维方式以及方法论）。

在现实的企业竞争环境下，如果只是问题驱动，你解决了一个问题，还会出现新的问题，而且即使把问题都解决了，也不见得就能成功，很多行业洗牌的结局就是部分企业会消失，即使你没有问题，也无法改变这个事实。所以企业一定要以高目标驱动，通过外部视角，把企业的目的和使命转化为高目标，否则，它们就只是停留在一种思想或见解上，是一个永远不可能实现的美好愿望。

"坚守定力、明确期待、制订计划、突破挑战"的四步高目标思维模式，体现了以终为始、利他的精神，是企业文化的重要组成部分，是核心价值观的重要体现，它反映了企业的品格，是大家共同的努力方向和承诺。

2. 高目标是一种平衡

一旦脱离高目标，所有人都会盯着碗里仅有的那点东西，势必会造成短期利益和长远发展、局部利益和整体利益、内部利益和外部利益的矛盾。所以高目标不仅仅是一个有挑战的目标，也是企业在发展过程中如何规避矛盾，取得动态平衡的方法。

（1）短期利益和长远发展

长远发展就要加大投入，实现未来的可持续利润，但从短期利益而言，企业需要当下利润最大化，对未来的投入越多，当期的利润就越少，一边要加大投入，一边要当下利润最大化，这本身就是一对矛盾，如何解决这对矛盾呢？高目标就是一种平衡。

2020 年中国五百强企业研发总投入突破 1 万亿元，华为研发投入 1 300 亿元，排名第一，是第二名阿里 430 亿元的近 3 倍。2020 年华为的销售收入是 8 914 亿元，净利润是 646 亿元，净利润率大概在 7%。有人觉得华为作为高科技企业、国际通信领域的巨头，利润率怎么可能比一般制造型企业还低？那华为有没有能力把利润率做得更高一些呢？完全可以，华为研

发费用的投入比例是 14.6%，只要在研发上少投一个点，利润率就增加了一个点，少投 5%，利润率就可以达到 12%。但是华为没有这么做，华为把本来可以形成利润的大量资源，投在研发上，目的就是借助技术的创新突破来驱动产业的发展和商业模式的升级，从而持续为客户创造价值，为人类作出贡献。正是基于这样的高目标，企业才能在短期利益和长远发展之间达到有效的平衡。

（2）局部利益和整体利益

在企业内部，部门就是局部利益，公司就是整体利益，在行业内部，单个企业就是局部利益，行业就是整体利益。

华为在 2019 年砍掉了与三大主营业务——运营商网络业务、企业解决方案业务、消费者终端业务关联不大的一些边缘业务，比如海底光缆业务，更加集中精力聚焦主营核心业务，这些业务结构的调整势必会涉及公司组织调整和人事变动，局部利益也一定会受到影响，但只有通过这样的业务结构调整，华为才能把资源更加聚焦在主航道上，眼前放弃的是一部分业务，但却进一步提高了核心竞争力。

从另一个角度来说，华为放弃的部分业务，可以留给国内其他企业去做，这样有利于维持良好的行业生态环境。任正非有一个"价格伞"策略，在给手机产品定价时，不再只追求性价比，而是把定价稍微调高一些。华为这样做并不只是为了获得更高的利润，而是为了保护同行企业，让它们也能有稍高一点的价格与利润，从而维持整个行业的健康发展。

华为通过提升核心竞争力和维持行业健康发展的高目标有效地处理了局部

利益和整体利益的矛盾，在局部利益和整体利益间取得了有效的平衡。

（3）内部利益和外部利益

企业作为商业组织，一定要有利润，利润高，内部员工的工资和福利就更有保障，同时企业对外也要尽量满足顾客、股东和其他利益相关者的利益。企业把钱分给外部利益相关者越多，就意味着对内分得越少，所以内外利益也是一对矛盾。

华为的观念是，现代企业竞争已不是单个企业与单个企业之间的点对点的竞争，而是以一个企业为代表的供应链与以另一个企业为代表的供应链之间的体系的竞争。同一条供应链上的客户、合作者、供应商、制造商的命运息息相关。大家只有加强合作，真正了解客户需求、压力和挑战，为其提供更有竞争力的产品和服务，帮助客户实现他们的利益，大家才能共同成长，才有未来。

员工是要给工资的，股东是要给回报的，利益相关者是要分享利益的，天底下唯一给华为钱的，只有客户，所以只有"以客户需求为导向，帮助客户实现利益"这样的高目标，才能有效平衡企业内外部利益之间的矛盾。

3. 高目标是一种文化

个人敢于挑战高目标，那是一种品格，而组织敢于挑战高目标，那是一种文化。高目标文化的核心是自信、利他和创新，如图6-4所示。

自信是高目标文化的土壤，我们在定力部分讲到企业的四个自信——文化自信、战略自信、体制自信、能力自信，有了这"四个自信"，高目标的种子就可以落地、生根、发芽，企业发展的过程，就是不断强化"四个自信"的过

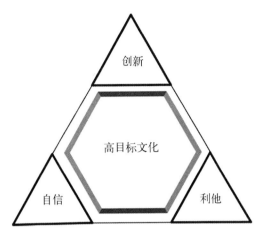

图6-4　高目标文化

程，也是给高目标的种子"施肥"的过程。

　　利他是高目标文化的导向，通过高目标把自己逼入绝境，付出不亚于任何人的努力，为组织创造价值，这本身就是利他；反之，不敢挑战高目标，总是找各种理由让自己留在舒适区，自己舒服了，本质上是利己的，但是如果每个人都这么想，最后组织就止步不前了。

　　创新是高目标文化的精髓，对于一般的目标，我们往往基于经验就能达成，但是高目标就不同，需要我们打破常规、持续创新、不断自我否定和自我变革。

　　华为用30年的时间就实现了市场规模的赶超和通信技术的全面革新，这些可能花了西方通信巨头一百多年的时间才得以完成，华为的发展壮大既不像小米那样找到了一个新的商业模式，也不像阿里巴巴那样踏准了时代脉搏，开辟出了全新的服务模式，而是在竞争激烈的红海中不断重复着"对标—跟随—超越—引领"这一过程，其核心就是在"为客户创造价值及构建自身核心竞争力"这个高目标之下进行不懈的技术创新与管理创新。

这种持续的、以客户需求为导向的创新，使得华为能在技术日新月异、竞争日趋激烈的商场中生存下来。

二、 高目标思维实践

高目标不只是勇气和热情，更需要责任和担当，没有结果的高目标就会变成空想、口号。在商业竞争环境下，只有看到企业阶段性的发展成果，才能让大家有信心去不断逼近高目标。所以企业不单要有挑战高目标的决心和勇气，更要有如何达成高目标的系统方法。

企业一旦确定高目标，就要在如何达成高目标上"死磕"，我们前面讲到过高目标思维路径包括"坚守定力、明确期待、制订计划、突破挑战"这四个步骤，我们现在来系统展开讨论。

1. 坚守定力

管理学大师彼得·德鲁克曾所说："管理就是界定企业的使命，并激励和组织人力资源去实现这个使命。界定使命是企业家的任务，而激励与组织人力资源是领导力的范畴，二者的结合就是管理。"可见，管理的核心就是界定企业使命并激励大家去实现它，而使命本身就是企业的定力之源。

企业能否坚守定力，不妨先自问以下问题，先找到问题在哪里，是否存在认知的盲区。

※ 企业是否有明确的经营理念？员工是否有一致的理解和认知？

※ 企业核心管理团队能否按照经营理念言行一致、以身作则、表里如一？

※ 企业文化在员工的言行中能否得以充分体现？

※ 企业在具体的诱惑、困难和危机面前，是否有清晰的判定标准，能否及时做出选择？

※ 企业战略是否清晰？是否有高度的战略共识？

※ 企业是否不断有阶段性的战略成果产生，从而让大家信心倍增，坚信战略可以实现？

※ 企业员工是否认为自己的工作很有使命感，很有价值和意义？

※ 企业体制设计是否有利于员工提升动力？在利益联结和情感联结上分别采取了哪些举措，导向是什么，如何落地？

低目标是顺应人性，怎么舒服怎么干，最多只能做到小成。高目标就是逆人性，怎么让自己不舒服就怎么干，往往可以大成。既然高目标是不舒服的，甚至是不可理喻的，会把人逼入绝境，那总要有大家愿意把自己逼入绝境的理由，这个理由是什么呢？

首先是个人身份，比如，"我是老板，我有责任把企业做好，对员工有个交代"，"我是管理干部，我必须以身作则"，"我必须这么干，这样我才能成长最快，也能更好地回报企业"，"这是我的使命，再苦再难我也要做"等等，背后体现的是与身份匹配的价值观和使命感，明确身份的本质就是拷问："我是谁？"

其次是信心，有了信心就会相信高目标一定可以实现，具体体现在对企业的文化自信、战略自信和体制自信以及这几个自信赋能下的组织和自身的能力自信，有了自信就有了挑战高目标的勇气，也正因为有了信心，才能一路走到今天，所以寻找信心的本质就是拷问："我是怎么走到今天的？"

再次就是愿景和梦想，在伸手不见五指的黑暗中，梦想就像一盏灯，让你心无杂念，一心向着它的方向前进。明确梦想本质上就是拷问："我要到哪里去？"

坚守定力，就是要围绕着"我是谁？""我是怎么走到今天的？""我要到哪里去？"这三个问题展开灵魂拷问，从而进一步明确自己的身份、价值观、使命，坚定文化、战略、体制和能力自信，心怀梦想。优秀的企业之所以会形成高目标文化，是因为他们在此过程中进行了很多有效的实践，概括起来就是：一说、二干、三照、四立、五庆。

（1）一说

企业领导人要成为企业哲学文化的第一传播者、梦想的缔造者、战略思想的解读者、阶段成果的分享者，要讲哲学、讲文化，同时还要发动大家一起讲，最好是结合真实的故事来讲，这样更容易让大家理解并记忆深刻，比如开展半年度的企业经营哲学大讲堂、月度的务虚会、民主生活会等都是比较好的形式。同时要不断强化和解读战略思想，达成充分的战略共识，并对阶段性战略成果及时进行分享，鼓舞士气。一旦达成了哲学共有和战略共识，士气就起来了，挑战高目标的信心和定力自然更足了。

（2）二干

要按照哲学文化要求进行实践，领导干部要以身作则、言行一致、表里如一，带动全体员工共同践行哲学文化思想。实践的过程就是强化的过程，在战略的执行上，要聚焦资源，力出一孔，哪怕先从小目标开始，也要不断取得阶段性成果。

1996年华为开始涉足海外市场，但是一无品牌，二无资源，老外只知道中国企业做服装和玩具，压根不相信中国的企业居然可以做通信高科技，当初华为海外员工连企业的大门都进不去。于是，他们就花钱买运营商废

弃的标书，因为标书上有客户的需求。了解了客户的需求，也不急于卖产品给客户，而是让客户更多地了解中国，了解华为。当年谁能够把运营商的领导邀请到华为总部，谁就是英雄，就要庆祝和奖励。把客户邀请到华为总部和让客户掏钱买华为的产品还有很大的距离，但是客户的来访让大家看到了希望。

干的过程就是让大家不断找到文化自信、战略自信、体制自信和能力自信的过程，在此基础上给员工赋能，让他们敢于挑战更高的目标，如此往复，循环上升。

（3）三照

在实践的过程中，员工到底有没有做出不符合公司价值观和经营原则的行为，需要有明确的判定标准，就像镜子一样，让大家时刻去对照自己。比如阿里巴巴的核心价值观考评，围绕"顾客第一、团队合作、拥抱变化、激情、诚信、敬业"六大核心价值观展开，也称为"六脉神剑"。

马云针对阿里的核心价值观说："我们的'六脉神剑'是所有阿里人共同尊重的价值观、人生观，她来源于人性最美、最善良的一面，也必能激发出人性最美、最善良的一面，为整个社会所接受和认可；她能帮助我们选拔、培养、塑造世界上最优秀的员工，在这样的准则下成长起来的员工，一方面是社会上人人尊重的好公民，另一方面是我们企业追求卓越的生力军。因此我们将旗帜鲜明但却活色生香地推广我们大家尊重的价值观，为了我们的终极使命和远景目标贡献我们大家的全部智慧！"

阿里巴巴将每一条价值观都细化到具体的行为，最低1分，最高5分，并按照季度考评，年度总分将依据员工四个季度的平均分和价值观改进趋势给出。价值观的考评结果针对管理干部和员工有不同的应用规则。对于管理干部，价值观得分在27分（含）以上，不影响总评分数，但要指出价值观改进方向；价值观得分在18分（含）—27分之间，扣除业绩分15%；价值观得分在18分以下，无资格参与绩效评定，奖金全额扣除；任意一项价值观得分在1分以下，无资格参与绩效评定，奖金全额扣除。对于员工的应用规则是业绩和价值观各占50%，每季度第一周完成考评表，就考评表充分沟通达成共识，全年业绩为四次的平均，然后在部门内按照：2：7：1的比例强制分配，即20%是属于优秀的，70%是属于合格的，10%是属于待改进的。具体的奖励形式是加薪、股票期权、奖金、培训机会和新的工作机会。

（4）四立

树立榜样，有了榜样就说明这个事情有人做成了，既然别人能做成，为什么我做不成呢？无形之中员工就多了几分信心，定力会更足。

（5）五庆

华为有句话叫"胜则举杯相庆，败则拼死相救"。在取得阶段性成果时，企业要及时进行庆祝，肯定成果、强化定力，让大家相信未来还可以取得更大的成果，相信相信的力量会迸发。

2. 明确期待

管理界有一个有名的吉格勒定理——设定高目标就等于达到了目标的一部分。这个定理是由美国著名的行为学家J. 吉格勒通过多年的观察与研究总结出来的，旨在告诉大家，许多人一事无成，不是能力不行，而是因为他们不敢为自己制定一个高远的奋斗目标，缺少雄心壮志和知难而上、迈向成功的勇气。

20 世纪 60 年代，美国的连锁快餐公司如雨后春笋般发展起来，迪布·汤姆斯也在美国的俄亥俄州开了一家汉堡餐厅，他用女儿的名字将餐厅命名为温迪快餐店，与麦当劳、肯德基、汉堡王等这些威名远扬的大店比起来，温迪快餐店简直是微不足道。

然而，迪布·汤姆斯从一开始就雄心勃勃，为自己制定了一个让一般人听起来会觉得有点痴人说梦的高目标，那就是赶上快餐业老大麦当劳！

因为有了这样的高目标，汤姆斯一直把麦当劳作为自己的竞争对手，虽然实力上和麦当劳相差甚远，但是也不是完全没有机会。汤姆斯总是寻找对自己有利的差异化，如麦当劳把自己的顾客定位在青少年，汤姆斯就把顾客定位在 25 岁以上的青壮年群体，在汉堡牛肉馅的重量上都比麦当劳多零点几盎司，这些不起眼的小差异化举措，为汤姆斯赢得了一定的客户群体。

终于，一个可以问鼎快餐业霸主的机会来了。1983 年，美国农业部组织了一项调查，发现几个大品牌称有 4 盎司牛肉馅的汉堡包，实际重量从来就没超过 3 盎司！而温迪快餐店的汉堡牛肉馅却货真价实，个个超出对外宣称的重量，迪布·汤姆斯抓住这个事件营销的机会，大力进行广告宣传，终于取得巨大成功，温迪快餐店一下子家喻户晓，当年营业额飙升了 18%，在 1990 年竟然达到了 37 亿美元，开了 3 200 多家连锁店，在美国的市场份额也上升到了 15%，直逼麦当劳，坐上了美国快餐业的第三把交椅！

在企业发展初期，企业领导人就设定一个高目标，这意味着从一开始，大家就知道自己的目的地在哪里，以及自己现在在哪里，然后不断朝着自己的目标前进，哪怕一时不能到达，但至少可以肯定，自己迈出的每一步，都是在正确的方向上更接近目标一步了。

所以高目标是全员的目标，高目标的达成需要全员的认可，领导团队要持续与员工沟通高目标，包括对高目标的理解、认识、达成方式、意义和目的，需要营造支撑高目标达成的氛围，为此每一个人都要主动变革，企业也需要让每一个人都得到发展和鼓励。高目标不宜太多，可以分阶段实施，在一个时间段内，要相对明确和聚焦，要成为大家心中共同的期待。

3. 制订计划

高目标的实现不会一蹴而就，需要将其划分为阶段性目标，然后针对阶段性目标制订详细的实施计划，并对计划进行跟踪管理，以保证阶段性目标的实现，并最终实现高目标。

有些企业在设定目标时雄心勃勃，大家也都表现出挑战高目标的意愿，但是在具体操作中，经常容易出现以下问题：

※ 目标不成系统，缺失、模糊；

※ 制定的目标总是完不成；

※ 目标没有闭环管理；

※ 没有完成目标就找借口；

※ 计划很完美，执行却很差。

这些现象对大家的信心造成影响，往往让高目标成为一句空话，其背后其实是计划的管理有问题，光强调了目标制定时的雄心壮志，而忽视了目标执行时的科学方法。有效的目标计划管理重点要做到"三要"：目标设定要系统、目标论证要充分、目标执行要闭环。

（1）目标设定要系统

企业经营很难只用一个目标去衡量，比如一味地只强调利润目标，就会为了今天的利益最大化而牺牲了企业的未来，所以企业的目标一定是多重的，而且要在多重目标中取得平衡，言外之意，企业的目标设定要系统。

企业形形色色的目标可以从三个维度进行概括，一是空间维度，二是性质维度，三是时间维度。

首先，从空间维度来看，彼得·德鲁克在《管理的实践》一书中指出企业应该设定绩效和成果目标的领域有八个：

① 市场地位的目标：企业的市场占有率或在竞争中要达到的地位。

② 创新的目标：产品、技术、服务的创新以支持市场地位目标的达成。

③ 生产力的目标：有效地衡量原材料的利用，最大限度地提高营业毛收入。

④ 实物与财力资源的目标：获得实物和财力资源的渠道及其有效的利用。

⑤ 利润率的目标：用一个或几个经济目标表明希望达到的最小利润率。

⑥ 管理者绩效和培养管理者的目标：管理者的自我管理和人才培养。

⑦ 员工绩效和工作态度的目标：员工的自我管理和员工的工作热情。

⑧ 社会责任的目标：对社会的影响，并且应该肩负起的社会责任。

德鲁克建议企业从八个不同的领域来寻找并制定目标，以达到目标之间短期与长期的平衡、外界与内在的平衡、个人绩效表现与团体目标的平衡。

其次，从性质维度来看，目标可以分为经营业绩型目标、能力提升型目标和战略贡献型目标，如表6-1所示。

再次，从时间维度来看，根据周期由长到短，目标可以依次分为愿景、战略目标、战术目标和战斗目标。愿景一般是10—30年的目标，战略目标一般是3—5年的目标，战术目标是1年的目标，即年度经营目标，战斗目标是每月、每周，甚至每天的目标，如表6-2所示。

表6－1 不同性质的目标体系

分 类	目标项目	目标衡量指标
经营业绩型目标	收益型 成长型	销售额、利润、利润率、资金周转率 销售额提升率、利润提升率、市场占有率
能力提升型目标	综合能力 产品研发 生产制造 市场营销 人事组织	战略规划、流程体系、品牌影响、组织效率 新品市场占有率、研发专利数量、目标成本达成率 人均劳效、制造成本降低率、直通率、合格率 大客户拓展数量、新客户销售占比、服务满意度 骨干流失率、人均产值、以师带徒达标率
战略贡献型目标	顾客 股东 员工 社会	顾客满意度、连单率、客户转介绍数量 分红率、每股净资产收益 关键人才战略匹配度、员工敬业度、薪酬市场竞争性 税收、就业率、社会形象

表6－2 不同周期的目标体系

使 命	愿 景	战 略	战略目标	年度计划目标	月目标/周目标
一个持续的目标	一个鼓舞人心的目标	实现目标的方案	中长期定量目标	明年可实现的目标	下一周或下一月可实现的目标
持 续	未来10—30年	未来3—5年	未来3—5年	未来1年	未来1周或1月
八大领域目标	经营业绩型目标		→———————————————→		
	能力提升型目标		→———————————————→		
	战略贡献型目标		→———————————————→		

　　战略目标由愿景分解而来，战术目标由战略目标分解而来，战斗目标由战术目标分解而来。相对于愿景而言，战略目标就是实现愿景的手段，相对于战略目标而言，战术目标就是实现战略目标的手段，相对于战术目标而言，战斗

目标就是实现战术目标的手段。

空间、性质和时间三大维度的目标体系在企业经营中是同时存在的，为了帮助企业对目标体系有一个相对清晰的系统思考，避免一叶障目，我们把三个维度的目标体系综合起来，组成了企业目标管理的三维目标体系，如图6-5所示。按照制定目标的优先级顺序，第一维度是空间，第二维度是性质，第三维度是时间。

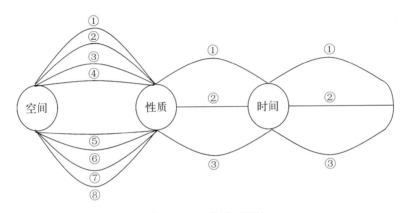

图6-5　三维目标系统

在空间维度上，如果我们选择的第一个目标是市场地位，那么根据目标性质，市场地位有经营业绩型目标、能力提升型目标和战略贡献型目标。经营业绩型目标涉及销售额和利润，能力提升型目标涉及新客户的销售占比，战略贡献型目标涉及目标大客户拓展。经营业绩型目标根据时间，可分为长期目标（例如，销售额和利润三年达到多少），中期目标（例如，利润一年达到多少），短期目标（例如，利润一个月达到多少）。以此类推，就会形成思维导图形式的完整目标体系。

（2）目标论证要充分

充分的目标论证可以提升大家对目标的共识，同时也会提升目标执行的信心，更有利于目标的实现。

充分的目标论证过程可以分为五个阶段：明确差距、找到增长源、梳理策略、目标细化、目标确认，如图 6-6 所示。

图 6-6 目标论证五阶段

下面我们结合一个案例讲一下目标论证五阶段的具体操作。

① 明确差距

假设某公司 2022 年的销售额目标是 3.5 亿元，2021 年的销售额是 2.8 亿元，按照目前的形势，如果任其自然发展，销售额连 2.8 亿元都守不住，预计要下降 1 000 万元，所以要做到 3.5 亿元的目标，至少要实现 8 000 万元的增量。

② 找到增长源

这 8 000 万元的增量从哪里来呢？在第一步明确了差距以后，第二步就要找到增长源，如图 6-7 所示。

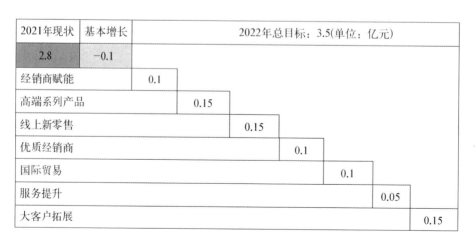

图 6-7 某企业七大增长源

要实现 8 000 万元的销售增量，公司就要从经销商赋能、高端系列产品、线上新零售、优质经销商、国际贸易、服务提升和大客户拓展七个方面寻求突破，其中加强经销商赋能，可以帮助经销商提升单店盈利能力，预计可以带来 1 000 万元的业绩增量。高端系列产品开发，完善产品线，填补市场空缺，预计可以带来 1 500 万元的业绩增量，以此类推，让 8 000 万元的增量都有出处。

增长源一般从哪些角度来思考呢？核心词就是"变"，原来没有的变成有，原来有但是不强的变成强，总之一定是在变化中寻求突破。概括起来就是从新市场、新产品、新渠道、新能力四个方面来思考，寻找增长源。比如前面案例讲的七大增长源，其中高端系列产品就属于新产品，大客户和国际贸易属于新市场，线上新零售和优质经销商属于新渠道，经销商赋能和服务提升属于新能力。

③ 梳理策略

找到增长源不代表就能实现增长，关键是找到实现增长的可行策略。比如针对经销商赋能，企业首先要站在顾客的角度看，分析他们希望经销商提供哪些服务，有哪些痛点；其次要站在企业自身的角度看，分析自身有哪些核心资源和优势没有充分发挥出来；再次站在竞争对手的角度看，分析对手在经销商赋能上采取了哪些动作，对我们有什么影响，如何应对。通过这些方面的综合分析，最后形成经销商赋能的策略，比如帮助经销商打造设计团队，提升服务水平，同时帮助经销商打造运营团队，形成一整套的营销话术，最后帮助经销商提升管理水平、规范内部运作、激活团队等。

目标不同，策略就不同，比如爬附近的小山和爬珠穆朗玛峰的策略就完全不一样。和目标相关的策略包括如下八个方面：

※ 产品策略：如何持续创新？如何提高品牌价值？产品研发的方向是什么？如何进行产品组合？哪些是引流产品？哪些是黏性产品？哪些是爆品？

※ 价格策略：针对产品组合的差异化价格定位是什么？如何根据市场竞争倒逼定价？如何有效控制成本，提升价格弹性？

※ 促销策略：竞争对手是怎么促销的？如何维护客户关系以构建重复交易的基础？往年促销存在什么问题以及如何突破？

※ 渠道策略：如何快速且批量地链接到精准渠道？如何设计渠道激励机制？如何对渠道进行赋能？渠道如何布局？

※ 研发策略：研发方向如何与产品创新及市场需求紧密结合？研发如何与战略匹配？研发要保障哪些核心价值？

※ 市场活动策略：市场如何推广？策划哪些公关活动？会加大还是降低推广力度？如何通过推广快速提升销售额？

※ 品牌传播策略：品牌传播的核心价值是什么？品牌传播的对象是谁？品牌传播的渠道是什么？

※ 组织策略：如何调整组织结构以匹配其他策略？要强化哪些组织和能力？如何获取关键人才？KPI 考核的导向是什么？

关于增长源和增长策略的内容，本书将在第七章作更详细的说明。

④ 目标细化

8 000 万元增量的增长源明确了，策略也清晰了，接下来就要对这个目标进行细化。公司各个销售大区就要根据自己区域的历史销售数据和自己对增长源以及策略的理解，分别制定各个大区的销售目标，并进一步分解到办事处，然后到每个终端门店，最后将所有门店目标汇总在一起成为自己区域的目标，大区经理要把各个门店制定的目标汇总，然后和自己心中的目标进行对标，这样就完成了目标细化的动作。

如果对目标的理解存在较大偏差，大区经理就要和各个办事处讨论他们目标的合理性，如果不能说服则需要继续细化目标。

接下来就是汇总全国各销售大区的目标，然后和公司总部的目标进行对标，找到目标差异。公司需要和这些有差异的销售大区负责人面对面沟通，了解他们设计目标的思路是什么，对公司的策略是否充分了解和认同，有没有创新性的做法，是否存在影响目标达成的"硬伤"，最后公司根据面谈的结果决定是修改公司目标还是要求销售大区继续完善自己的目标。

⑤ 目标确认

目标论证的最后一个环节就是通过面对面的沟通进行目标确认，目标确认的过程是自上而下的，上级必须面对面和下级进行沟通确认。面对面进行目标沟通确认的意义有三个：

※ 落实责任：目标沟通确认的过程就是落实责任的过程，下级一旦认可目标，就要对目标的达成承担起责任，当然，完成目标也要有明确的奖励，所以一旦目标确认，相应的考核激励机制就要配套上。

※ 厘清思路：目标沟通确认的过程也是进一步帮助下级厘清工作思路的过程，高目标并不可怕，可怕的是缺乏完成目标的方法，所以目标沟通确认就是要下级进一步明确工作思路，并得到上级的建议和支持，从而对目标完成充满信心。

※ 强化思维：目标沟通确认的过程也是强化高目标思维的过程，通过有效的目标沟通和确认，层层传递公司的愿景和使命，让每个人都知道完成自己的目标对公司整体目标达成的意义，从而把个人的目标和组织以及公司的总体目标链接起来。

企业往往通过签订目标责任书的形式来强化目标确认的严肃性和使命感，具体的目标责任书可以参照表6-3的格式。

表6-3　目标责任书模板

XX 有限公司 XX 年度业绩合同

一、考核基本情况

　　被考核人：

　　考核人：

　　考核周期：

二、年度关键业绩指标

序号	评价项目	目标	权重	数据提供部门	评分标准
1					
2					
3					
4					

三、关键项目任务目标

序号	项目任务	成果定义
1		
2		
3		
4		

四、申明

　　经充分讨论，现本人就本年度目标的制定及本年度各项工作的考评内容、目标任务及衡量标准进行公开确认，同意接受上述目标管理意见。

　　在执行本协议中，如因个人能力原因而未能实现预期目标，本人将自觉接受公司按有关制度规定所作出的处理，决无异议。

　　　　　　　　　　　　　　　　　总经理：　　　　　　　　董事长：

　　　　　　　　　　　　　　　　　　年　月　日　　　　　　年　月　日

（3）目标执行要闭环

很多企业往往更重视目标的确定和目标的分解，但不怎么重视目标的执行，缺乏目标的闭环管理，这也是为什么很多企业每年都有业绩提升的目标，但少有达成的重要原因。

为了讲清楚目标的闭环管理，我们把企业的经营管理工作分成三条主线，分别是战略工作主线、战术工作主线和战斗工作主线，如图6-8所示。

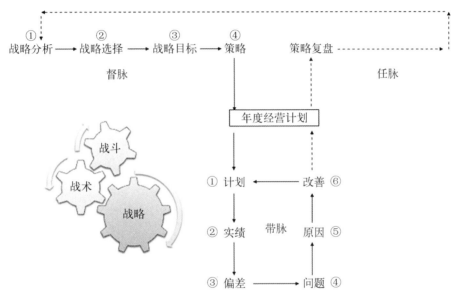

图6-8 公司三条工作主线框架

① 战略工作主线

战略工作主线主要围绕企业的战略进行PDCA循环，包括战略定位、战略分析、战略选择、战略目标，这个循环周期一般三至五年，称为战略循环。

② 战术工作主线

战术工作主线主要围绕企业年度经营计划的制订和实施进行，包括年度计划目标确定、资源调配、激励政策制定、工作协调控制，这个循环周期是一年，称为战术循环。

③ 战斗工作主线

战斗工作主线是围绕企业每月、每周甚至每天的战斗进行的总结、分析、改善的循环，这个循环周期一般在一个月以内，甚至是一天，称为战斗循环。

目标的闭环管理首先是做到战斗闭环，针对每个月的目标计划，到了月底，用实际的经营结果（实绩）和计划对标，找到偏差，然后通过偏差分析深层次的问题。如果销售额目标没达标，比计划少了300万元，这个只是表象，要深挖真实问题，比如通过分析发现导致销售额没达标的核心是产品A销售异常，然后再分析为什么产品A会出现销售异常，最后找到背后的原因，进行有效改善。在下个月时提出新的目标，针对这个目标到下个月底再进行对标，不断总结分析，螺旋上升。这样围绕每月的战斗目标，就形成了闭环管理。

以此类推，针对每个月的目标达成情况，要不断和年度目标对标，看看年度经营目标在何种程度上得到了完成，还有多少差距，在剩下的几个月如何调整才能确保年度目标达成，也就是说每个月除了做当月的分析，还要做累计分析，这样围绕年度的战术目标，也形成了闭环管理。

最后，还要把每一年的目标达成情况和战略目标对标，找到战略执行存在的差距和问题，思考在下一年度如何调整才能确保战略目标的达成。这就是战略目标的闭环管理。

企业针对目标执行的闭环管理偏弱，这是一个比较普遍的问题，原因何在？关键还是企业缺乏高目标文化和目标管理的系统方法。目标的闭环管理和人体的经脉循环是同一个道理，人体有很多经脉，大家比较熟悉的是任督二脉，任脉在人体的正面，督脉在人体背面，还有一条奇特的经脉叫带脉，它围绕人的腰围一周，所有经脉都是上下同行，只有带脉是横向运行，带脉掌管人体十四条经络，与其他经脉交叉，带脉运行顺畅，就会给其他经脉带来好处。

我们把从战略目标到年度目标再到月度目标的分解比喻成督脉，那从月度目标到年度目标再到战略目标反向运行的叫任脉，月度目标的循环就是带脉，月度循环越顺畅，对年度目标和战略目标的贡献就越大。正如《道德经》所说："天下大事必作于细，天下难事必作于易。"

在目标的闭环管理中，领导团队要发挥关键性作用，具体体现在：

※ 营造支持高目标的文化和氛围，与全体员工持续沟通并强化高目标，点燃员工内心之火，让每一个人都能准确地理解高目标，明确达成目标的方式、目的和意义。

※ 关注目标执行的全过程，对于已经或可能出现的问题，尤其在关键环节和重点问题上，及时确立团队的工作方向，并帮助分析没有达成的原因，作出准确判断，及时寻求解决措施。

※ 及时发现阶段性的成果，肯定成绩，用阶段性成果鼓励士气。

※ 根据目标的行动结果及阶段性的成果，不断地分析、判断、观察，及时调整高目标。

---

4. 突破挑战

前面我们已经讲了高目标思维实践的前三个步骤，通过坚守定力为高目标找到一个理由，通过明确期待为高目标找到一份信心，通过制订计划为高目标找到一种方法，接下来就是通过突破挑战，为达成高目标"死磕"。

我们在对目标的闭环管理中，会不断找到实绩和目标的差距，然后对这个差距进行分析并采取改善动作。在一开始的时候，大家往往都很有信心，也很有成就感，但是随着闭环管理的不断深化，一些比较明显的而且相对容易的问题都被解决了，越往下问题越隐蔽，也越难解决，可能大家比以往下了更大的功夫，但是并没有给经营结果带来改变，这时候人的挫败感就会产生，开始找外部原因，市场大环境不好，怎么办呢？没办法，虽然每个月也在进行发现问题、分析问题的 PDCA 循环，但是这个时候的 PDCA 循环是呈现一种维持原状的"空转"状态，就是业绩和能力始终在一个水平线上原地踏步，就像车子的发动机在空挡状态，光转动不前进，如图 6-9 所示。

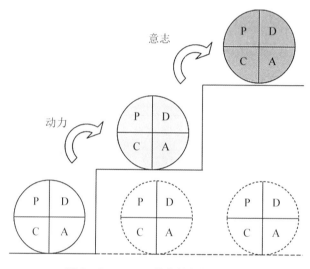

图 6-9　PDCA 的空转与螺旋上升

要打破这种"空转"的状态，最有效的方法就是创新，要勇于改变现有的思维方式和行为模式，仅以旧的思维和方式方法，不可能带来质的变化，也就不可能真正实现我们的高目标。高目标的达成，需要我们在充分认识差距的基础上，以新的思路重新思考战略以及战略执行的每一个环节，需要我们开辟新的市场、新的渠道和新的事业领域，挖掘新的客户价值。

创新不是标新立异，而是循序渐进的改良，创新离不开动力，更需要意志，需要在自己的一亩三分地付出几倍于别人的努力和洒下几倍于别人的汗水，才会有创新的灵感。

三、 高目标与能力

高目标是利润增长引擎战略自驱动系统的要素，能力是组织自驱动系统的要素，通过高目标打破能力的平衡，倒逼能力提升，核心就是创新，由此形成战略自驱动系统和组织自驱动系统之间的创新主线。

高目标是一个人的主观愿望，而实际能力是客观因素之一，在其他因素都具备的情况下，能力的高低就决定了你的目标实现的程度，所以能力是高目标的基础条件，反过来高目标又是能力提升的"加速器"。能力的提升往往都来源于差距，意识到有差距，然后想办法去弥补差距，能力就提升了，这个差距就是高目标和能力现状的差距，差距越大，冲突就越大，能力提升的空间就越大，当然这种差距也不能脱离现实，怎么做都无法缩小的差距，会让人放弃。

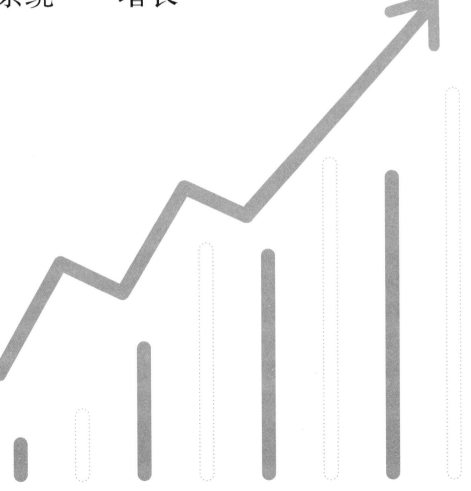

第七章
战略自驱动
系统——增长

战略自驱动系统的第三个宏观变量是增长，核心是企业主营业务的增长，如图 7-1 所示，有定力就能够知难而上，更倾向于挑战高目标，而高目标又倒逼能力提升，同时定力又牵引动力，上升到使命的高度，这些最终都会凝聚并促进企业业绩不断增长。只有可持续增长，才能不断扩大成果，形成可观的利润，实现企业的可持续发展，从而引出从增长到成果的企业发展主线。下面我们将对战略自驱动系统的第三个要素——增长展开论述。

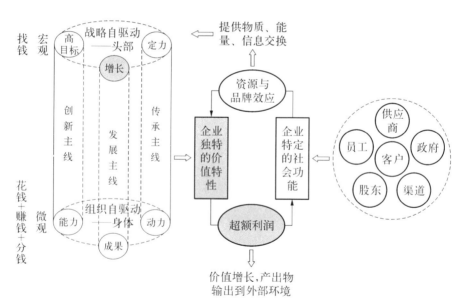

图 7-1　战略自驱动系统——增长

企业经营如逆水行舟，不进则退，增长是硬道理。对于增量市场来说，市场蛋糕越做越大，你不增长而别人在增长，就意味着你在倒退。对于存量市场来说，市场蛋糕就这么大，市场集中度会越来越高，在行业洗牌的进程中，有很多企业都将退出历史舞台，低效的产能被释放出来，不断汇集到少数更优秀的企业，从而催生了以少量的几个头部企业为代表的寡头竞争格局，寡头之外的其余大部分小企业在争夺很少的市场份额，它们尚未被淘汰，但基本没有存在感。所以，你不增长，就成不了寡头，会变成长不大的"老小孩"。

这些年，我们接触了大量的企业，也为数百家企业提供了深度咨询服务，我们发现企业在刚刚成立或发展初期往往一年上一个新台阶，几年下来就到了一定的规模，但是，当企业的规模到了 1 亿元以后，特别是在 2 亿—3 亿元和 3 亿—5 亿元这两个阶段增长明显放缓，甚至长期停滞，我们称之为中小规模企业的成长"陷阱"。

面临中小规模成长"陷阱"，最终只有极少数企业可以实现跨越，绝大部分会维持，随着行业洗牌，又有很多会消失。根据全球企业生命周期调查及全球企业寿命调查，今天全世界每成立 100 家企业，能够熬过 3 年的只有 40 家，即有 60 家企业撑不过 3 年就倒闭或被兼并了。能熬过 8—10 年的企业数量只有 12 家，能熬过 25—35 年的企业只有 3 家，能够成活超过 50 年的企业只有 2 家。

摸着石头过河，边干边悟，边犯错边改进，野蛮生长等往往都是企业成功后讲的故事，真实情况并非如此，因为那种到处都是机会、大水漫灌的时代已经过去了，当今所有成功的伟大企业一定都是事先摸清了企业成长发展的总脉络，善于审时度势的，就像任正非所说："抓住战略机会，花多少钱都是胜利；抓不住战略机会，不花钱也是死亡，靠节约是节约不出来华为公司的。"

一端是企业蕴藏的增长机会和空间，一端是企业当下面临的困惑，很多企业相当于走到了二次创业的十字路口，该何去何从呢？如何搭一座桥，让我们的企业尽快渡过去，突破增长的瓶颈期，找到适合自己的增长模式？反观那些突破了增长瓶颈的、增长势头良好的企业，它们又是怎么找到增长机会，改变竞争格局，提升盈利能力的呢？

企业要实现增长，不能光关注自己，还要关注对手和外部环境；不能光关注当下，还要关注将来的可持续发展；不能光做加法，更要做减法，学会取舍和聚焦。对以下这些问题进行思考并找到答案，才是企业实现持续增长的关键：

※ 如何应对增长过程中的挑战？

※ 如何找到增长机会？

※ 如何制定增长策略？

※ 如何构建增长能力？

对于这些问题的关注，能让企业站在战略的高度，以增长为导向，充分论证增长的空间和机会，制定有效的增长策略，构建可持续的增长能力，从而不断理清增长的主要驱动要素，让企业的所有努力都指向企业增长战略的方向。

一、 应对增长挑战

增长的机遇并不稀缺，任何环境、任何行业、任何地区、任何商业周期阶段，只要领导者能够保持增长的信念，增长的机遇一定会存在，但是现实中能够做到持续增长的企业的确不多见，以下几个方面是制约企业增长的现实原因。

1. 环境的不确定性

前文中提到，今天我们正处在乌卡（VUCA）时代。世界充满着易变性、不确定性、复杂性和模糊性。

（1）易变性

科技发展、产品迭代、模式变更、需求升级越来越快，昨天一个好端端的企业，今天就突然倒闭了，今天一个不起眼的企业，明天可能会成为一匹黑马。

（2）不确定性

易变性自然就导致了不确定性，很多事情越来越难以预测，黑天鹅事件时有发生，就像新冠肺炎疫情，无法预测，而这种无法预测的事件对企业经营乃至全球经济都造成了巨大影响，"抵抗力差"的企业在这样的不确定性中会受到致命的影响，甚至会退出历史舞台。

（3）复杂性

易变性叠加不确定性，加之互联网信息化时代促进了相互之间的渗透和关联，一个因素会影响另外一个因素，一个企业会影响另外的企业，一个行业会影响另外的行业，一个国家会影响另外的国家，相互关联依赖，利益关系更加复杂，牵一发动全身。

（4）模糊性

易变性、不确定性和复杂性让很多事情说不清道不明，企业边界越来越模糊，竞争对手越来越模糊，行业边界也越来越模糊。

乌卡时代的这四个特点的核心就是一个字"变"，"变"不是今天才有的，中国古代就开始研究"变"，比如《易经》，"易"就是"变"的意思，《易经》研究的就是变化的规律，在佛教中也有关于"变"的说法，叫无常。只是今天的时代，"变"来得更频繁、更复杂、更模糊，它改变了企业相对稳态的线性发展轨迹，从而给企业作决策、定战略、谋增长造成了巨大挑战。

当然任何事物都有两面性，这种不确定性的环境对企业既是挑战，也是机遇，尤其对于发展中的中小规模企业来说更是机会。大企业好比是小轿车，小企业好比是助动车，在平稳笔直的高速公路上，助动车和小轿车比赛，基本没有胜算。那么什么情况下，助动车有跑赢的可能性呢？泥泞的乡村小路！最好再多点弯道，偶然还有个大坑。一句话，只有在不确定性面前，小企业才有弯道超车的机会!

2. 缺乏自我觉察

如何判断一家企业是否已经陷入了增长困境呢？如果企业存在以下 10 种现象的某一种或某几种，一般来说，企业就已经进入了增长的瓶颈期。

※ 营销找不到提升业绩的突破口，越来越没信心；

※ 产品缺乏创新，失去了市场竞争力；

※ 团队扯皮推诿，核心人才流失；

※ 员工精气神不足，疲于应付，得过且过；

※ 员工看似很忙碌，但却没有明确的目标，也不知道差距在哪；

※ 员工抱怨增多，负面情绪上升；

※ 上下级互相抱怨，出现信任危机，人事关系复杂化；

※ 无效的管理动作增多，管理成本上升；

※ 核心领导团队故步自封、盲目自信，容不得不同的声音；

※ 做事以老板和上级为中心，而不是以客户为中心。

可怕的是，有些企业已经陷入了增长的困境，却浑然不知，甚至还优哉游哉，自我感觉良好；有些企业意识到了增长乏力的问题，但是它们会把问题归咎于经济环境不景气、金融危机、原材料变化，甚至行业调整以及竞争者的变化等，认为别人也会面临这些问题，大家都差不多，没有危机感；也有一部分企业把问题归咎于它们处在一个传统的行业、成熟的行业甚至萧条的行业中，所以认为没有增长空间是正常的。著名管理咨询大师拉姆·查兰明确地告诫我们，"世界上根本不存在成熟行业这回事儿"。他要求企业永远摒弃成熟行业这个念头，在他看来，任何行业、任何规模的公司，无论其所处的行业有多么

"成熟",都能增长!只要公司的领导者学会让自己的视野超越对行业和市场的传统定义。

失去增长很可怕,更可怕的是将其归因于不可控因素的影响,从而缺乏对自身的深层剖析。

3. 管理惯性

"苹果"创始人乔布斯对年轻人说:"从来没有哪个成功的人没有失败过或者犯过错误,相反,成功的人都是犯了错误之后,作出改正,然后下次就不会再错了。"企业也如此,成功的企业也都是在经历数次的失败后不断总结反思,逐步成长起来的。从失败走向成功,不断总结成功的经验,但是同时又埋下了下一个失败的隐患,这或许就是辩证吧。

很多民营企业发展良好,在区域市场甚至在行业内都走在前列,也开始自信满满。但是时代变了、环境变了、人的价值追求也变了,而企业管理还是一味地沿用以前曾经成功的做法,把"我们以前就是这么做的"当作口头禅,结果导致思维僵化。过往成功的经验恰恰成为企业转型和创新的桎梏,所以用"从来没有像成功那样失败过"这句话形容这样的企业最恰当不过。

管理惯性使得企业不愿意去尝试变革,结果就像温水煮青蛙,即使企业业绩下滑、经营不善,也不会从自身去反思,不去深入地了解环境和市场,而是固守狭隘的认识,固守已有的市场份额,固守自认为的核心竞争力和竞争优势,固守过往成功的经验,当有一天主动意识到自身问题的时候,往往为时已晚。

拿企业的业务发展举个例子,根据风险性和差异化程度,我们可以把业务分为金牛业务、明星业务、问题业务和瘦狗业务,金牛业务是企业的收入和利润的主要来源,也是企业现金流的贡献者。明星业务的销售额和利润绝对值贡献没金牛业务大,但是它有个特点,就是可以帮助企业形成差异化的竞争优势。问题业务就是市场前景不明朗,要带着问题边走边看,如果成功的就会转化为明星业务，不成功的，可能就会被砍掉。瘦狗业务就是市场逐步萎缩，无利可图，企业要逐步收缩甚至砍掉的业务。

金牛业务是关键业务，因为对公司支撑作用大，但可能不是核心业务，它的销售规模是通过企业多年市场运作形成的品牌效应和市场地位决定的，无论做得多么出色，它都不能为企业创造差异化竞争优势，但反过来如果它做得很差，却会影响公司当下的经营绩效，于是为了控制风险，企业宁愿把更多的资源投入其中，这种管理惯性严重削弱了组织进行变革的勇气和能力。柯达就是典型的例子，柯达胶卷就是典型的金牛业务，全球70%的销售额和95%的利润都是它的，品质也好，运营效率也高，结果它赢得了自己，却输给了时代。

4. 就问题谈问题

为什么很多企业在谈论如何增长的话题时，总是神不知鬼不觉地就讨论到具体的问题上，而且陷进去后就出不来了呢？是因为我们关注自己胜过关注别人，天天都在关注运营，都在关注自己，所以对问题更加熟悉，而机会却存在不确定性，难以把握，所以人们总是擅长讨论自己最熟悉的话题。

可口可乐历史上三位伟大的CEO之一郭思达（Roberto Goizueta）在20世纪80年代初期接手可口可乐公司。当时的可口可乐已经以大约35%的市场占有率占据了美国软饮料市场第一的位置。

市场排名第二的百事可乐为了维护自己的市场份额，多争夺10%的市场占有率，不惜一切代价展开猛烈攻势。在大家都认为市场已经非常成熟的情况下，加上激励的同行竞争，可口可乐要想再取得较大的增长，几乎是不可能的。

在问题面前，郭思达想到的仍然是机会，他问自己的下属经理们一个问题："在人们的肚子里，可口可乐的市场份额是多少呢？"经理们恍然大悟，如果可口可乐跳出在美国的可乐市场，而是站在全球软饮料市场中，甚至是全球液体饮料市场中，可口可乐现有的市场份额简直少到可以忽略不计。

如果按照问题导向，可口可乐可能还会陷在如何和百事可乐竞争的困境中，但是按照机会导向，可口可乐跳了出来，拓宽了市场边界，改变了竞争格局，进入了一个和咖啡、茶、牛奶一起竞争的更广阔的市场空间。16 年的时间，郭思达把可口可乐的市值从 43 亿美元做到了 1 450 亿美元。

企业只要活着，永远都会存在问题，而且就问题谈问题，问题往往会越来越多。企业增长的核心不在于怎么解决问题，而在于怎么寻找机会，问题导向是内部视角，是运营思维，容易自我设限，而机会导向是外部视角，是战略思维，要无中生有，尤其是业务增长面临瓶颈的企业，更要把注意力放在如何寻找增长的机会上。

5. 缺乏定力

这是一个英雄辈出的年代，也是一个群星闪耀的年代。我们看到了很多企业由小到大，快速增长，风光无限，也看到了很多企业快速增长后迅速没落，昙花一现。企业为了增长而增长，很容易走弯路，整天想着怎么赚快钱，甚至是不道德的钱，反而没有耐心在主营业务上精耕细作，也不愿意做长远的投入和积累，在利益、困难、危机和成功面前缺乏定力。

一些电影明星、网红大咖偷税漏税，一些金融平台、地产公司违纪违法，一些知名化妆品公司陷入传销等等，曾经的风光都成为过眼云烟。所以我们所说的增长一定是要围绕主营业务，具有可持续性的增长。

针对以上五个方面的问题，企业要有正确的认知，不突破认知，就相当于关闭了增长的大门，纵使百般努力，也是谋子不谋局的小打小闹。一旦突破认知边界，即使跌跌撞撞，也终将"鹰击长空，鱼翔浅底，万类霜天竞自由！"

二、 找到增长机会

增长不会平白无故来敲你的门，特别是在大环境不景气和竞争逐步加剧的情况下，增长就更难了。增长从哪里来？一定是从机会中来，找不到机会，增长就会成为无源之水。反过来，找到机会，并抓住机会，增长的大门就会打开。

某企业以前是做酒店的，但是因为酒店经营环境变化，行业竞争激烈，加上互联网营销手段对传统酒店经营模式的冲击，企业的销售额停滞不前，甚至萎缩，而管理成本居高不下，利润快速下滑，企业面临经营的巨大压力。新的增长机会到底在哪里？

经过市场调研，企业发现快餐市场当下发展很快，当年的市场规模大概在7 000亿—8 000亿元之间，且以每年15%的速度在增长。行业前十名的总销售额大概在200亿元，只占整个市场规模的2.5%左右。行业规模大，增长快，又高度分散，企业觉得团膳行业大有可为。加之其本身是做酒店的，对团膳的菜品设计很擅长，还有一套酒店的服务体系，于是企业就跳出了酒店领域，进入了团膳这个新的领域。

通过对这个领域的竞争分析，进一步细分市场，企业决定只聚焦政务和商务两大类客户群体，这两类客户群体都是高端客户群体，有利于品牌高端定位，而且在这个细分领域没有领导品牌，同时根据政务和商务客户群体的需求，公司决定在"多彩的美食""轻松的体验""健康的供应"三个方面做出自己独特的优势。

短短三年的时间内，该企业就从 0 开始，发展了近 200 家客户，每家 500—2 000 人吃饭，按照平均每家 1 000 人估算，也就是每天有 20 万人吃他们做的饭菜，在此基础上，企业进一步进行业务延伸，从团膳延伸到农场、生活馆以及酒店托管服务，拓宽了增长空间，在三年的时间里，企业快速突破了增长瓶颈，从 2.5 亿元的销售额做到了 7 亿元，成为团膳市场政务和商务细分领域的领导品牌。

案例中的企业正是通过机会分析，从趋势、竞争和自身优势全面评估，重新找准了赛道，进入了团膳这个新的事业领域，并聚焦政务和商务两大细分市场，进而通过在菜品、体验和供应几个环节打造独特的竞争优势，成为政务和商务团膳的领导品牌，然后再进一步延伸业务，扩大增长源，最后突破增长瓶颈，成功突围。

通过这个案例，我们总结一下，企业要想增长，就要找到机会，机会是什么？机会是一种可能，最终表现在能够为消费者或客户提供有价值的产品或服务之中，机会从哪里来？机会从趋势中来，从问题中来，从竞争中来。趋势越明显，机会越大；客户、行业面临的问题越大，机会越大；竞争优势越强，机会越大。

1. 从趋势中找机会

比如当下人口结构逐渐老龄化是一个趋势，那么针对老年人的养老和健康管理就是一个机会，这就属于趋势性机会；再比如现在房地产行业的集中度越来越强，地方性的小规模地产公司的生存空间越来越小，这也是一个趋势，那么对于做全屋定制的企业来说，聚焦地产行业的头部大客户就是机会，这也是趋势性机会。

《孙子兵法·兵势篇》中说："善战者，求之于势，不责于人，故能择人而任势。"意思就是善于指挥作战的人，总是把重心放在怎么把握、运用和创造对自己取胜最有利的形势上，而不是去过分苛求手下的将吏，因此，他就能从全局态势的发展变化出发，选择能够担当重任的人才，从而使自己取得决定全局胜利的主动权。企业经营也是同样的道理，负责人宏观上要善于把握趋势，乘势而为，微观上要把人选好、用好，这样才能取得四两拨千斤的效果。

研判趋势需要企业具备深度洞察力，这也是寻找增长机会最难的地方。企业如何做好一手洞察，把握好趋势呢？趋势性机会的把握，除了靠直觉，往往要通过科学的分析来识别并把握，一般包括宏观环境分析和产业/行业环境分析。

（1）宏观环境分析（PEST 分析）

P（Political）——政治环境分析：

企业的经营活动一方面要符合政策、法律和法规，不单是国内的，还有国际的，尤其是涉及国际业务的企业。另外一方面，企业也要注意国家的政策和法律法规对行业变迁以及消费者需求动向的影响，从中捕捉机会。

E（Economic）——经济环境分析：

经济环境分析主要涉及经济走势、经济制度、国民生产总值、人均国民收入、人均可支配收入等。经济形势好，人均可支配收入上升，商品需求增加，购买力增强，反之则减弱。这些分析有助于企业根据相应的制度政策和趋势来制定具体的营销策略。

S（Social）——社会环境分析：

社会环境分析一般涉及人口环境、教育状况、价值观念、消费习俗、宗教信仰等方面，这些因素对企业的目标客户群体的定位、产品和服务的差异化、营销策略的制定以及消费禁忌的规避都提供了参考。

T（Technological）——技术环境分析：

技术是社会生产力最活跃的因素，包括新材料、新工艺、新技术的开发应用，它影响着人类历史进程和社会生活的方方面面。因此，新科技的出现，必然会对产业结构、行业规模、消费需求、生产模式、营销方式、管理水平，甚至商业模式的改变产生深远的影响。

比如某知名全屋定制企业通过宏观环境分析，捕捉到了这样的商机：

首先，中国精装房的渗透比例会进一步加大，房地产开发商逐步集中，所以聚焦地产商大客户的想象空间更大，是一个机会点；

其次，国家对智能制造的重视以及智能技术与家居的融合、年轻人的消费观念的变化，使得家居智能化和轻奢风格定位成为业务增长的新机会；

再次，随着互联网的发展，线上零售成为趋势，发展线上线下相结合的销售模式，找到线上业务拓展模式，大力发展线上业务成为业务增长的机会。

（2）产业和行业环境分析

在做产业和行业环境分析前，我们要先搞清楚产业、行业、企业这几个概念之间的关系，如图 7-2 所示，我们以汽车产业链为例来说明。

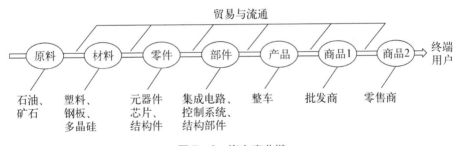

图 7-2　汽车产业链

汽车产业链从最上游开始，依次是原料、材料、零件、部件、产品、商品。其中原料从石油和矿石中来，然后将石油、矿石提炼成塑料、钢板和多晶硅，再将塑料和钢板做成结构件零件，将多晶硅做成芯片，再把零件组装成结构和电子电路部件，最后组装成产品，整车就完成了。当整车进入销售环节，整车产品就转化为了商品。

将原料、材料、零件、部件、产品、商品各个环节整合到一起，我们就称为产业，它们按照先后顺序组成了一个链，叫产业链。产业链的每一个环节都对应一个或多个行业，比如汽车产业链的原料这一环节，它涉及的石油和矿石，属于石油行业和矿石行业。每一个行业再往下细分，就涉及企业，比如结构件是一个行业，这个行业里有很多企业都是做结构件的。

可见，产业、行业、企业的范围是由大到小，若干企业构成行业，若干行业构成产业。

要分析产业和行业的环境，我们往往采取波特的五力模型，如图7-3所示。

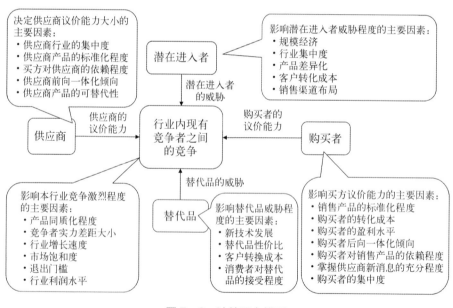

图7-3　波特五力模型

借助波特五力模型企业可以分析和识别对自己有利的机会或存在的威胁，比如在影响潜在进入者威胁程度的因素中，规模经济越不明显，行业集中度越低，产品差异化越大，客户转化成本越低、销售渠道布局越不深、不广，潜在进入者进入的门槛就越低，对本行业的威胁就越大，反之越小。

在影响替代品的因素中，新技术发展越快，替代品的性价比越高，客户转化成本越低，消费者对替代品的接受程度越高，越有利于替代品的出现，对本行业的威胁就越大，反之越小。

在影响买方议价能力的因素中，销售产品的标准化程度越高，购买者的转化成本越低，购买者的盈利水平越低，购买者后向一体化倾向越强，购买者对销售产品的依赖程度越低，购买者对供应商信息的掌握越充分，购买者的集中度越强，购买者的议价能力就越强，意味着对价格就越敏感，对本行业的威胁就越大，反之越小。

在决定供应商议价能力的影响因素中，供应商行业的集中度越高，供应商产品的标准化程度越低，买方对供应商的依赖程度越高，供应商前向一体化倾向越明显，供应商产品的可替代性越弱，就意味着供应商的议价能力越强，本行业的成本压力就很难转嫁到供应商身上，对本行业的威胁就越大。

在影响本行业竞争激烈程度的主要因素中，除了潜在进入者、替代品、供应商和购买者外，在本行业内部，产品同质化程度越高，竞争者实力差距越小，行业增长速度越慢，市场饱和度越高，退出门槛越高，行业利润水平越低，本行业内的竞争程度就会越激烈。

同样以上文提到的某知名全屋定制企业为例，通过产业/行业环境趋势分析，企业捕捉到了这样的商机：

首先，客户需求更趋向定制个性化、家居智能化、空间功能化，时尚、极简、轻奢风格成为主流。客户从关注产品适用性、材料环保性到更专注空间的有效应用，期望实现收纳与生活功能的完美结合。客户需求逐步从单一产品演化为整体空间解决方案的需求，对服务、品质、风格、设计力、产品力等要素更敏感。根据这一行业环境趋势分析，企业决定升级产品，以年轻的中档消费人群为核心，打造品位、品质、时尚的产品风格。同样，根据市场渠道的变化趋势和行业竞争的状态变化，企业也会识别出相应的机会并采取应对举措，比如通过差异化服务取得竞争优势，加强大宗客户和线上新零售渠道建设，优化收入结构，跨界整合智能设计资源，拓展竞争范围，提升品牌竞争力等。

通过宏观环境分析和产业/行业环境分析，企业可以及时识别趋势性机会。每个行业都有驱动行业变化的核心要素，比如新政策、新科技、新需求、明显的行业痛点等，企业踏准趋势性的东西越多，对行业痛点研究越充分，能把握的机会肯定越大。当然遇到的竞争也会越来越多，因为识别到趋势机会的不只是你。最怕的就是趋势过去了，你还停留在原地。

（3）趋势性机会的把握

分析环境、洞察趋势是为了捕捉并把握趋势性机会，尤其是对于身处传统行业的企业来说。根据多年实战经验，我们建议大家从以下六个维度来寻找趋势性机会，如图7-4所示。

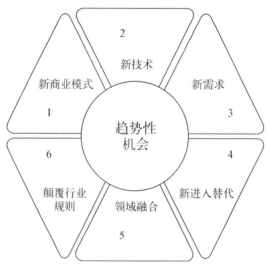

图7-4 趋势性机会的把握

① 新商业模式趋势

用巨人的套路打巨人，一定不会赢，企业要通过新的商业模式，形成错位竞争，使对手的优势无效。近年来，各种商业模式层出不穷，例如共享经济、O2O、免费模式、产业互联网等，商业模式的创新使得商业世界风起云涌。

有一家看起来毫不起眼的以色列公司叫作 Soda Stream，它发明了一款可以在家自制苏打水的气泡水机，操作很简单，将苏打粉和冰水放进机器，只要按下按钮，就能产生汽水，它还可跟多达 60 种的饮料浓缩液混合，调制出不同的口味，这种个性化产品受到年轻人的热捧。在商业模式上，Soda Stream 采取经典的"剃须刀+刀片模式"。什么叫"剃须刀+刀片模式"呢？公司将气泡水机通过商超渠道低价销售甚至免费赠送，这其实是亏本的，但是只要你用这个机器，就会有耗材，公司的盈利主要来自苏打粉和浓缩液等耗材。此外，公司还有线上会员俱乐部，通过有效的用户运营不断增强客户黏性。

这家公司发展得很好，并很快上市，它的快速发展开始引起可口可乐的注意。可口可乐是做饮料的，而这家公司是做小家电的，两者属于不同行业，为什么可口可乐会关注它？因为它们的用户群是一样的，这个以色列公司的发展会对可口可乐的市场形成冲击，但可口可乐也拿它没办法，因为它用的是不一样的商业模式，它采用小家电商业模式，意味着它的生产线是小家电的生产线，它的渠道是小家电的渠道，它的宣传是对家电卖点的宣传，所有这些和可口可乐都不在一个频道上。可见，通过商业模式创新形成的差异化竞争可以使竞争对手的优势无效。

---

② 新技术趋势

新技术发展是驱动行业、产业甚至是一个国家整体经济发展的重要动力。

比如互联网、人工智能、无人机、5G 等技术的发展就带动了多个产业的升级和经济的发展。新技术中的机会包括技术的原创和技术的商业应用，如果企业有原创技术，或者有创新性的新技术应用，都有可能把握机会，改变竞争格局。

比如由于移动互联网的发展，有线电视行业用户多年来持续流失，下行趋势难以逆转，因此导致国内绝大多数广播电视台的收视率和经营收益都在大幅下滑，要想扭转局面，机会在哪里呢？5G 技术的发展，使得坚持"4K 先行、兼顾 8K"的总体技术路线成为可能，超高清计划是继数字化、高清化之后的新一代重大技术革新，有利于驱动以视频为核心的行业智能化转型，超高清与5G 的协同发展有望带来广播电视的体验升级，电视很有可能成为家庭智慧终端的数据中心和互动平台，推动客厅电视的价值回归和平台重构。

③ 新需求趋势

需求从痛苦中来，痛苦从问题中来。比如新冠肺炎疫情的爆发，导致很多企业不能现场办公，这是一个问题，不能现场办公，导致大家沟通很困难，这是一个痛点，于是有些企业就需要通过线上视频会议来代替日常办公，这是需求。一些开发视频会议系统的软件公司就抓住了这样的机会，得以快速增长。

痛苦一定是由问题产生的，但是有问题未必就有痛苦。而且不同的人对问题的看法不一样，感受也不一样。同样的问题，有的人会觉得无所谓，有的人会觉得痛不欲生。所以销售一定是把东西卖给有痛苦的人，而不是卖给有问题的人。因为有问题不一定有需求，只有不变的痛苦超过掏钱的痛苦时，购买需求才会产生。所以有了问题才会产生痛苦，痛苦足够大会产生需求，有了需求才会产生购买，有了购买才会产生销售。因此，我们不单要发现问题，更要发现问题带来的痛苦。

从新需求中发现机会，关键是要深挖行业痛点，比如前面讲的全屋定制行业，就存在以下几点明显的行业痛点：

※ 所见不是所得，消费者心理落差大

※ 顾客满意度偏低

※ 设计师水平偏低

※ 售后服务难保障

※ 终端客源被截流

针对行业痛点，消费者在产品一致性、服务质量、设计师服务水平、售后服务保障等方面就会产生强烈需求，针对客户的需求，如果企业能够做到更好，具备比别人更强的竞争优势，业务增长的机会就会产生。

④ 新进入替代趋势

新进入替代包括新进入和新替代，对于在市场上已经占据较大的市场份额或者市场份额相对有限、趋于饱和、成长空间非常有限的企业，可以考虑通过新进入或新替代来寻找增长机会。比如对于行业的龙头企业，在本行业增长空间有限的情况下，它们会在产业链上延伸业务，向产业链的上游延伸，叫后向一体化，向产业链的下游延伸，叫前向一体化，不管是后向或前向，都要注意几点：

第一，充分利用自己的优势和行业地位整合资源，即使是进入一个新的行业领域，也可以迅速起势；

第二，多元化业务延伸要尽量做到关联，业务关联性越强，就越容易形成一加一大于二的效应，我们称之为商业结构的竞争力；

第三，避免管理惯性，新的行业、新的领域的运作方式、人才素质要求、竞争态势和原有领域都不一样，要因地制宜，讲究实效。

除了新进入，还有新替代，特别是高度成熟和集中的行业，行业的龙头企业要学会创新，敢于自我挑战、自我颠覆、自我替代，否则就有可能被别人替代。通过创新，激活沉淀的核心资源和能力优势，焕发新的青春活力。

⑤ 领域融合趋势

5G养猪、智能垃圾回收站、机器人手术等都是多领域融合而形成的场景。智能技术和定制家居的融合、大健康和旅游的融合、旅游和地产的融合、互联网与其他领域的融合等都说明行业或产业的融合是未来发展的大势所趋，尤其生态级的融合将给行业带来更多颠覆，产业优势互补、跨界融合已经成为国家战略，这说明领域融合蕴藏巨大机会。

比如前面讲到的全屋定制行业，智能技术和家居的融合是一个趋势，如果你能有效地整合资源，实现智能技术和家居的有效结合，你就抓住了智能技术和家居两个领域融合的机会。

⑥ 颠覆行业规则趋势

所有行业都有一些竞争规则，作为一个新进入者，你要打破既有的竞争格局，就要改变行业规则，否则在既定的规则下，竞争胜出的一定是原有企业。有一点要坚信，行业诞生的同时就注定被颠覆，大型的企业，注定是会被一个创新型企业打败和颠覆的，虽然这种概率非常小，但终将发生，颠覆背后的两大推手一是技术变革，二是商业模式创新。任何一个颠覆者，都是避开被颠覆对象的优势力量，比如苹果避开了诺基亚质量超好的核心优势，通过技术变革扩展了手机的智能功能，实现降维打击，颠覆了诺基亚等传统手机厂商。再比如京东与阿里对传统商业模式乃至整个行业生态的颠覆，涉及整个人类的商业行为，包括实体店、传统商城、批发商、物流、售后服务、信息、经营和管理思路等整个生态系统，都遭遇了最彻底的改变。

在颠覆行业规则中发现机会，有一个比较实用的办法是观察这个行业存在哪些"普遍重视什么""普遍轻视什么"的现象。比如前面讲过的全屋定制行业，就存在以下现象：

※ 普遍重视前端营销签单，轻视消费者服务体验

※ 普遍重视产品外观设计，轻视产品收纳设计

※ 普遍重视门店坐商，轻视向社区渗透

※ 普遍重视线下流量，轻视线上流量

※ 普遍重视销售员能力，轻视设计师水平提升

普遍重视的往往都是行业的现有规则，普遍轻视的可能就是机会点，如果企业能够在普遍轻视的方面做出创新，并形成极致的客户体验，颠覆就会发生。

总结一下，趋势性机会有三大特点：第一是公开性，趋势性机会本身是客观存在的，而且是公开的，至于你能否意识到，那就看你的洞察力了；第二是平等性，趋势性机会对大家都是平等的，它不会倾向谁，谁都可以用，至于能否用得上，那得看你的能力；第三是时效性，每一个趋势性机会都会经历从一个小小的迹象到爆发再到消失的过程，有时这个过程非常短，稍纵即逝，能不能抓得住，要看你的反应速度。

2. 从问题中找机会

这里讲的问题是站在客户、行业或社会的外部视角来看的，不是站在企业自身的内部视角来看的。哪里有问题，哪里就有需求和机会。你解决的是小问题，就有小机会，你解决的是大问题，就有大机会。

问题与机会有时是相互交织在一起的，问题中蕴藏着机会，机会中隐藏着问题。正如老子曾说："祸兮福所倚，福兮祸所伏。"

（1）按照范围分类的问题

问题按照范围大小可以分为三类，分别是：客户面临的问题、行业面临的

问题和社会面临的问题。你解决的是具体客户的问题，就有小机会；你解决的是行业普遍面临的问题，那就是中等机会；你解决的是一个社会性问题，你就有大机会。

① 客户面临的问题

聚焦特定战场下的特定客户群体所面临的问题，并想办法解决它，这是企业生存的基础，客户满意了，自然就会带来增长。如果连客户的问题都解决不了，行业的问题和社会的问题最终都和你没多大关系，因为归根结底，你的增长都必须从客户中来。所以一个企业只要在解决客户的问题上有自己的一技之长，存活就肯定没问题。

客户面临的问题如果得不到解决，这些问题就会给客户带来痛点。当问题转化为痛点的时候，客户需求就会产生，有了需求才会产生购买，有了购买才会产生销售，有了销售才有增长。

针对客户需求的分析，东京理工大学教授狩野纪昭（Noriaki Kano）发明了对用户需求分类和优先排序的卡诺（KANO）模型，以分析用户需求与用户满意度的关系，该模型把用户需求分为五大类：基本（必备）型需求、期望（意愿）型需求、兴奋（魅力）型需求、无差异型需求、反向（逆向）型需求，如图 7-5 所示。

※ **基本（必备）型需求**

夏天空调的制冷、汽车的安全、手机的待机时间等都是基本型需求，它是顾客认为产品必须具备的属性或功能，简单来说就是"缺了就不行，太多意义也不大"。如果顾客的基本型需求都不能被满足，顾客会很不满意；反过来，如果顾客的基本型需求得到充分满足，顾客也可能不会因此而表现出特别满意。

对于这类需求，企业的做法应该是注重不要在这方面失分，不断地调查和了解顾客需求，并通过合适的方法在产品上体现这些要求。

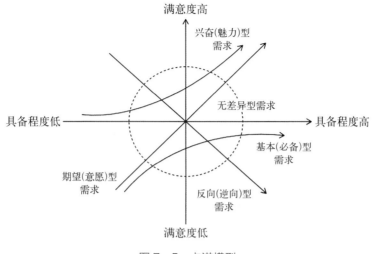

图 7-5　卡诺模型

※ 期望（意愿）型需求

空调的节能程度、电动车的续航里程、手机的拍照效果、良好的售后服务都属于期望型需求，期望型需求的被满足程度和顾客的满意程度成正比，提供的产品或服务达到或超出客户的期望值越多，客户的满意度就越高，当产品或服务没有达到客户的期望，客户的不满程度也会增加。消费者的需求在不断升级，企业满足顾客需求的手段和能力也在升级，基本型需求是基本门槛，对顾客期望型需求的把握成为企业竞争的重点，对于这类需求，企业的做法应该是注重提高这方面的质量，做到人有我优，力争超过竞争对手。

※ 兴奋（魅力）型需求

手机的 VR 功能或者防水功能，电冰箱的健康智能管理功能，家居的智能收纳功能等都属于兴奋型需求。兴奋型需求和期望型需求的共同点是，被满足的程度越高，顾客的满意度就会越高，区别是，兴奋型需求是不会被客户过分期望的需求，对于顾客来说，即使该需求没有被充分满足，也不会降低顾客对产品的满意度，但是如果产品能实现该需求，则会带给顾客带来意想不到的惊喜，对于提升顾客的黏性和忠诚度有很大的好处。

兴奋型需求往往代表顾客的潜在需求，随着消费者需求升级，将来有可能成为期望型需求，甚至是基本型需求。企业正确的做法是寻找和发掘这样的需求，并根据自己的能力和可以接受的投入水平来决定满足顾客的程度。

※ 无差异型需求

汽车的自动巡航功能、餐厅的代驾服务、书店里的配套咖啡馆、理发店里的书报杂志等等都是无差异型需求。这类需求不论满足与否，都对用户体验无影响。

针对无差异型需求，企业要做的是予以清晰识别，不要在这里投入太多精力。

※ 反向（逆向）型需求

电视节目插入太多的广告，设备操作功能繁琐，售后调查过于频繁等都是属于反向需求。用户根本没有此类需求，提供后用户满意度反而会下降，而且提供的程度与用户满意程度成反比。

针对反向需求，企业要做的是站在顾客的角度充分论证，如果陷入自我想象的假设需求中，不但劳民伤财，还会影响顾客体验和满意度。

总之，客户面临的问题就是企业的机会，也是企业创新的源头，如果处理不好，也会变成企业失败的源头。企业在解决客户面临的问题的同时，要面对竞争，找到自己的差异化优势，守好自己的一亩三分地，并在此基础上进一步寻求更大的增长机会。

② 行业面临的问题

如果说解决客户面临的问题，可以给企业增长带来小的机会，那解决行业面临的问题，则可以给企业带来大的机会。客户面临的问题对应的是客户的痛点，如果这个痛点没有在这个行业得到有效满足，就会上升为行业普遍性的问题，就是行业通病。如果你能解决行业通病，你就变得跟对手不一样了，你就能重新定义行业规则。

在颠覆行业规则中发现机会，我们在前文中讲过一个比较实用的办法是观察这个行业存在哪些"普遍重视什么""普遍轻视什么"的现象。

普遍重视的往往都是行业的现有规则，普遍轻视的可能就是行业的普遍性问题，哪里有问题，哪里就有机会，如果企业能够在普遍轻视的方面做出创新，并形成极致的客户体验，颠覆就会发生，增长自然就会形成。

③ 社会面临的问题

人口结构老龄化、人工成本上升等都是社会面临的问题，作为一个企业，很难用一己之力去解决一个社会性问题，但是还是那句话，哪里有问题，哪里就有机会。社会性问题的背后一定暗藏着一些机会，这些机会会带来一个行业，甚至是一个产业的发展，比如人口结构老龄化就会带来养老产业和健康产业的发展。从企业增长的角度来看，如果企业希望通过产业链延伸、新业务孵化等方式来实现企业的结构性增长，就需要站在社会性问题的高度来捕捉行业或产业的趋势性机会。

总结一下，研究客户面临的问题好比是吃着碗里的，研究行业面临的问题就好比是看着锅里的，那研究社会面临的问题就好比是想着田里的。做好客户问题的分析和解决是基本面，是立足之本，但从可持续性增长的角度来看，企业也不能把自己过分地束缚在特定的客户群体里，企业需要适时拓宽市场边界，站在行业乃至社会的高度来审视自己的业务的生命周期，及时进行业务孵化和布局，从业务结构上实现企业的可持续增长。

（2）按照演变的时间顺序分类的问题

不管是客户面临的问题、行业面临的问题还是社会面临的问题，按照问题演变的时间顺序，都可以分为潜在问题、显在问题和现实问题三类。

① 潜在问题

飓风起于青萍之末！一切大影响、大思潮都是从细微不易觉察之处开始。如果问题尚处于萌芽状态的时候，你就可以发现它，提前做准备，甚至解决它，说明你有洞察力。具备了这样的洞察力，小则可以提高客户满意度，大则可以把握商业先机，你就可以通过潜在问题发现潜在市场和潜在需求。潜在市场的顾客价值是最高的，你可以引导消费需求。那如何才能有这样的洞察力呢？

一艘大轮船因为故障抛锚，不能继续航行，船长找了很多修理工程师上船检修，忙了大半天，都找不到故障在哪，后来又找到了一个老师傅，只见老师傅拿着小锤子敲敲打打，不到半个小时，就找到了问题所在，原来是一个关键轴承部件的螺钉松动了，换一个螺钉就解决了问题，整个过程不到半个小时。修好后船长问老师傅要多少钱，老师傅说1000美元，船长认为就半个小时怎么要这么多钱，就让老师傅列一个收费明细给他，老师傅列了一个收费明细：螺钉材料费——2美元，知道往哪敲——998美元。

张瑞敏曾说："真正的管理没有什么惊天动地，而是平平淡淡，普普通通。因为所有的问题都已经解决在萌芽中了。"这种洞察力来源于长期的积累、几倍于常人的努力和对自己一亩三分地的热爱。潜在问题相对不确定性大，竞争靠的是智慧。

② 显在问题

显性问题是已经被普遍认可的问题，大家都知道这个问题的存在。显在问题对应的是显在市场和显在需求，顾客价值中等，显在问题的不确定性中等，竞争靠的是速度和质量，谁能先人一步解决它或者谁能更好地解决它，谁就占据主动。

③ 现实问题

现实问题是已经充分暴露，甚至已经变成一种常态的问题。现实问题对应的是现实市场和现实需求，顾客价值较低，因为这个市场已经成为了充分竞争的市场，甚至是同质化竞争。现实问题的不确定最小，竞争靠的是性价比或者是赤裸裸的价格战，谁的性价比高或谁的价格低，谁就占据主动。

理论上，对问题识别越早，就越主动，因为越趋向于现实问题，虽然不确定性小，但是客户价值低，同质化竞争严重，对于不具备很强的平台整合能力的公司来说，难有较大的增长空间。

比如新冠肺炎疫情刚刚出现时，有少数人意识到口罩的供给这一潜在问题，于是马上就投入口罩机进行生产，后来疫情暴发，第一批口罩生产企业就赚了钱，慢慢等口罩供给成为显在需求的时候，有更多的企业开始进入这个市场，这时候一批产能较大，交付和品质有保障的公司赚了钱，再后来，等口罩供给成为现实问题的时候，还有企业想赶个末班车，结果产能严重过剩，不得不退出，前期投入的设备都浪费了，最后在这个现实市场中依然发展的是那些具备规模优势，能把成本控制好，价格可以做到最低还能有钱赚的企业。

在现实情况中，有时候企业并不是不知道潜在问题所在，但是为什么不立即去解决呢？这就涉及时机，时机不成熟，你可能不具备解决这个问题的能力，即使具备了，在解决这个问题的过程中又会产生另外一个更大的问题，因为问题从来都不是单个出现的，又或者为了解决这个潜在问题，企业投入巨大，但到头来发现这个潜在问题背后的需求并不是主流需求，企业在这样的需求上创新，往往会成为"先烈"。这就是为什么华为不鼓励标新立异的创新的原因。

3. 从竞争中找机会

大部分企业都知道从趋势和问题中找机会，当大家都想到要做同样的事情时，竞争就不可避免。企业竞争的本质是什么？竞争的对象是什么？竞争的核心是什么？竞争的地点在哪里？

（1）赢得认知优势

彼得·德鲁克曾说："企业存在的唯一目的是创造顾客，不是利润最大化，企业的成果不在企业内部而在企业外部，企业内部只有成本。"

沃伦·巴菲特也曾说："在商业上，我寻找有着无法突破的'护城河'保护的经济城堡。"1993 年巴菲特第一次提出了"护城河"理论，他是可口可乐和吉利股票的长期持有者，持有的理由就是它们有巨大的竞争优势，也就是"护城河"，没有"护城河"保护的企业，还在红海中浴血奋战。巴菲特说一般投资人会关注行业红利、企业家愿景、团队状态、盈利水平，他认为这些都不是最重要的，"护城河"才是最重要的，"护城河"如果可以持续加宽，才是真正的竞争优势。

大家是否留意过一种自然界的现象，在密林中的树木都有一个特点，就是树长得又高又直，为什么它们都拼命往上长呢？是因为所有树木都在争夺一种稀缺资源：阳光。同样的道理，在行业中相互竞争的企业，它们就相当于密林中的一棵棵树木。它们都在争夺什么呢？前面德鲁克说的企业的成果不在企业内部而在企业外部，到底在哪里呢？巴菲特说的"护城河"到底是什么呢？这三个问题都指向一个共同的答案：顾客认知！

可口可乐曾做过一个口感品尝实验，实验首先采取盲测的方式，三个杯子里分别装有可口可乐、百事可乐和皇冠可乐，品测者并不知道哪个杯子装有哪个牌子的饮料，测试结果皇冠可乐排名第一，百事第二，可口可乐第三。然后实验者把三个杯子分别贴上品牌标签，还是同样一批品测者，测试的结果截然不同，可口可乐排名第一，遥遥领先。

这个案例说明消费者只看自己想看的，听自己想听的，我们每个人无形之中都在被认知所影响。所以，谁能在消费者的心中建立认知优势，谁就会赢得竞争。

顾客的认知有两种类型：产品认知和品牌认知。

产品认知：相对固定，由产品功能本身决定，它是基础，但前提条件是用了才知道，这对消费者来说，决策成本相对较高，而且现在产品的同质化程度越来越高，消费者有时也无所适从。

品牌认知：为了降低决策成本，消费者会根据品牌来选择，比如一说到空调，消费者就会联想到格力，一说到凉茶，就会联想到王老吉。消费者一旦形成品牌认知，就会形成心理预售，所谓心理预售就是他还没出家门，心里就想到你的品牌，就是奔着你去买的，这就是认知的优势。

从产品认知到品牌认知的升级，大大提高了消费者的决策效率，降低了决策成本。而且品牌能够产生巨大的价值回馈，好品牌能够极大地提升整个商业系统的效率。中国人到国外买东西，大包小包扛回来，一打开发现居然写的是Made in China（中国制造），中国制造商只能赚辛苦钱，成品贴上某个外国品牌，价格居然翻了几倍，咱们有时自己也觉得委屈，但不知人家在品牌打造上的巨大投入和长期积累。

互联网信息化时代促进了渠道和媒介的发展，品牌会"先声夺人"，消费者还没有接触到产品，品牌信息就已经提前进入消费者内心，品牌的形成时间大大缩短，短短几年的时间，一个品牌可能就会变得家喻户晓，同样短短几年时间，一个品牌就没落了。

当大家都意识到品牌认知的重要性时，问题又来了，大家都想往消费者心中传递对自己有利的信息，来赢得认知优势，但消费者能接受的信息是有限的，如何选择呢？

很多企业想不明白，明明自己的产品比一些大品牌的还要好，但为什么在市场上就是打不开局面？这和在马路上看到一个相貌平平的男人身边居然有一个漂亮的女朋友是一样的感觉。原因就是我们缺乏外部视角，忽略了消费者的心智，不知道是消费者的心智决定了消费者的选择。有人说会营销的人都是谈恋爱的高手，这是有一定道理的，因为他把人的心智特点研究清楚了。会谈恋爱的人不会让女友做太多选择题，因为信息多了她会厌烦；会谈恋爱的人会想方设法找到自己不可替代的、独一无二的特点，比如会烧一手好菜；会谈恋爱的人会聚焦"单一卖点"，女孩子不喜欢全身都是优点，但毫无特点的人；会谈恋爱的人会说"你永远是我的唯一"，他知道打十口只有 10 米深的井，不如打一口 100 米深的井；会谈恋爱的人会想办法证明自己有能力让女孩子幸福，同时把选择权始终交给对方；会谈恋爱的人知道女孩子一旦爱上你，就会把自己的一切托付给你，所以明白"不以结婚为目的的恋爱都是耍流氓"。

商场中，要想赢得顾客的青睐，不就相当于你要和顾客"谈场恋爱"吗？要想恋爱成功，就要研究顾客的心智特点，特劳特在《新定位》（2019 年 7月，机械工业出版社出版）一书中总结了人的心智特点：

① 心智容量有限

这是一个信息爆炸的时代，早上一睁眼打开手机，就会有大量的信息从各个平台扑面而来，而且你越喜欢看什么，就越推送什么。等你出门进电梯，全是显示屏广告，走在马路上，到处可见大显示屏广告、高炮广告、张贴画广告，就连等红绿灯的功夫，还有人给你递小卡片，忙碌一天闭上眼睛准备睡觉，还时不时会接到某某教育、某某房产中介等发来的信息。

科学研究表明，人脑可以同时处理的信息最多不会超过七个，超过这个数量，人们会选择性地记忆。这就意味着在一个品类中，消费者能够记住的品牌一般不超过七个。如果不信，我们不妨来试试看，你能说出几个牙膏品牌，又能说出几个牙刷品牌？

"心智容量有限"给我们的启示是：如果我们成为不了数一数二，或者至少前七，那就要考虑换赛道了。

② 心智默选第一

因为心智容量有限，所以心智喜欢第一，消费者心里能记住的基本就是数一数二的品牌。不信大家测试一下：世界第一高的山峰是？绝大多数人会脱口而出，是珠穆朗玛峰，那世界第二高山峰呢？几乎无人知晓。中国第一位进入太空的宇航员是谁？是杨利伟。那第二位呢？中国第一个奥运冠军是谁？第二个呢？……所以，行业的领导品牌永远是顾客的首选。

"心智默选第一"给我们的启示是：要做就做数一数二，想办法成为小池塘里的大鱼。

③ 心智厌恶混乱

企业对自己的产品都充满感情，恨不得将里里外外的好都展示给顾客，不忍心落下任何一点，但是品牌传递的信息越多，消费者越记不住。所有成功的品牌信息都是极度简化的，就聚焦单一卖点，比如王老吉就聚焦"怕上火"，用这一点穿透消费者心智，成为中国凉茶第一。同样的道理，宝马聚焦驾驶体验，沃尔沃聚焦安全，奔驰聚焦豪华，瓜子二手车聚焦没有中间商赚差价。

"心智厌恶混乱"给我们的启示是：每个产品都有很多卖点，但核心卖点只有一个，在一个核心卖点上投入全部的力量，才能击穿阈值，被大家记住。

④ 心智喜欢聚焦

品牌包含的品类越多，在顾客的心智中就越模糊。

春兰，最早做空调，20 世纪 90 年代末，春兰空调的市场占有率最高时达 40%，1990—1997 年连续八年销量第一，连格力、美的都望尘莫及，但后来春兰盲目多元化，先后介入冰箱、电视机、洗衣机，随后又杀入"风马牛不相及"的摩托车、卡车、新能源产品。

品牌力和品牌代表的品类成反比，也就是说赋予品牌的内容越多，该品牌在顾客心智中就会越模糊。那到底是多品类好还是单品类好呢？

美国 A 模式：大而专。典型的就是苹果，单独一个手机产品，年销售 5 万亿元。这是什么概念，华为的手机业务、运营商业务、企业级业务、消费者业务、云业务、汽车终端业务总销售额不到 9 000 亿元，差不多是苹果的 1/6。

日本 J 模式：大而全。典型的是索尼，索尼的品类繁多，有随身听、MP3、数码相机、电视机等。后来随身听、MP3 市场被苹果的 iPod 蚕食掉；索尼数码相机市场被智能手机取代了；索尼电视机市场被移动智能终端取代了。当时品类齐全的索尼就像一个大树，枝繁叶茂，但是在残酷竞争的"密林"中，生存空间被"一棵棵高且直的树"渐渐挤压。

"心智喜欢聚焦"给我们的启示是：多品类运作是大公司的"奢侈品"，中小规模企业要学会聚焦单品类，打十口只有 10 米深的井，不如打一口 100 米深的井。

⑤ 心智缺乏安全

人们对于新的品牌往往是缺乏安全感的，极少数人是敢吃螃蟹的人，绝大多数人会看别人的行为来决定自己的行为，虽然很少有人承认这一点，这就是人的从众心理。

如果你到一个陌生的地方吃饭，一个是门口排长队的，一个是门口冷清的，你会选哪家？一般我们会去人多的饭店，特别是门口排长队的。你都没有吃，你怎么知道人家饭菜好呢？很简单，就是你看到门口排着长队，你就推测既然有这么多人排队，应该不会差。可见"门口排长队"是商家饭菜好吃的最有力的证明，这就是"信任状"，信任状就是让品牌定位显得可信的事实。

"心智缺乏安全"给我们的启示是：少讲道理，多摆事实。香飘飘奶茶，销量怎么好，产品怎么好，不如一句：杯子连起来可以绕地球一圈。

⑥ 心智难以改变

消费者一旦形成品牌认知，就很难改变。比如茅台酒除了白酒，还有茅台啤酒，茅台白酒无人不知，但是茅台啤酒却很少有人知道，为什么？就是因为在消费者的认知里，茅台就是做白酒的。

"心智难以改变"给我们的启示是：在人们心智中有很多固有的"认知"，比如核桃补脑、阿胶补血、枸杞补肾等，到底能补到什么程度，现代医学很难有明确的证据证明，但这并不重要，重要的是我们要顺应这些认知，把自己产品的卖点与这些认知挂钩。

"要想钓到鱼，就要像鱼一样思考"，通过对顾客心智特点的分析，企业可以充分利用顾客心智的特点，结合竞争环境分析，找准自己差异化的品牌定位，最终构建对自己最有利的品牌认知优势。

（2）竞争环境分析

要打造自己的差异化，就要通过竞争环境分析，知己知彼，从而找到对自己最有利的竞争机会。

竞争环境分析的目的是通过对竞争对手的多维度分析，找到可以利用的机会并识别可能存在的威胁，最终建立对自己最有利的竞争优势。我们一般认为的竞争环境分析包括对手当下的财务状况、产品成本、销售、利润情况、市场营销等，这些相对静态，竞争环境分析更重要的是要作动态分析，具体从五个维度展开，如图 7-6 所示。

图 7-6 竞争环境分析

① 识别对手

竞争对手按照竞争范围可以分为直接竞争对手、间接竞争对手、潜在竞争对手和替代竞争对手。直接竞争对手是产品相同且满足同一目标用户群体的需要的对手，换句话说就是客户不买你的东西，他最有可能选择谁？间接竞争对手是产品不尽相同，但目标用户群一致。潜在竞争对手是行业相关者（包括横向产业相关者，提供大致类型产品服务的企业，或纵向产业相关者，如上下游企业），还没形成真正竞争。替代竞争对手是目标用户群一致，产品或服务具有较大的优势，能够替代你。

以娃哈哈矿泉水为例，它的直接竞争对手就是农夫山泉等同样做矿泉水的品牌。它的间接竞争对手就是脉动、果粒橙等做饮料的品牌，虽然它们产品不一样，但是客户群体一样，存在竞争，比如买了果粒橙饮料的基本不会再买矿泉水，不会一口果粒橙一口矿泉水。它的潜在竞争对手比如上游做矿泉水设备的企业也开始做产业链延伸，自己生产矿泉水了。它的替代竞争对手是谁呢？目前还不明确，所有竞争对手，都有一个共同点，就是目标客户群体相同。

在这四种竞争对手中，作为行业的龙头企业最担心的就是替代竞争对手和间接竞争对手，因为这两者的竞争都属于品类之间的竞争，也就是不在龙头企业最擅长的领域竞争，属于错位竞争，品类之间的竞争已经超越了单个企业之间的竞争，它是一个品类和另外一个品类的集团军之间的竞争，一旦品类受到攻击，受影响最大的一定是此品类中的龙头企业。

行业中小规模企业最担心的是直接竞争对手和潜在竞争对手，直接竞争对手大多比自己强大，所以胜算本来就小，潜在竞争对手是跨行业竞争，另外一个行业的新进入者不一定有实力撼动行业老大的位置，但却可以蚕食老二、老三甚至更小规模企业的市场。

对于品类内部的竞争，大家就是敌人，你死我活；对于品类之间的竞争，大家就是抱团取暖，一致对外。所以从这个角度看，商场没有永恒的朋友，也没有永恒的敌人。

② 对手目标

在竞争中，对你形成实际威胁的不是对手在想什么，而是对手已经在做或者将要做什么？对手的一切行为以及行为背后的能力建设都是由其目标驱动的。所以，对竞争对手的未来目标进行分析，可以帮助企业了解其为了达成目标可能采取的战略、策略、行动和系统能力的建设，以及它对其他企业采取的战略行为的敏感程度。

竞争对手的目标主要有以下这些：财务目标，包括利润、现金流、收入等；市场占有率目标，包括总体市场占有率、区域市场占有率、特定产品市场占有率、特定客户市场占有率等；专业领先的目标，比如成本领先、技术领先、服务领先等；以及品牌认知的目标，比如成为区域第一，甚至行业第一。这些目标并不是孤立的，而是组合在一起的，而且竞争者对这些目标各有侧重，所以，我们不仅要了解目标本身，更要了解不同目标组合的权重，从而推测它对各种类型的竞争性攻击会作出什么样的反应。比如一个追求市场占有率的竞争者对于它的竞争对手推出了一款爆款产品或采取了一个促销手段所作出的反应，比对同一位竞争对手通过工艺技术创新改善了生产效率所作出的反应要强烈得多。

针对以上不同的目标，如果企业能根据时间、空间、层级、权重进一步细分研究，比如最近一年或三年的目标是什么？在某个具体的细分市场的目标是什么？战略、战术和战斗的不同层级的目标是什么？各个目标的权重排序是什么？这样就更能精准地分析对手目标和自己目标的异同，在制定竞争策略时就更有针对性。

③ 对手战略

企业发展离不开战略，战略就是选择，如果大家的选择各不相同，正面竞争的可能性就很小，反之，如果大家的选择高度相似，那企业之间就少不了惨烈的厮杀。

要了解对手的战略，企业可以重点从领导人的风格、品牌定位、商业模式、业务组合、产品规划、市场细分、价格定位、渠道分布、组织配套等方面系统展开，这中间的任何一个环节都有可能成为竞争的焦点，如果各个环节的相似度都很高，最后就会形成多个环节交织在一起的高度同质化竞争。

比如领导人风格，领导人的风格会直接影响到战略选择，就像两军对垒，为什么都要充分分析对方带兵的人的很多细节信息？目的就是通过领导人的性格特点推测他可能会作出什么样的战略选择，以及针对你的行动他有可能会有怎样的反应。

再比如，业务组合，在分析业务组合时，我们需要引入一个工具，波士顿矩阵（又称市场增长率—相对市场份额矩阵、四象限分析法）。其横轴是相对市场份额（相对市场份额＝本企业某业务的市场份额/该业务中三个最大竞争对手的市场份额之和），纵轴是市场增长率，其中市场增长率＝（当年销售额－上年销售额）/上年销售额。相对市场份额大，说明市场占有率相对较高，市场增长率高，说明业务发展快，市场前景好，所以根据相对市场份额和市场增长率的高低，就形成了四个象限，分别对应四种业务：明星业务、金牛业务、问题业务、瘦狗业务，如图7-7所示。

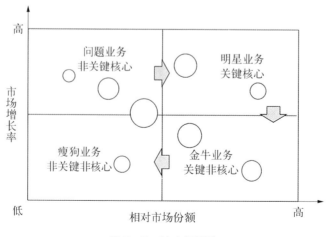

图7-7　波士顿矩阵

第一，明星业务：市场增长率高，相对市场份额大。财务特点是利润率高，销售量不是最大，但将来可能成为企业的金牛业务。采用的战略是：大力发展，加大投入，抓住有利的市场机会，进一步提高市场占有率，强化竞争地位。

第二，金牛业务：市场增长率低，相对市场份额大，业务进入成熟期。财务特点是销售量大，利润率不高，为企业运营提供稳定的现金流。采用的战略是：稳健发展，提高内部运营效率，重视利润和投资收益回报，一般不再做大规模固定资产投资。

第三，问题业务：市场增长率高，相对市场份额小。市场增长率高说明市场前景好，成长性好，相对市场份额小则说明业务在市场上的局面还没有完全打开，可能是在产品、营销或者商业模式上还存在不确定性或明显的短板。财务特点是利润率高，销售额低，所需发展资金不足。采用的战略是：尽快试错，充分论证，对于经过改进可能成为明星业务的，进行重点投资扶持，促进其快速成长，对于尚不明朗的，继续低成本试错。

第四，瘦狗业务：市场增长率低，相对市场份额低，说明业务已经衰退。财务特点是利润率低，销售额低，处于保本或亏损状态。采用的战略是：收缩发展，业务外包，甚至果断撤退。

在以上四个象限中，如果再把差异化和风险两个维度综合进去的话，就会形成图7-8的波士顿矩阵演变图。

这里有核心、非核心和关键、非关键两组概念，核心的意思就是更有利于企业建立差异化的竞争优势，反之就是非核心；关键就是缺了它会引发很大的问题，反之就是非关键。企业的发展一般都是从问题业务开始，问题业务属于非关键核心业务，通过试错成功，转变为明星业务。明星业务属于关键核心业务，明星业务对企业建立差异化竞争优势非常有用，而且也是新的业务增长点，也非常关键。明星业务逐步转变为金牛业务的同时，差异化竞争优势也逐渐减弱。金牛业务属于关键非核心业务，虽然对公司收入和利润贡献大，但这

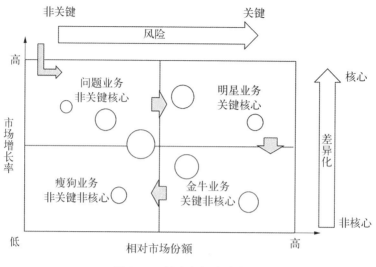

图 7‑8　波士顿矩阵演变图

种贡献不是靠差异化竞争优势带来的，而是靠企业在行业中的地位和品牌优势带来的。金牛业务的地位决定企业很容易把更多的资源投入其中，然后更多地通过追求运营效率的提升来扩大收益，但是内部运营的极致化可能会让企业弱化对外部的竞争和战略变革的关注，所以企业在提升金牛业务的运营效率的同时，要把释放出来的资源投向明星业务，或者通过非核心业务外包释放资源投向明星业务，在此过程中要尽可能避免管理惯性。

做企业就要如履薄冰，当你一路高歌猛进，为今天的成果自豪的同时，是否也为明天的变革增加了一道阻碍？能够意识到这一点的都是智者，最典型的就是华为。为什么任正非总是在大家都觉得形势一片大好的时候给大家"泼冷水"？为什么华为经营哲学提倡自我批判，提倡内部红军和蓝军的PK？核心都是为了避免管理惯性。

管理惯性最要命的是让你觉得今天你做的事情是可以持续形成竞争优势的事情，从而把更多的资源投入其中，慢慢地，当曾经的"核心"已经变成了"非核心"时，没有人愿意承担风险，宁愿在现有的"非核心"中把品质做得更好、价格做得更低、效率做得更高，结果赢了自己却输给了时代。

根据波士顿矩阵及其演变图，我们可以分析竞争对手的业务具体是怎么分布的，然后根据每一个象限的业务特点和应采取的战略推测出对手可能会采取大力发展、稳健保持、快速收割或果断放弃的行动中的哪一种，多一条信息，竞争就多一分胜算。

了解了竞争对手的战略意图，企业要根据自己和对手在市场上的竞争地位，制定精准的应对策略，作出正确的战略决策。美国著名营销学教授菲利普·科特勒根据企业在目标市场中所处的地位，把企业分为四类：市场领先者、市场挑战者、市场追随者和市场补缺者。市场领导者的战略意图是保护自己市场占有率，并深耕已有市场，挖掘新的市场需求，以此来进一步扩大市场份额；市场挑战者会选择挑战对象，制定进攻策略；市场跟随者会根据对手的战略意图来选择是紧密跟随、有距离跟随还是选择性跟随；市场补缺者一般相对规模小、技术力量薄弱、管理基础差、竞争能力弱、资金人才短缺，没有实力向领先者发起挑战，在同质化的竞争中追随市场领导者也不是明智之举，所以一般只能扮演市场补缺者的角色，充分利用自己的专业化特色，聚焦细分市场，谋求生存的空间。

④ 对手优劣势

分析对手优劣势的目的是要避其锋芒，攻其虚弱，以四两拨千斤。关于对手优劣势分析的方法相关书籍上有很多介绍，比如价值链分析法、标杆分析法等，这些分析方法往往更侧重业务层面的分析，比如产品、研发、渠道、市场等，局限于业务层面的分析，只能模仿，难以超越，要想超越，必须解码竞争的底层逻辑，我们举一个具体的例子来说明。

2022 年上海新冠肺炎疫情中最热门的话题之一是社区团菜。帮老百姓团菜的"团长"成了和"大白"一样的英雄。通过社区团菜这一小小的现

象可以折射出哪些商业常识呢？我们来捋一捋。老百姓封控在家里，蔬菜短缺，这是一个问题，特别是家里有老人和孩子的，就显得更加焦虑，于是问题就转化成了痛点，有了痛点，怎么办？自己又不能出去买菜，于是就有了网购需求，有需求就有供给，于是社区团购兴起，"团长"慢慢多了起来，老百姓就开始货比三家了，于是就有了竞争，当群里都在交流说"张哥"那个团不错的时候，就有了口碑和品牌。老百姓慢慢解决了蔬菜、大米、牛奶、面包后，还想喝点咖啡和可乐，于是消费升级。疫情一下子让团购兴起，这叫风口，疫情过后，团购继续兴起，这就是趋势。

要想分析对手优劣势，我们首先要明白企业之间的竞争到底是从哪里开始的，连接企业和客户的桥梁是产品，客户接触到企业的端口就是产品和服务，通过产品和服务的使用产生好的或不好的体验，从而影响到口碑和品牌，所以产品是企业竞争的重要载体。产品竞争从哪里展开呢？一切商机都一定是从顾客遇到的问题开始的，问题产生痛点，痛点产生需求，需求产生供给，供给产生销售。根据多年战略咨询实践，我们总结了竞争的底层逻辑，并将其称为"鸟翼竞争模型"，如图7-9所示。

竞争不是从产品开始，产品一上市，竞争其实已经基本完成了，产品上市只是验证竞争的结果，而不是竞争本身。真正的竞争至少是从问题开始的，谁早发现问题，谁就占先机，这时的竞争是速度的竞争。如果在发现问题环节不分高下，那就进入第二个环节，痛点，谁能抓住顾客真正的痛点，谁就占先机，这时的竞争是洞察力的竞争。这个环节再不分高下，再进入到供给环节，谁的质量好、价格低、交付快，谁占先机，这时的竞争是运营体系的竞争。如果这个环节再不分高下，那就进入再下一个环节，就是经营体制、要素和文化的竞争，哪家企业的体制活，经营要素整合得好，企业文化好，谁就占先机。

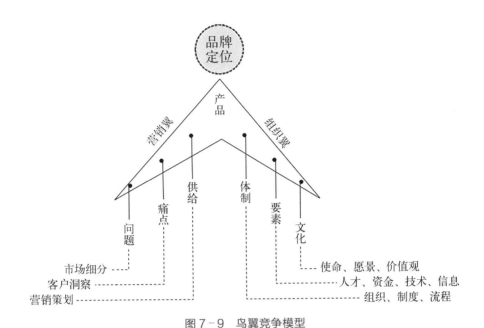

图 7-9　鸟翼竞争模型

问题、痛点和供给是营销层面的竞争，属于显性竞争。体制、要素和文化是组织层面的竞争，属于隐性竞争。任何行业，发展得越成熟，显性层面的同质化竞争就越明显，就越趋向于隐性的竞争。显性竞争是有形的，而隐性竞争是无形的，所以越往大做，越要练好内容，提升自己的隐性竞争力，最核心的就是人才的竞争，文化的竞争！

鸟翼竞争模型说明产品是载体，营销与组织是两翼，企业通过做强两翼，赋能产品，服务好客户，形成口碑，实现品牌定位。产品层面的竞争只是表象，而且最容易被模仿，但是营销体系就难以被模仿，组织体系就更难被模仿。

企业在分析对手优劣势的时候，先要搞清楚竞争的层次，要明确你们的竞争是在市场先机上，还是在痛点把握上，还是在供给上，还是在深层次的体制、要素和文化上。就像京东和阿里，它们都已经成为行业的寡头，它们之间的竞争已经完全超越了一两个具体的产品、一两项先进的技术或一两场高效的市场推广活动，它们之间的竞争已经深化到隐性的竞争了，比体制、比要素生态、比人才、比企业文化和比社会效应。

不管是哪个层次的竞争，都要找到对手真正的劣势。何为真正的劣势？就是在它的优势中自然带来的劣势。现实中，我们总以为找到了对手的劣势，没想到那是人家忽视了，或压根没重视，只要他们想做，很快就能弥补过来，这都不是真正的劣势。那真正的劣势在哪里呢？

投资大师查理·芒格是股神巴菲特的师兄，他有逆向思维的习惯，比如如何把一件事情做好，一般人马上会情不自禁地想出很多方式，甚至不能穷举，但查理·芒格的思维是反过来的，他会想怎么把一件事情做坏，一旦知道哪几条路可以把一件事情做坏，他无论如何都不会走那几条路，这样结果一般不会太差。对于找竞争对手劣势也是同样的道理，我们不知道对手真正的劣势在哪里，那就去找它真正的优势，任何事物都是矛盾的对立统一体，真正优势的对立面就是它最大的劣势，特别当这种优势是战略性优势时，如果它要弥补它的劣势，它就要牺牲它的战略性优势，这对一个企业来说往往是伤筋动骨的，所以它会选择放弃，它一旦放弃，你的机会就来了，所以机会永远都是对手给你的。

⑤ 对手反应

竞争对手的反应程度受竞争对手所在的市场地位和它的战略设计影响，也会受它的对手的战略行动影响，所以对手的反应程度是多因素影响的结果。那么这中间是否存在一定的规律呢？我们先作一个假设，就是把比你强的企业界定为你的对手，也就是说你要擅长和比你强的对手较量，不要整天找不如你的较量，所谓遇强则强，遇弱则弱。在这个假设前提下，把对手的相对市场地位（和你相比）、战略导向和外来威胁作为影响对手反应的三个主要的变量，市场地位有高低之分，战略导向有强弱之分，外来威胁有大小之分。一般来说，根据三大变量的差异，竞争对手的反应有以下几种类型：

第一，温和型：相对市场地位高、战略导向弱、外来威胁小的情况下，对手一般采取比较温和的反应。

第二，激烈型：相对市场地位低、战略导向强、外来威胁大的情况下，对手一般采取比较激烈的反应。

第三，随机型：相对市场地位、战略导向、外来威胁各有变化的情况下，对手一般采取随机的反应。比如，和自身战略导向强相关的，即使外来的威胁不是那么大，也会非常警觉，反应强烈，力图把威胁扼杀在摇篮之中。

（3）内部诊断

竞争环境分析是为了更好地了解别人，内部诊断是为了更好地了解自己，知己知彼，才能找到更合适的竞争方式，把握更有效的竞争机会。内部诊断的方法也有很多，但大部分都是对过往既成事实的总结，在动态的、具有前瞻性的战略思考中，这样相对静态的结果往往不具备实质性参考意义。鉴于此，我们建议内部诊断要以做大做强为出发点，重点从以下几个方面展开：团队情况、核心能力、经营策略、运营短板、关键制约。

企业可以问自己以下一些问题：

※ 核心管理团队配置是否合理？格局和眼界如何？有无做大的意愿和决心？

※ 是否具备做大做强的核心能力？在哪些方面存在明显的竞争优势？

※ 有无做大做强的经营策略？策略是否得当，是否可落地？细节能不能做得更好？

※ 产品、研发、市场、渠道、生产、供应链、流程、信心等各个方面是否存在明显的短板？

※ 按照目前的模式发展，公司未来两年的天花板在哪里？是否存在制约做大做强的硬伤？

（4）差异化品牌定位

我们先讲一个案例：简一大理石瓷砖，很多机场都有它的大屏广告。

简一成立于2002年，位于瓷砖之都佛山，在简一成立之前，佛山一些起步较早的陶瓷企业已经初步成功、稳步发展。简一利用产品研发的优势，在激烈的市场竞争中得以生存，先后推出了抛光马赛克产品"五度空间"、仿天然石产品"地脉岩"和羊皮砖，都获得了不错的市场反响。但问题是一旦新品推出，马上被模仿，并陷入低价竞争，怎么办呢？那就再换一个新产品，结果还是摆脱不了被模仿的命运，就这样，简一一边跑，强大的竞争对手就一边追，一直把它逼到了悬崖边上。最后简一通过开创大理石瓷砖新品类，实现差异化竞争，成为大理石瓷砖这个新品类的领导品牌。

简一案例给我们的启发是：企业仅仅通过一两个好产品很难建立企业的竞争壁垒，只有建立强大的品牌，才能真正改变竞争格局。

在处理品牌和产品的关系上，有两种观点：一种是酒香不怕巷子深，一种是酒香也怕巷子深。物资匮乏的农业和前工业时代属于生产驱动消费的时代，企业生产什么，消费者就要什么，而且信息不透明，属于典型的卖方市场，这种环境下，有好产品不怕没人要，酒香不怕巷子深。当今的信息化时代，物质极大地丰富，而且不增值的中间环节被取消，消费者有太多的选择，属于典型的买方市场，他们很难根据产品去选择，因为这样做的决策成本更高，他们更愿意根据品牌来选择。所以手上拿着很多好产品，但是没有品牌加持，打不开市场局面，只能为品牌方代工赚辛苦钱的例子太多太多，酒香也怕巷子深。

企业在处理品牌与产品的关系时，就形成了一种顺向思维模式和一种逆向思维模式，顺向思维就是把产品做好，自然就有好品牌，这种思维很容易让企业陷入用内部视角代替外部视角、用运营思维代替用户思维的误区，而且会出现产品被模仿的情况，难以建立竞争壁垒，所以企业要想建立竞争壁垒，就要以终为始，先确定品牌定位，再倒逼产品和运营。

了解消费者的心智特点，明确竞争的三个核心观点，聚焦市场细分以明确目标客户，界定竞争对手，分析竞争对手，进行自我剖析，最终都是为了打造差异化的品牌定位，进而形成认知优势，赢得竞争，实现增长。

① 心智地图

抗日战争期间，咱们打了胜仗，在打扫战场的时候，最先找的不是武器，而是在敌方头目身上找一个东西。什么东西呢？就是地图，那时日本人测绘的地图的精准程度明显比我们的高。

品牌定位也一样，也需要用到地图这个工具，只不过这个地图不是真正的地理地图，它叫心智地图。心智地图就像作战地图，打仗前双方都要围绕作战地图分析敌我形势，然后制订作战方案，心智地图就是帮助企业设计差异化品牌定位方案的工具。如图 7 - 10 所示。

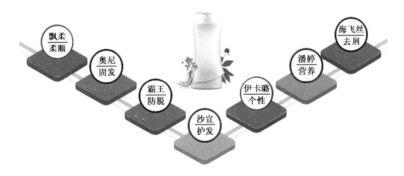

图 7 - 10　洗发水的心智地图

这是一个洗发水的心智地图，我们可以看到一个心智地图包含了以下几个方面的因素：品类、品牌、品牌标签。首先是品类，品类是消费者购买商品的最后一级分类，有它可以关联到品牌，比如家用电器，就不是一个品类，因为它不是购买商品的最后一级分类，就像你到商场和营业员说你想买家用电器，就没人知道你到底想买什么，你说我买洗衣机，洗衣机就是一个品类，它会关联到品牌，如海尔、美的。这个洗发水心智地图中的品类就是洗发水，其次是品牌，洗发水有很多品牌，图中列出的是大家比较熟悉的品牌。再次是品牌标签，每一个品牌下面都对应着一个品牌标签，比如飘柔对应柔顺，海飞丝对应去屑。这些品牌对应的标签都是已经在消费者的心智中形成的认知，一说海飞丝，你马上会联想到去屑，一说到去屑洗发水，你第一个会想到海飞丝这个品牌，这说明海飞丝这个品牌已经把"去屑"这个标签深深烙在了消费者的心智中，作为一个想在洗发水领域有所作为的新品牌来说，该如何定位自己的品牌标签呢？去屑显然不适合了，因为消费者都已经认为那是海飞丝的特长，心智难以改变，所以你就要找到适合你的标签。

不单是产品，人也有自己的标签，李小龙、陈龙、李连杰、吴京都有一个共同点，就是擅长功夫，但是他们又有所区别，李小龙功夫对应的标签是"硬功夫"，成龙则开辟了"喜剧功夫"这一新品类，李连杰和成龙又不一样，在电影中一把伞、一根柳枝都会成为他有力的武器，动作流畅，姿态飘逸，所以"飘逸功夫"就成了李连杰的标签，而吴京作为后来者，要想独树一帜，很不容易，好在他找准了"爱国功夫"这个定位，以《战狼》为代表的几部电影深受观众喜爱。

② 品牌定位差异化

在强大的对手面前，你要考虑的一定是打造差异化，那具体怎么打造呢？企业往往习惯于打造运营层面的差异化，抓运营效率，而强大的竞争对手可以迅速模仿，反过来超越我们。

柯达的运营效率不高吗？诺基亚的运营效率不高吗？为什么还是在竞争中被淘汰了？可见，仅仅靠运营效率的优势，并不能保证真正的成功，只有把有效的运营和差异化的品牌定位整合到一起，变成一套组合拳，才能真正形成竞争优势，所以企业真正的差异化是品牌定位的差异化，在这个前提下再思考如何实现品牌定位的运营和产品的差异化。特劳特在他的著作《与众不同》中提到了九种差异化的品牌定位方法，可以概括为市场形象差异化、新特性差异化、新概念差异化三大类，最终都是为了成为第一。

※ **市场形象差异化：专家、经典、领导者、热销、最受青睐**

案例：

一说到羽绒服这个品类，大家第一个想到的品牌一般是波司登，波司登于 1976 年成立，专注羽绒服 40 多年，从 1995 年开始做到市场第一，并一直保持领先，产品远销全球 72 个国家，但由于产品缺乏创新，没有特色，从一个家喻户晓的品牌逐步变为了只有大爷大妈们才会穿的品牌，加上四季品牌服装的进攻，促销泛滥，只能降价打折销售。波司登净利润从 2012 年开始逐年下滑，销售额从 2014 年到 2016 年连续三年下滑，与此同时，其实体门店数量大幅下降，门店净减少数量达 8 000 余家，在香港上市的股票价格最低只有 1 毛钱。波司登面临短期利益与长远发展的双重考验，它的竞争机会到底在哪里呢？从品牌定位的角度，波司登如何定位才能建立自己的"护城河"？波司登虽然经营面临考验，但品牌认知度依然很高，而且专注羽绒服 40 多年，产品畅销全球 72 国，这两点是无人能替代的，所以波司登的竞争机会来自"全球热销的羽绒服专家"，在消费者心智中重新树立品牌定位，这个定位就是利用了市场形象差异化中"专家"的形象定位。

专家、经典、领导者、热销、最受青睐这五个差异化品牌定位更适合已经有了良好的品牌基础，而且在时间积累、历史传承、市场表现上有真真切切的事实依据的品牌。

※ 新特性差异化：特殊功能或特殊制造方法

案例：

一提到牙膏这个品类，很多人首先会想到的品牌是高露洁，1992年高露洁正式进入中国，在进入中国市场之前，高露洁曾花大力气做了市场调查，调查发现，国内牙膏广告竞争激烈且日趋同质化，都是围绕着清新口气、洁白牙齿、消炎止痛等功能点进行营销，诉求对象几乎都是中老年消费者，而对牙膏类别中最大的心智资源"防止蛀牙"却没有一个品牌全神贯注去抢占。高露洁根据美国牙膏市场的经验推测，随着生活水平的提高，消费者必然会越来越关注"防止蛀牙"这一功能点，于是他们决定把品牌定位在"防止蛀牙"这个新特性上，仅仅用了不到十年的时间就成为在中国口腔护理方面唯一可以与宝洁抗衡的品牌。近三十年来，高露洁依然聚焦这个单一而集中的诉求：防止蛀牙。

高露洁首先是选定了目标客户群体，然后再寻找差异化的机会，就是聚焦"防止蛀牙"这个新功能。因此，在作新特性的差异化品牌定位时一定不能脱离你的目标客户，我们前面讲过机会都从问题中来，蛀牙其实在当时就是一个潜在的问题，但尚没有引起充分重视，而且从趋势来看，这个问题会越来越凸显，高露洁正是捕捉到了这样的机会，并将其上升到品牌定位的高度，从而取得了成功。这个案例也说明，机会从趋势中来、从问题中来、从竞争中来，需要企业融合在一起系统分析并作出决策。

※ 概念差异化：新一代、新品类、新关联

案例 1：

在美国人心中，可口可乐一直是美国精神的代表，它控制了大部分碳酸饮料市场，百事可乐在第二次世界大战之前一直生存艰难，曾两度处于破产边缘。从 1929 年开始，百事可乐为了生存，不惜将价格降至可口可乐的一半，但是这并没能够帮助百事可乐摆脱困境。到了 20 世纪 60 年代，百事可乐利用强大竞争对手"历史悠久"的正面定位，攻击其强势背后的弱势，将火力对准可口可乐"传统"的形象，打造百事"新一代"可乐，从此改变竞争格局，几乎和可口可乐平分天下。

案例 2：

2012 年，江小白成立，是当时中国最年轻的白酒品牌。在那时，中国白酒企业都在挖掘自己的历史，江小白刚刚创立，没有历史可言。反过来想，江小白的优势就在于"新"，创建"新一代"定位恰好可以把劣势转化成优势。江小白很聪明地把握了"新一代"的定位，执行该战略让其成为年轻人购买白酒的首选品牌。

案例 3：

前面案例中讲到的简一大理石瓷砖，创始人李志林通过开创大理石瓷砖新品类，实现差异化竞争，成为大理石瓷砖这个新品类的领导品牌。类似的还有乐恺撒榴梿比萨、巴奴毛肚火锅等。

案例 4：

深圳有个珠宝公司，叫金嘉利，为了拓展市场，计划在北方某城市开

设专卖店，但从历史和品牌知名度上都不具备优势。企业通过分析当地消费市场了解到，当地珠宝消费的80%是黄金、铂金和珠宝首饰，20%是钻石。如何定位找到竞争机会呢？针对消费者对金嘉利的品牌缺少认知的现实情况，结合金嘉利自身优势与市场时机，企业发现在钻石这个品类上当地还没有特别强势的领导品牌存在，而且从未来的趋势看，年轻人更倾向于买钻石首饰，于是金嘉利提出了"金嘉利＝钻石"的理念，抢先在消费者心智中占领钻石这个概念，凸显"金嘉利就是钻石"的品牌定位。

新一代、新品类、新关联的关键是"新"，背后核心就是创新，尤其对于市场的后进者来说，要通过创新改变赛道，形成错位竞争，从而形成自己在新赛道的领导品牌定位。

关于增长机会，趋势性机会可遇不可求，竞争性机会无处不在。趋势性机会往往需要通过宏观环境分析和产业或行业环境分析来洞察，竞争性机会是在趋势性机会的基础上，直面竞争对手，同时审视自己的优劣势，最终找到既符合趋势，又比竞争对手更有优势的机会。为什么竞争性机会的研究一定要在趋势性机会的前提下进行呢？原因有二：

第一，避免画地为牢。竞争性机会的研究有个假设前提是企业已经选好了战场，在既定的战场，研究特定的竞争对手，做到知己知彼，最终建立对自己有利的竞争优势。但有的时候，问题恰恰就是出在这个假设前提下，比如昔日的柯达，在行业中不但有相对竞争优势，甚至是绝对竞争优势，但正是这种绝对的竞争优势让它们对于数码技术的趋势性机会缺乏敏感性，在数码技术的趋势风口错失了战略转型的机会。

第二，避免忽视结构性增长。趋势性机会的研究要站在宏观环境（政治、经济、社会和技术）以及产业环境的高度来研判，往往涉及企业业务结构的调整。这种业务结构调整带来的增长往往比在一个既定战场通过竞争带来的增长更快、更长远。

趋势性机会是竞争性机会的前提，但是反过来，任何产业、行业，甚至一个细分市场，最终都要面临竞争，企业如果没有竞争优势，哪怕趋势性机会再强，和你的关系也不大。即使趋势性机会惠及你，你也会增长，但是你的竞争对手会增长得更快，相对而言，你还是退步了。所以趋势性机会是前提，竞争性机会是基础，两者对企业都很重要。

趋势性机会对应的是增量市场，企业一定要跟上形势，不要掉队；竞争性机会对应的是存量市场，企业要学会创新，特别是比你强大的竞争对手，他怎么做，你千万别轻易学他，不学或许还有出路，一旦效仿比你强大的竞争对手，只会倒下得更快。

对于趋势性机会，行业龙头企业看得永远比你清楚，你要做的就是具备辨别和验证的能力。广大中小规模企业不要整天想着去找趋势、找风口。第一，你很有可能会倒在找风口的路上；第二，你即使找到了风口，飞起来的不一定是你。然而对于竞争性机会，企业削尖脑袋也要去挖掘，尤其对于处于同质化竞争的存量市场中的企业，在瞬息万变的市场环境中，谁能把握市场的先机，及时了解竞争对手的动态，谁就在竞争中掌握了主动。

三、 制定增长策略

不管是哪种机会，找到机会，不代表就能抓住机会，企业需要制定有效的策略，尤其是在增量市场的同质化竞争环境下，你增长了，就意味着对手倒退了，因此更应该研究策略。增长策略具体展开，包括总体增长策略、市场细分策略、增长源策略、增长路径策略、竞争策略、产品策略、事业布局策略。总体增长策略是总纲，是根本指导思想；市场细分策略决定你优先从哪里开始增长；增长源策略是明确靠什么实现增长；增长路径策略是明确如何增长更有效；竞争策略是明确如何根据敌我形势，采取最有效的作战方式确保增长；产品策略是明确如何凝聚力量呈现价值，服务好客户，打造增长的载体；事业布局策略是指进行动态业务结构设计，保持可持续性增长。

1. 总体增长策略

总体增长策略是增长策略的总体方针纲要。说到具体的事情，企业都有说不完的话，但是上升到总体策略，要用一段话来概括自己的总体思路的时候，很多企业往往不知道从哪儿说起。

案例1：

以快速响应市场变化，满足客户需求为立足点；以锁体聚焦大客户、锁芯扩大销量、锁具产品延伸为三大增长点；以高性价比的产品、全方位的服务、高效的研发为差异化竞争点；以规模化、系统化、规范化、平台化、数字化为支撑点，形成第一阶段产品升级，打造高性价比的爆品；第二阶段客户升级，聚焦大客户；第三阶段品牌升级，提升系统配套解决方案软实力；形成"四点、三阶段"战略，最终实现锁具行业整体配套方案服务商的品牌定位。

案例2：

以实施百千万工程为目标，构建以学校教育为核心，社区教育、研学教育为重点的"一体两翼"教育体系，以技术赋能、融合发展为突破点，以新市场开拓、新产品研发、新业态实践为增长点，以打造一流办学队伍、形成一套办学模式、创建一个共享平台、建设一批标杆学校为支撑点，以"五度价值修炼"为差异化竞争点，形成集团化教育规模优势，铸就"践行三全教育，引领教育新生态"的品牌定位，让教育因我而精彩！

_____

以上两个案例都是不同行业的优秀企业的增长策略的总体思路，从中我们可以看出，一个清晰的总体增长策略往往包含以下几方面内容：破局点、增长点，差异化点、支撑点和增长路径，然后最终回归到品牌定位。

总体增长策略的现实意义一方面是帮助企业进一步理清基于品牌定位的增长的总体思路，同时也帮助经营团队在经营的大方向上达成高度共识。现实情况是，我们很多企业到今天依然没有清晰的总体增长策略，随着竞争格局的变化和竞争的加剧，没有清晰的总体增长策略的企业的生存空间会越来越小。

每一个企业在不同的阶段，对企业经营思考的侧重点是不一样的。营收上百亿元的企业，思考的核心是宏观大势、社会变迁、国家政策；营收几十亿元的企业，思考的核心是行业政策、产业变迁和事业布局；营收几亿元的企业，思考的核心是产品、市场、管理；营收几千万元的企业，思考的核心是怎么找准客户，做一款好产品，尽可能多地卖出去；新创业公司，考虑的则是客户需求是否真实，避免陷入自以为是的"虚假需求"。

2. 市场细分策略

《孙子兵法》有云："古之善用兵者，合于利而动，不合于利而止。"意思就是善于指挥作战的人，见到对我军有利就打，对我军没有利就停止进攻。在不同的战场，你的竞争对手、优势和劣势完全不同，因此，增长的规模和难易程度也就不同。那么，企业应该如何选择对自己最有利的细分市场呢？

很多企业好不容易爬到了梯子的顶端，才发现梯子靠错了墙。没有哪个品牌强大到不需要作市场细分，中小规模企业就更不用说了。产品能不能卖出去，关键是消费者买不买你的账，找不准细分市场，就相当于把鲜花种到了沙漠中。所以最有效的竞争策略，就是找准自己的细分市场，避开竞争对手的强大优势，为自己找到成长的时间和空间，把细分市场精耕细作成自己的粮仓和必胜之地！

（1）市场细分评估

细分市场不是越大越好，当然也不是越小越好，细分市场的选择要从四个维度进行评估。

第一要看市场规模，史蒂夫·布兰克在《创业者手册》一书中提出了三种市场，分别是总有效市场（Total Availble Market，TAM）、可服务市场（Served Available Market，SAM）和目标市场（Target market，TM）。其中总有效市场是指潜在的、理论上可达到的全部市场的总和；可服务市场是指从能力上你可以到达的市场；目标市场是指考虑到价格、功能、竞品、行业发展、用户细分等具体因素，你最终选择服务的市场。比如整个市场的规模，也就是总有效市场有一千亿元，其中60%是国外市场，40%是国内市场，你只做国内市场，那可服务市场规模就只有400亿元，而在国内市场的400亿元中，高端市场占20%、中端市场占50%、低端市场占30%，你只做高端市场，那你的目标市场规模就是180亿元。

第二要看整个市场的成长性，一个市场现在可能就一百亿元的规模，但是它可能以每年50%的速度在增长，而且还可以持续好多年，这个市场可能就很有价值，相反有些市场你看着很大，但是每年增长很小，这个市场可能就价值不大。

第三要看市场集中度，根据美国经济学家贝恩对产业集中度的划分标准，按照市场排名前八家企业占市场的份额比例（CR8），将市场结构粗分为寡占型（CR8≥40%）和竞争型（CR8<40%）两类。其中，寡占型又细分为极高寡占型（CR8≥70%）和低集中寡占型（40%≤CR8<70%）；竞争型又细分为低集中竞争型（20%≤CR8<40%）和分散竞争型（CR8<20%）。在低集中竞争型和分散竞争型市场中，中小企业的机会相对就多一些。

第四要看市场的战略价值，有些市场的可获得规模和成长性不一定很高，但一旦把这部分市场拿下，企业可以获得高势能，比如一些重要的客户群体，可以帮助企业提升品牌知名度。

（2）市场细分变量

市场细分是多维度因素相互叠加的结果。影响市场的多维度因素我们称之为细分变量，比如对于消费者市场来说，细分变量具体包括：地理变量（如国家、地区、城市、社区、人口密度、气候特点），心理变量（如社会阶层、生活方式、偏好、个性），人口变量（如年龄、人口结构、性别、收入、职业、教育、宗教、种族），行为变量（如情境、利益、使用者状态、使用率、忠诚度）。

不同类型的企业在市场细分时应采取不同的细分变量，而且细分变量不是一成不变的，它会随社会发展和消费者的价值观念、购买行为和动机的不断变化而变化。细分变量有很多维度，我们把对消费者的购买决策起决定性影响的变量称为关键细分变量。几个关键变量的交集就形成了明确的细分市场。图7‑11所示的是一个电动车的市场细分的例子，它选取了职业和地域两个关键变量，将电动车市场进一步细分成了针对乡镇村的农民的低端车细分市场，

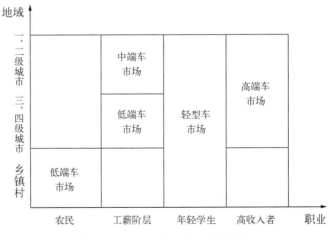

图7‑11 某电动车的市场细分图

三、四线城市工薪阶层的低端车细分市场，一、二线城市工薪阶层的中端车细分市场，年轻学生的轻型车市场以及一、二线城市高收入者的高端车市场。

市场细分是一项创造性的工作，企业在进行市场细分时，应注意各种变量的有机组合，不应该拘泥于书本知识，而应在深刻理解市场细分原理的基础上，创造适合自己的、新的、有效的细分标准。

① 领域细分

瓜子二手车是二手车市场，老乡鸡是中式快餐市场，江中健胃消食片是助消化用药市场，这些都是领域细分。

② 品类细分

大理石瓷砖、毛肚火锅、榴梿比萨都属于品类细分。

③ 特性细分

江小白新一代白酒、元气森林0糖0脂0卡都属于特性细分。

④ 客群细分

小米手机聚焦20—35岁，追逐功能，爱好科技，喜欢创新的年轻大学生和白领，这就属于客群细分，找准了客户群体，再去研究他们在哪里活动，他们与产品相关的价值是什么，他们接收信息的路径在哪里，然后有针对性地制定相关的营销策略。

⑤ 空间细分

根据竞争分析，选择一线城市、二线城市、还是三线和四线城市，或是农村。比如20世纪八九十年代，正是中国通信市场刚刚兴起之时，一些国际大公司基本垄断了中国市场，中国本土的通信企业只能选择乡镇和农村市场，实现了从农村包围城市的发展历程。

市场细分的多个维度不是孤立的，很有可能是几个维度的相互融合，不管是哪个维度的市场细分，最终的目标只有一个：就是建立对自己最有利的竞争位势！

（3）细分市场选择

在细分市场的选择上，企业会面临很多难题，最核心的难题就是能否聚焦。企业普遍的思维是做加法，就是希望这个也是我的客户，那个也是我的客户，生怕漏掉，但是不同客户的需求不同，这个需求也要满足，那个需求也要满足，就会导致产品没有特色，最后谁都不是你的客户。

在广东有个做五金加工的企业，以前有近五十家客户，每一家客户的采购金额都不大，而且发货后经常收不到钱，企业的现金流吃紧。如果不和这些企业合作，就没有订单，就无法养活员工，但是继续接单又面临资金链断裂的风险，企业领导人陷入两难境地，后来在一次偶然的沟通中，企业领导人了解到在企业管理中有一个"鲫鱼效应"的说法，意思就是海里有一种鱼叫鲫鱼，这种鱼自己游不快，但又想吃到更多的食物，于是它们经常吸附在鲨鱼的身上，跟着鲨鱼到食物丰富的地方进行捕食，吃饱后再吸到鲨鱼的身上。这个"鲫鱼效应"给了企业领导人启发。为什么一定要做那么多客户呢？自己就是一条鲫鱼，为什么不寻找可以吸附的大鲨鱼呢？于是企业对原有的客户进行梳理，主动放弃了信誉度不好、付款条件恶劣的企业，只留下十余家客户继续合作，然后锁定三家国际通信设备大公司。这家企业用了五年的时间，最后成功成为三家大客户的合格供应商，并以其优秀的品质和交付的及时性，逐步成为它们的主力供应商，企业的销售额逐年翻翻，整个企业的经营管理水平在这些一流企业的高标准和高要求下，也有了质的飞跃，当然其中企业付出的艰辛和努力只有身在其中才能深有体会。

在客户定位方面，企业要学会做减法，找准细分市场，聚焦目标客户群

体。在选择目标客户的过程中，要围绕客户需求和客户价值两个维度来进行目标客户的选择，客户需求有强有弱，客户对企业品牌的价值认可度有高有低，根据需求强弱和认可度高低的不同组合，可以把客户分为四大类，如图7-12所示。

图7-12　客户分类

第一类是核心客户，这类客户有强烈需求，同时又认可我们提供的客户价值，是首选的目标客户；第二类是可影响客户，这类客户有强需求，但是还不是非常认可我们提供的价值，需要通过策略来强化客户的认知；第三类是潜在客户，这类客户非常认可我们提供的客户价值，但是眼下需求不是非常强烈，一旦客户需求产生，第一个就会想到我们；第四类是无效客户群体，这类客户既无需求又不认可我们提供的客户价值，不属于我们关注的对象。所以对于企业来说，首先要做的就是聚焦核心客户群体，围绕核心客户精准塑造客户价值。

锁定了目标客户后，企业具体应如何来描述客户呢？如果给你10秒钟的时间，你能脱口而出你的目标客户是谁吗？我做过很多次测试，发现能够精准地说出自己目标客户群体的企业非常少，负责人心里感觉很清楚，但真的讲的时候发现讲不出来，即使讲出来了，一般也都是比较笼统的描述，我们不妨举个例子。

对于一个做去头屑洗发水的企业来说，是不是有头屑的都是我们的客户呢？我们还要进一步分析，假如他是个正在解决温饱问题的人，饭都吃不饱，他会非常在乎头皮屑吗？于是我们就要增加一个收入水平的属性，中高层收入的多头皮屑者，这是第一个客户属性。假如他是 70 多岁或更大年纪的老人，他会在意头皮屑吗？于是我们要再增加一个年龄属性，25—50 岁的中高层收入的多头皮屑者。假如他是一个不注意形象的人，他会在意自己的头皮屑吗？于是我们要再增加一个属性，注重形象的、爱美的、25—50 岁的中高层收入的多头皮屑者。假如他长期多头屑，而且久治不愈，他会寄希望于一款洗发水吗？于是我们又要再增加属性，最后将客户定义为：刚刚开始长头皮屑的、注意形象的、爱美的、25—50 岁的中高层收入的多头皮屑者。

通过收入、年龄、形象关注度、认知程度等不同属性的叠加，我们的脑海中浮现出一个客户画像：中高水平收入、25—50 岁、注意形象、刚刚开始长头皮屑、渴望解决头屑问题的客户。

这个小例子，说明客户属性往往不是单一的，要通过多个属性才能把一个客户立体化、清晰化，描述客户属性的过程就相当于给客户画像，每增加一个属性，就相当于做了一次减法，随着属性不断交集，这个画像逐步由模糊到清晰。

锁定目标客户就是找准自己的主战场，就好比钓鱼之前先要选好一个区域，但是区域选好了，也不一定就能钓到鱼，因为在同样区域钓鱼的不止你一个，鱼为什么会上你的钩呢？所以锁定好目标客户后，就要深入研究你的竞争对手，在品牌和产品维度打造自己的差异化，最后在目标客户群体心智中建立对自己有利的认知优势。

目标客户群体要聚焦，但是不代表一成不变，它是就企业所处的特定事业领域和特定的发展阶段而言。什么时候需要变，要根据企业的战略目标和企业所具备的能力而定。企业都会面对几个细分市场，有些市场盈利性很大，同时你的胜算也很高，你的竞争力很强。有些市场盈利性大，但是你的胜算很低。企业要综合考虑，最后选择最适合自己的市场。

早期的华为，相对于爱立信、诺基亚、西门子这些国际通信巨头来说，处于非常弱势的地位，那时的通信市场几乎被国外几个大公司垄断，处于初创期的华为根本不具备和他们正面竞争的实力，别说国际市场，就连国内市场，华为也做不到在一线、二线城市竞争。既然一线、二线城市我无法竞争，那我就聚焦县城市场，十几个人围着客户转，产品不如你，我就把服务做好，一旦把某个县城拿下来，就站稳了一部分市场，多了一些钱，然后再多招几个人，再多拿下几个县城，就这样一边抓住机会，一边积累能力，一边开拓市场，然后抓住更大的机会，积累更强的能力，开拓更大的市场，就像滚雪球一样，慢慢地从县城，到三、四线城市，再到一、二线城市，再到整个中国，最后是全球。

任何大企业的成长和发展都是从聚焦开始的，尤其对于尚处于中小规模的企业来说，聚焦更是不二法则。你聚焦的战场一定是能打必胜之仗的地方，在你胜算很低的情况下，就不要谈增长的机会和空间。正如《孙子兵法》所说：

"昔之善战者，先为不可胜，以待敌之可胜。"意思就是要先创造条件，使自己处于不可战胜的地位，至于我能不能打赢你，就看你有没有出现漏洞了。

3. 增长源策略

何为增长源？就是企业经营业绩增长的来源，擅长研发的企业，更倾向于在产品端发力，不断推出新的产品来实现业绩增长；擅长营销的企业更倾向于在市场开发、渠道拓展方面做突破来寻求业绩增长。任何一个企业，要想实现增长，必须要想清楚增长源是什么？否则就成了无源之水。要明确增长源，必须要清晰品牌定位，否则就会陷入为了增长而增长的短期行为和打乱仗中，企业的效率就上不来，而且越往下竞争，增长空间会越来越有限，投入产出比也会越来越低。所以增长源与品牌定位之间的关系是：品牌定位为增长源指明方向，而增长源为品牌定位的实现提供支撑。为了让这两者之间能有效地、动态地衔接，以3—5年为周期的、滚动的战略规划就很有必要了。

企业的增长源概括起来有六大维度，分别是：新产品、新市场、新渠道、新能力、新模式、新业务。这每一个词的前面都有一个"新"字，说明增长背后需要创新，没有创新，什么都维持原状，怎么会平白无故出现增长呢？那只能是运气好，遇到了好"行情"，企业经营靠运气是不行的，只能直面竞争，通过创新实现增长，这才是正道。

增长源的六大维度在一个特定的场景下可能会同时存在，也有可能是在企业不同阶段各有侧重，或者是分别实施。

（1）新产品

通过产品的不断更新迭代，更好地满足顾客的需求，为顾客带来更大的价值或更好的体验，从而给企业带来业绩增长。产品都有生命周期，所以推出新产品对于企业来说是一个永恒的主题，比如波司登羽绒衣在找准自己"全球热销的羽绒服专家"这样的品牌定位后，马上就砍掉了非羽绒服产品，并采用全球顶级的鹅绒、顶级的工艺、顶级的设计，全面升级产品，并在巴黎时装周高调亮相新产品，带来公司业绩的大幅提升。

华为在 1988 年成立之初，曾代理香港 PBX 交换机，当时市场需求旺盛，企业发展迅速，但当越来越多的代理涌入市场，利润开始大幅下滑。

1989 年，华为开始买元器件，组装、生产 24 门的小模拟交换机，取名为 BH01。当时华为意识到想要继续生存，必须走自主研发的道路，生产完全拥有自主知识产权的产品。

1991 年，第一款自主研发的通信产品 HJD48 小型模拟交换机上市，市场反应良好，华为积累了第一桶金。

1993 年，第二款产品 JK1000 空分式端局交换机研发上市，但结果出乎意料，仅仅卖出 200 套，导致早期 HJD48 赚的钱全部赔光。公司只能借高利贷，全力推进数字交换机的研发。

1994 年，关键产品 2000 门大型数字程控交换机 C&C08 研发成功，迅速进入市场，但华为发现等待自己的，是一个比之前更加残酷的竞争局面，因为国内同行上海贝尔和同在深圳的中兴都有同样的产品。

1996 年，华为开始研发会议电视系统，光传输和数据通信，为了避免在程控交换机上走入死局，华为紧跟国际趋势，开始朝产品多元化方向发展。

1997 年，华为推出了 GSM 的解决方案，抓住全球移动通信的巨大商机。

2001 年，华为重构业务结构，形成运营商、企业、消费者三大业务板块。运营商板块高歌猛进；企业板块成为新的利润增长点；消费者板块成为最成功的业务板块。

……

正是因为华为不断进行新产品的研发创新，才得以不断在目标市场开疆拓土，销售额一路高歌，从 1992 年的 1 亿元增长到 2020 年的 8 914 亿元。

（2）新市场

通过市场拓展，企业可以扩大目标客户群体和市场范围，从而取得业绩增长。比如前面讲到的某知名团膳企业，基于"政务和商务团膳的领导品牌"的品牌定位，扎根安徽区域市场，打造团队，完善运营体系，建立信任状，产品开发、市场开发和管理体系都已经成熟，完成了从 0—1 的积累，成为安徽区域团膳市场的领导者。此时企业要进一步提升业绩，就要实现从 1—N 的裂变，在市场边界上，从安徽区域市场走向全国布局，通过新市场的拓展带来业绩的进一步提升。

（3）新渠道

通过新的渠道拓展业务可以带来业绩增量。某知名全屋定制企业，在基于"买得起的智能高定"的品牌定位下，结合现在消费主体，80、90 后年轻人的消费习惯，决定拓展互联网营销渠道。但公司以前主要是依靠线下经销商实体门店获客，现在通过发展互联网新渠道，为经销商线上引流，赋能经销商，实现业绩增长。

（4）新能力

新能力是新产品、新市场、新渠道更好运作的背后支撑。新能力的概念相对宽泛，但要站在品牌定位的高度来看新能力，则方向是相对聚焦和明确的。比如前面讲的某知名全屋定制企业，在基于"买得起的智能高定"的品牌定位下，它的能力建设就一定要回归到更有利于实现品牌定位的方向上，比如高端产品的研发能力、智能技术的应用能力、空间美学设计能力、智能制造能力、全程供应链管理能力，等等。在特定的时间，企业到底应该重点强化什么能力呢？市场机会不等人，对实现品牌定位和产品市场拓展有重大贡献或存在的重大瓶颈，就是能力最需要去突破的方向。

上海永丰集团成立 40 余年，是亚洲规模最大的热镀锌企业。永丰集团在行业竞争加剧和疫情的双重冲击下，依然稳健发展，别人都在萎缩，它却继续建新厂，别人做了不赚钱，它仍然有合理的利润，这一切都源于永丰对经营人才的培养。该集团在 2017 年就全面导入阿米巴经营模式，所有车间以上部门全部独立核算，每月集团七家分公司全体管理干部到酒店全封闭 3—4 天召开经营业绩分析会。集团二十几个车间主任每月都要作业绩汇报，然后专家点评，董事长点评，对每一个异常数据都不放过。通过这样的刻意练习，永丰培养了一大批经营的操盘手，经营能力的提升成为他们收入和利润增长的核心驱动力。

（5）新模式

新产品、新市场、新渠道的核心还是产品导向，把新产品通过新市场和新渠道尽可能地卖出去，当卖产品已经很难再找到业绩提升空间的时候，不妨从新的商业模式上寻求增量，新的商业模式带来的增长会改变原来纯粹靠卖产品形成业绩的轨迹，更重要的是可以形成错位竞争。

上文提到过的以色列公司 SodaStream，是做气泡水的，有机器，有饮料配方，机器免费送，饮料配方有 60 余种，消费者可以根据自己的喜好调制不同口味的气泡水，这种个性化的产品很受年轻人追捧，后来公司在美国纳斯达克上市，一上市就抢了可口可乐在美国本土市场的不少份额，引起了可口可乐的关注。企业还做了一个广告，广告画面中一边堆放了许多瓶瓶罐罐，而另一边则放着它一台机器。广告词大意是：一个家庭 10 年时间，需要消耗 1 万个瓶瓶罐罐。意思就是买饮料会产生很多瓶瓶罐罐，不环保，还是买一个气泡机环保。可口可乐就开始研究这则广告，试图找到对方侵权的证据，终于，可口可乐发现广告画的瓶子上露出了可口可乐的商标，于是就以不正当竞争为由，起诉这家企业，结果不起诉还好，一起诉，这家公司的股票居然大涨，一个不知名的小公司一下子出了名。

这家公司就是采取了"剃须刀+刀片"的商业模式，其实这也不是特别新的商业模式，但是它和可口可乐形成了错位竞争，避开了对手最强大的领域，从而形成业绩增长。

（6）新业务

新业务是在前面五个增长源之外更具有革命性的增长，它让企业进入了一个新的赛道，尤其对于已经处于行业领导地位的企业来说，原有赛道的增长空间相对有限，或者增长受限，在原有领域很难找到破局点，此时通过新业务拓展市场边界，是达成业绩增长的重要选择。

比如，对于一些集团型公司，在原有的业务领域已经成为寡头，市场空间有限，往往需要借用资本的力量，投资、收购、兼并整合其他企业，不断拓展新的业务，扩大增长空间。

有些企业虽然不是集团型公司，但是因为环境变化，在原有的赛道很难找到突破口，不妨也考虑从新业务上调整赛道，寻求新突破。比如前面讲到的某酒店企业，正是将酒店业务切换成团膳业务，在团膳业务领域找到新的增长空间的，企业在三年时间内将规模从2.5亿元做到了7亿元，成为区域知名的团膳品牌。

新业务的选择不能放之四海而皆准，最好是能和原有的业务形成关联，目的就是实现企业资源利用最大化，甚至产生1加1大于2的效应。这种业务关联可能是客户层面，也可能是商品层面或业态层面，我们把具有不同功能定位又有着内在联系的业务之间的关系称为业务结构，正因为有了内在联系，业务之间就可以相互借势，从而形成业务结构的整体竞争优势。

总结一下，以上六大增长源为企业提供了六种业绩增长的可能性，具体寻求哪种增长以及增长源的主次和先后顺序就要企业基于企业品牌定位，结合企业内外部情况和自身的资源和能力来决定。其中新渠道、新能力和新模式是需要企业优先花时间去积累和创新的，但在现实情况中，企业往往倾向于做自己喜欢的，而不是做最需要做的事情，比如擅长搞研发的企业，在市场局面打不开的时候，总是想着怎么不断开发新产品，但是每一个产品都没有真正地形成销售，结果公司越做越小，产品越做越多，所以这样的企业更应该研究如何提升自己在市场营销方面的能力，如何利用更有效的渠道，如何采取一些创造性的新商业模式。

新能力、新渠道、新模式这三个是最基础的增长源，我们称为直接增长源。新产品、新市场和新业务是企业在直接增长源的基础上进一步挖潜、创新或变革，甚至是改变产品结构、市场结构和业务结构产生的，它们会给企业带来结构性增长，我们称为间接增长源。成长型的中小规模企业，一定要把重心放在直接增长源上，以市场倒逼自己练就内功，在真刀真枪的实战中见英雄本色。对于在直接增长源上已经没有太多空间的细分行业的龙头企业，要继续做透直接增长源，否则大本营就丢了，但是同时要从间接增长源的角度思考，实现结构性增长。

4. 增长路径策略

虽说条条大路通罗马，但每一条路的试错成本是不一样的，如何以最小的成本试错，寻找适合自己的最佳路径只有一条。在实现品牌定位和增长成果的路上，我们最需要做的事情是什么？如何抓住重点、控制节奏，快速扭转局面？图7-13所示的是基于六大增长源的增长路径图。

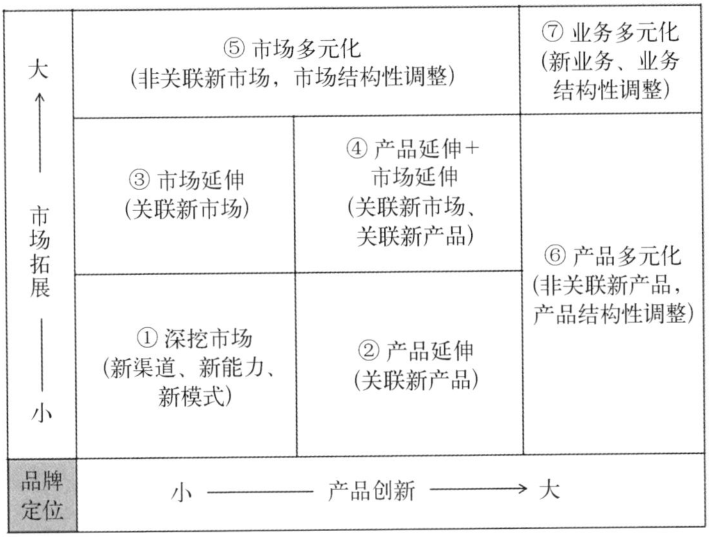

	⑤ 市场多元化 （非关联新市场，市场结构性调整）		⑦ 业务多元化 （新业务、业务结构性调整）
大 ↑ 市 场 拓 展 ↓ 小	③ 市场延伸 （关联新市场）	④ 产品延伸＋ 市场延伸 （关联新市场、关联新产品）	⑥ 产品多元化 （非关联新产品，产品结构性调整）
	① 深挖市场 （新渠道、新能力、新模式）	② 产品延伸 （关联新产品）	
品牌 定位	小 ———— 产品创新 ———→ 大		

图 7‑13　基于六大增长源的增长路径图

（1）路径 1：深挖市场

深挖市场就是基于老产品和老市场，不断精耕细作，通过新能力打造、新渠道嫁接和新模式创新来更好地为顾客服务，更快更多地把产品卖出去，从而深挖增长空间来实现业绩增长。深挖市场是企业的基本功，不管做什么，深挖市场做不好，就像蜻蜓点水，每个市场都做不深、做不透。什么类型的企业，在什么阶段应该采取这一增长路径呢？市场空间大，现有产品可以有效满足消费者需求的企业，可以通过深挖市场，把市场做透来寻求业绩增长。比如茅台酒，产品类型不会很多，而且消费者就喜欢那种经典的味道，市场空间又非常大，所以最适合采用深挖市场的路径，比如在渠道上下功夫，形成深度分销渠道系统。

深挖市场的前提是企业有了一个市场的界定，深挖市场不见得企业就做不大，关键是在刚开始做市场界定的时候，目标客户要聚焦，但市场边界不能定义得过分狭窄。

（2）路径 2：产品延伸

在消费需求多样化，产品生命周期相对较短的情况下，企业仅靠老产品在老的市场深挖已经很难再形成业绩增量，这时擅长做产品研发的企业会倾向于通过不断推出新产品来激活老的客户，既增加客户黏性又形成业绩增量。这种新产品是在原来的产品基础上进行改良和升级，基本还是属于原有的产品大类，我们称之为关联新产品。最典型的就是苹果手机，每年都推出新的手机系列，而且配合饥饿营销手段粘住它的目标客户群体，同时通过新产品来实现业绩增量。

（3）路径3：市场延伸

在现有市场空间有限或现有市场竞争激烈的情况下，企业仅靠老产品在老的市场的深挖已经很难再形成业绩增量，有些擅长营销的企业会选择通过市场延伸来实现业绩增长。这个路径对应的增长源就是新市场，这个新市场和原有市场有一定的关联，称为关联新市场。比如可口可乐，它的目标客户群体在全球都是一样的，产品配方也是全球统一，但是地域不同，这就为可口可乐提供了从美国本土市场向全球其他国家市场延伸的机会，可口可乐甚至跳出了可乐市场，进入了一个和咖啡、茶、牛奶一起竞争的、更广阔的市场空间，因为咖啡、茶、牛奶的目标客户群体和可口可乐的客户群体一致，正是通过这样的关联新市场延伸，可口可乐不断实现了业绩的增长。

（4）路径4：市场延伸+产品延伸

通过前面的三个路径，企业实现了业绩增长，综合实力也在提升，如果企业还要进一步实现增长，市场延伸和产品延伸就会同时展开。最典型的就是华为，在起步的十年正好赶上中国通信市场的大发展趋势，企业也快速发展起来，前面的十年是属于典型的机会导向型加市场深挖的发展模式。从1996年开始，华为尝试进行市场延伸，进入国际市场，同时进行产品延伸，从传统的交换机产品到光传输、数据通信、3G等，最后形成华为手机业务、运营商业务、企业级业务、消费者业务、华为云业务、汽车终端业务等多个业务板块，销售做到近9 000亿元。2019年，华为又涉足汽车业务，这又是产品的进一步延伸，也将给华为带来新的增长。

（5）路径5：市场多元化

路径1—4如果还实现不了企业的增长目标，产品关联的市场多元化就是新的增长路径。市场多元化改变了原有的市场结构，比如从国内到国外，从线下到线上。

（6）路径6：产品多元化

市场关联的产品多元化是基于原有的客户群体进行的产品结构的调整，比如给企业做咨询服务的企业发现企业有人才的需求，于是又提供人才猎头服务，人才猎头和管理咨询是完全不同的产品，但都是给原有的客户服务的。这样，客户群体不变，但是多了服务内容，这样就带来了新的业绩增长。

产品多元化也是一把双刃剑，要慎重运用，尤其对于中小规模企业，资源和能力有限，但是为了增长有时又饥不择食，什么能带来点销售额就做什么，最后业务繁杂，企业一直长不大，而且盲目的产品多元化会稀释企业的品牌力。

（7）路径7：业务多元化

业务多元化是大公司的"专属品"，相当于进入了一个全新的赛道，业务和业务之间没有关联性，大公司业务多元化的运作往往会结合资本的力量：我不在行，但我可以通过收购、兼并的方式来整合懂行的团队来运作。大公司总部或者集团只是进行财务管控，最多是战略管控，相对放权，具体运营都是交由专业的人干。所以看起来是不相干的业务，但是就每一个业务板块而言，还是专业和聚焦的，每一块业务的增长路径也符合前面的几个路径。所以一般的中小规模企业根本不具备这样的实力去做多元化业务。

（8）路径选择

企业在市场上地位不同，发展的阶段不同，对路径的选择也是不同的，所以在如何选择增长路径时，企业不能孤立地去看待这个问题，一定要和市场结合。

首先我们探讨一下什么是市场？任何市场都有需求侧和供给侧，而且只有当需求和供给产生交集时，才会有交易，这时才会存在市场。需求和供给的状态随时都会发生变化，所以它们两者的交集也会产生变化，这就是市场的不确定性。虽然市场具有不确定性，但是任何市场都是从无到有的，都会经历从诞生到成长，最后成熟直至消亡，也就是说市场是有生命周期的，就和人有生命周期一样。如图 7-14 所示，市场的生命周期可以分为诞生期、成长前期、成长后期、成熟期、衰退期。

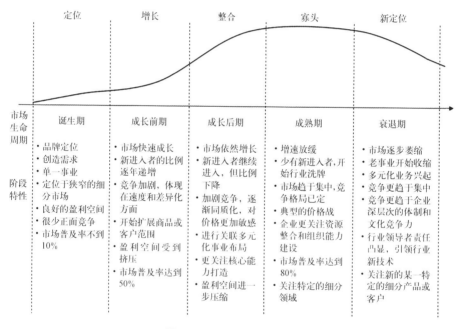

图 7-14　市场生命周期

① 诞生期

任何市场的诞生都是由一批有胆识、魄力和智慧的企业从一个狭窄的细分市场开始的。新进入的企业在品牌定位上会占先机，它们注重创新并引领顾客需求，往往聚焦于单一事业，这时的市场属于一片新大陆，很少有正面竞争，市场普及率不超过10%，市场盈利性很好。

② 成长前期

随着市场的培育，慢慢有更多企业开始进入这个市场，新进入的企业又加速了市场的发展，这个阶段是市场发展最快速的阶段，企业之间有了正面竞争，但是市场还处于成长期，消费者的认知还在不断培育，所以企业更多是在速度和差异化上取得竞争主动权。这时企业除了原来的产品和顾客，开始通过产品延伸或顾客延伸进行市场扩充。这个阶段是企业成长的最佳时期，跑马圈地、逐鹿中原、先冲业务再做管理都是这个阶段的企业发展特点，市场普及率开始上升到50%左右。

③ 成长后期

市场由成长前期进入成长后期，一个重要的标志是市场规模增幅下降，所谓增幅下降就是虽然还有新进入者继续进入这个市场，参与竞争的企业总量在继续上升，但是新进入者数量的增速出现拐点，呈下降趋势。竞争更加激烈，价格成为敏感因素，消费者认知加强，知道自己想要什么，而且可以很容易买到。企业之间的竞争更趋于企业整合资源的能力，有一部分企业开始进行业务关联多元化布局，从单个产品的竞争延伸到多事业结构的系统化的竞争。这个阶段，是企业打造核心能力的最关键时期，没有核心能力的支撑，很难持续性地维持企业的竞争优势，也很难为后续的领导地位打下基础。

④ 成熟期

成熟期的重要标志是行业开始洗牌、市场普及率高、市场集中度高，整个市场增速明显放缓，市场增速开始低于国家GDP的增速。成熟期的市场一般很少有新进入者进入，竞争集中度大大提高，行业排名前10名的企业的产值基本占到整个市场规模的50%—70%，排名10—30名之间的企业总共占市场规模的20%左右，30名以后的占10%左右。处于成熟期的市场的企业会面临残酷的行业洗牌，排名 10—30 名的企业将是最可能被洗牌出局的对象。

这个阶段企业竞争更加激烈，价格成为最敏感因素，价格战是最普遍的竞争手段，价格战的背后比拼的是企业整合核心资源的能力以及企业的组织能力，特别是体制和文化的竞争力。如果说产品的价格是冰山以上的部分，那体制和文化则是冰山以下看不到的部分，但却是最重要的竞争力，也是对手在短期内很难模仿的竞争力。

⑤ 衰退期

市场逐步萎缩，行业集中度进一步加强，企业中处于市场衰退期的、老的事业也开始逐步收缩，有些企业为了寻找新的业务增长点，开始转向多元化，这类企业多以行业寡头居多。这个阶段企业竞争更趋向于深层次的、体制和文化的竞争力，为了实现行业的健康可持续发展，行业领导者责任更加凸显，它们要通过自我批判和自我革新，在巩固自己行业领头地位的同时，引领行业新技术的发展，把不适合在这个行业的企业挤出去，让它们去找到更适合自己的领域，以此来优化行业的资源配置。

企业在开发新事业的时候，要先研究市场，是开辟了一个全新的市场还是已有的市场，如果是已有的市场，目前的市场处于生命周期的哪个阶段。从理论上而言，事业生命周期阶段要领先于市场生命周期阶段，也就是说企业要有一定的预判能力，比如市场生命周期处于诞生期，而事业生命周期已经处于成长期，这时企业就可以更好地抓住市场机会领先发展，占据主动，这叫先知先觉型。相反，如果市场已经到了成熟期甚至是衰退期，这时才去孵化一个新事业就为时过晚，这相当于把一个小羊羔丢到一个狮群里去参与竞争，这种情况就属于后知后觉型。企业该如何做到先知先觉呢？所谓"先知"就是要知道自己的"确定性"，在自己的"确定性"上不断积累，塑造或改变基因。"先觉"就是能够判断趋势，发现风口，把握好"不确定性"，如果企业能够以"确定性"把握好"不确定性"，就是先知先觉。

综合增长源、增长路径和市场生命周期，我们总结一下不同市场生命周期状态下，企业该如何利用好增长源，选择好合适的增长路径来有效实现增长，如表7-1所示。

表7-1　增长源、增长路径和市场生命周期对应关系

市场生命周期	诞生期	成长前期	成长后期	成熟期	衰退期
阶段特点	● 创造需求 ● 良好的盈利空间 ● 很少正面竞争	● 市场快速成长 ● 新进入者比例递增 ● 竞争加剧，体现在速度和差异化方面 ● 盈利空间受到挤压	● 市场依然增长 ● 新进入者比例下降 ● 竞争加剧，逐渐同质化，对价格更加敏感 ● 盈利空间进一步压缩	● 增速放缓 ● 开始行业洗牌 ● 市场趋于集中 ● 典型的价格战	● 市场逐步萎缩 ● 竞争更趋于集中 ● 行业领导者责任凸显，引领行业新技术
经营重点	增长	增长+效率	增长+效益	增长+整合	增长+创新
企业思考课题	1. 目标客户是谁？ 2. 客户需求是否精准？ 3. 是否存在虚假需求？ 4. 如何快速试错？	1. 如何持续保持增长？ 2. 如何打造差异化产品，更好地占领市场？ 3. 如何快速培养人才？ 4. 如何系统提升组织能力，支撑规模效应？	1. 如何进行市场关联多元化延伸？ 2. 如何关注核心能力打造？	1. 如何进行业务关联多元化延伸？ 2. 如何有效整合资源？ 3. 如何进一步强化核心能力？ 4. 如何提升企业软性竞争力？	1. 如何创新增长，焕发新的青春活力？ 2. 如何激活沉淀的核心资源和能力优势助力发展新业务？ 3. 如何凝聚团队信心？ 4. 如何达成战略共识，重建新的希望？

（续表）

市场生命周期	诞生期	成长前期	成长后期	成熟期	衰退期
增长路径选择	深挖市场	产品延伸	市场延伸	产品延伸+市场延伸	业务多元化
增长源	新能力、新渠道、新模式	新产品	新市场	新产品、新市场	新业务

5. 竞争策略

要想增长，就要直面竞争，因此企业一定要明确自己的市场位势，并采取有效的竞争策略，才能真正实现增长。商场如战场，由阿尔·里斯和杰克·特劳特共同编写的《商战》一书从商战的角度讲了四种作战形式，分别是：防御战、进攻战、侧翼战、游击战。具体采取何种作战形式，取决于企业在战略格局中的位置。

《商战》一书对四种作战形式分别适合什么样的企业以及每种作战形式的适用范围和原则都作了详细说明：如果你是行业领导者，你打的就是防御战；如果你是行业的第二或第三，你打的就是进攻战；如果你位于行业的三名以后，你打的就是侧翼战；如果你是本地或区域性小公司，你打的就是游击战。随着竞争格局的变化，企业所采取的作战形式也会变化。

（1）防御战

行业领导者打防御战有以下三条原则：

① 只有市场领导者才能打防御战

谁是市场领导者？只有在顾客心智中建立领导地位的，才是真正的领导者，而不是企业自我定义或泛泛而谈。比如波司登羽绒服，虽然市场份额不一定是最大，但是一说到羽绒服品牌，大家第一个会想到它；一说到北京烤鸭，大家会想到全聚德；一说到自行车，大家会想到上海永久：这些才是真正的市场领导者。

② 最好的防御就是有勇气攻击自己

市场领导者最大的敌人就是自己，只有通过不断推出新产品或新服务来挑战原有的产品或服务，才能让自己成为一个移动的靶子，让对手很难瞄准自己。虽然这种做法可能会牺牲一部分眼前的利益，但却会让大企业持续保持活力和创新，就像 IBM 前首席执行官郭士纳当年在接手一个老态龙钟，却以老大自居的 IBM 时所做的大刀阔斧的变革和创新，使得 IBM 重获活力一样，他后来还专门写了一本书，叫《谁说大象不能跳舞》。

任何行业领导者被颠覆的真正原因都是自身缺乏创新和自我变革的勇气，这也是为什么苹果的 iPhone 自问世以来，始终以最领先的性能和人性化的系统设计占领消费者心智，成为手机行业领导者，而且几乎每年至少推出一款新产品，在硬件和软件上不断升级，不断地攻击并更新自己。

处于领导地位甚至是垄断地位的企业，最后被淘汰出局的也不在少数，柯达就是一个非常典型的例子，柯达当时在全球光学成像领域的霸主地位远胜于今天苹果在智能手机领域的地位，但是因为缺乏对自我进行攻击的勇气，在战略风口失去了创新的能力，最后被数码成像技术彻底颠覆，退出了历史舞台。

③ 必须封锁对手的强势进攻

何为强大的进攻？就是对手的动作让我的客户动了心！对于竞争对手的进攻（比如更低的价格），领导者要及时反应，否则等对手站稳脚跟，再想进入新一轮的竞争，就为时已晚。多数公司只有一个机会获胜，而市场领导者却有两个，一个机会是通过自我攻击来保持领导地位，另外一个机会是通过复制对手的行动来防御竞争，而且要在进攻者站稳脚跟之前迅速行动并阻止它。

竞争的最终目的是为了赢得和平，迫使进攻者进入零散的游击战，这时行业领导者的战略重心是拓展品类，而不再是拓展品牌，通过扩大事业领域和延伸市场边界把自己的蛋糕进一步做大。

（2）进攻战

进攻战适合排在市场第二位或第三位的公司。进攻谁呢？现实中人们总是倾向于掠夺弱者而不是强者，导致公司规模越小，就越努力保卫自己仅有的份额，为了生存，它们还会采取如降价、促销等战术手段。同一头受伤的野兽较量是不明智的做法，打进攻战的企业应该挑战的是行业领导者。进攻战有三个原则：

① 领导者定位中的强势是重要的考量因素

能打进攻战的企业本身实力就比较强，但不是你强就可以进攻的，如果你强的地方也是领导者强的地方，进攻者是几乎没有胜算的。所以处于第二位或第三位的公司应该做的是多花精力研究领导者，找到领导者的产品、队伍、价格和渠道的优势和劣势。现实中我们总喜欢把注意力放在自己身上，虽然每年都制定提升份额的目标，但少有实现。因此，我们应该把精力放在如何消减领导者的市场份额上，领导者的份额下来了，你的份额才有机会上去。

② 找到领导者强势中的弱点进行攻击

有时，领导者会有些弱点，而那仅仅是弱点而已，并不是它们强势中固有的部分。它们只是忽略了那一点，或认为它不重要，或把它忘掉了。只要你一攻击，领导者就可以迅速弥补，这样反而会使领导者更完善、更强大。

任何事物都是矛盾的对立统一体，强势的对立面就是弱势，特别是如果这种强势是战略层面的，那么它对立面的弱势就很难弥补，否则它就要牺牲掉战略性优势，这对企业来说是伤筋动骨的事情，它一般会选择放弃，它一旦放弃，你的机会就来了，所以，机会永远是竞争对手给你的。

运用逆向思维找领导者的弱点会更有效，巴菲特的大师兄查理·芒格就是典型的具有逆向思维的人，他说一般人思考问题都是不自觉地用顺向思维，比如如何把一件事情做好，大家会想很多把事情做好的方法，甚至都不可穷举，而他首先思考的是如何把一件事做砸，当他知道哪几条路可以把一件事情做砸的时候，他无论如何都不走那几条路，这样结果一般都不会太差。

最后记住：攻击领导者的弱点不要在物理战场展开，第一领导者会很快弥补，第二消费者会原谅它，所以一定要从顾客心智上入手。

③ 尽可能地缩短战线

战争题材的电影中，但凡打进攻战的，无一例外都是聚集优势兵力，找到敌人的薄弱环节作为突破口，撕开一个口子，然后再往纵深进攻，扩大战果。商场作战也是同样的道理，在行业领导者面前，你是没有绝对优势的，必须灵活运用你现有的力量，在决定性的地点创造相对优势。因此要尽可能地在狭窄的阵地上发动进攻，最理想的进攻状态是单一产品（爆品）。"品种齐全"是一种奢侈，只有领导者能负担得起。

虽然进攻战挑战的是行业领导者，但往往防御者的胜算大，调查统计表明，大多数的进攻战都以失败告终。

（3）侧翼战

如果你不是行业领导者，也不具备向领导者发起进攻的实力，侧翼战是一个出其不意、以弱胜强的选择。侧翼战也有三条原则：

① 最佳的侧翼战应该在无争地带进行

何为无争地带？就是在顾客心智里还没有形成领导品牌的地带。指挥官不会让伞兵在敌人的机枪阵地上跳伞，管理者也不应该在强势品牌已经把守的地方推出侧翼战的产品。

要想发动真正的侧翼战，你必须率先抢占细分市场，找到空白位置（比如价格空位、尺寸空位、特性空位等），体现出你产品的创新或独特的成分，要让顾客有耳目一新的感觉，否则就变成了向严密防守的敌人发动单纯的进攻战。

② 战术奇袭应该成为作战计划中最重要的一环

进攻战或防御战的特征和方向性都是可以预见的，但是侧翼战却不同。最成功的侧翼战是完全出乎意料的，奇袭因素越强，领导者作出反应和设防所需的时间就越长。不管在抗日战争、解放战争初期还是抗美援朝战争中，我们的部队总是能在意想不到的时间、地点进行奇袭，奇袭最能削弱竞争对手的士气，让他们在总部发出指示前茫然不知所措。

③ 追击与进攻同等重要

如果没有追击，胜利就不会有很好的效果。许多公司在取得领先后就停止了行动。它们实现了最初的销售目标，然后就把资源转移到其他事情上去了。

假定一家公司有 5 种产品，其中有 3 种成功，2 种失败。你觉得哪种能占据高级管理层更多的时间和注意力呢？是成功的产品还是落后的产品？是落后的产品。

而事实上情况应该正好相反，应该把落后的产品放弃掉，并把它们的资源匹配给正在取得最大胜利的指挥官。乔布斯重回苹果公司后，做的第一件事就是砍掉大量产品线，聚焦在少数几个产品上。

企业要及时利用已经取得的优势，在领导者开始设防之前，在跟随者蜂拥而至之前，赶紧让自己的新产品腾飞！

（4）游击战

土地革命战争时期，中国工农红军"敌进我退、敌驻我扰、敌疲我打、敌退我追"的游击战术充分证明了游击战的威力。在商业中，游击战术同样可以使得小企业在巨头统治的市场中生存和发展。游击战也有三条原则：

① 找一块小得足以守得住的阵地

这个小是可以是地理意义上的小，也可以是市场容量上的小，还可以是其他方面的小，总之要小得让大企业难以进攻。游击战同样符合兵力原则，它是通过缩小战场，在局部形成相对竞争优势。劳斯莱斯采用的就是典型的游击战，在 10 万美元以上的高价位这个小市场成为冠军，美国几个大的汽车企业也没想和劳斯莱斯竞争：第一，这个市场太小；第二，劳斯莱斯在这个小市场有绝对的竞争优势。

打游击战的企业很容易受到诱惑，进而把游击战转为侧翼战，企图贴近行业领导者，削弱其领导地位来提升自己的市场份额。劳斯莱斯站稳了 10 万美元以上的豪车市场，它为什么不去抢 5 万美元的中档车市场呢？关键在于资源，打游击战的企业是否有足够的资源来支撑不断升级的竞争？如果没有，为了组织大规模战争，放弃自己的根据地转为公开作战，就是自取灭亡。

打游击战的企业应该把眼光放在多小的市场上呢？这需要判断，但是你很少听说哪家企业因为专注很小的市场而破产，相反，我们常常听到，有的企业因过度扩张而解体。

② 不管你多么成功，永远不要像领导者那样行动

游击企业的领导者开始享受、铺张浪费、爱慕虚荣的时候，就是其企业衰败的开始。

越南战争中，美军投入兵力约 60 万人，而其中只有 8 万人是作战人员，其余都是后勤人员。这种情况是大公司的典型特点。打游击战的公司应该利用大公司的这一弱点，在最前线上投入尽可能多的人员，不要去制定流于形式的组织系统、工作流程和其他一些繁文缛节，要因陋就简，适用为上，切忌求全、求大、求完整。

③ 随时准备撤退，活下来就可以再战斗

公司只要存活下来，就可以继续战斗。游击队没有那么多财力和人力可以浪费。在败局已定的战斗中，应尽快放弃残局，改道前进。留得青山在，不怕没柴烧。

6. 产品策略

产品是连接企业和客户的载体，产品是 1，后面的都是 0。企业的增长是由一个个持续的好产品堆叠出来的。就像飞机从跑道上加速、起飞，然后快速拉升，目标是什么？就是要尽快进入平流层，因为飞机在平流层飞行消耗的能量

最小，而且飞行更加平稳。如果把飞机比喻成企业，那飞机进入平流层就相当于企业具备了增长的能力，但飞机进入平流层之前需要巨大的推力，这个过程需要消耗大量的燃油，而且还有不确定性，但还是必须要做。只有在这个过程中，才能让消费者对你的产品产生信任感和忠诚度，进而形成品牌力，使得企业获得非常强的抗风险能力，从而实现增长。

很多中小企业很擅长利用自身灵活性的特点，不断进行新产品开发，但是为什么手里捧着这么多好产品，还是打不开市场局面呢？基于多年为中小规模企业咨询服务的经验，我们向中小企业提供四点产品策略的建议，分别是立足品牌、用户思维、聚焦、创新。

（1）立足品牌

中小企业本身的品牌力就不足，往往是先有产品，再去考虑市场，然后一看市场拓展不开，又想着再搞一个产品，结果就是不断打井，但是每一口井都打不深。其实企业之间的竞争在产品上市之前早已展开，产品上市只是验证前期大家竞争的结果而已。

产品只是连接企业和顾客的载体，真正影响顾客选择的，是品牌在顾客心智中的认知，所以产品研发要基于品牌定位，在清晰的品牌定位基础上，再来做产品规划、市场营销、口碑打造等一系列相配套协同的动作，否则内部的各种运营动作势必也会变成散沙，只能头痛医头，脚痛医脚，最终什么也干不成。所以产品竞争的背后其实是营销的竞争（市场细分、客户洞察、营销策划）、组织的竞争（体制、要素、文化），最后是品牌的竞争。

打造品牌要以产品为载体，更要以营销和组织为支撑，所以品牌的打造是一个系统工程。其中还涉及专业的品牌策划、广告和公关投入，以及系统的品牌管理，这是大部分中小规模企业难以做到的事情，因此中小规模企业不单要提升品牌意识，更要有耐心和毅力，根据品牌生命周期的四个阶段特点，找到最适合自己的品牌建设之路。

（2）用户思维

人处理问题站的角度不同，结果就会完全不同。用户思维和产品思维就是不同的角度，两者到底有什么区别呢？我们先看下面两个场景。

场景一：你有一大块地，种出了有红又大的苹果，你通过优质的服务和有竞争力的商务政策找到了好的渠道，苹果卖得非常好，于是你又买了一块地，扩大了种植规模，收入颇丰。

场景二：你有一群非常好的朋友，你租了一块地，然后分租给每家一块地，根据每家的需求，你分别帮他们种上不同的菜，过程中他们也可以参与进来，你负责打理，他们付你管理费。因为你管理得好，他们一传十，十传百，你的圈子更大了，既然你菜地管理得好，帮他们做代购应该也不错，于是你又做起了代购业务，收获颇丰。

场景一是典型的产品思维，场景二是用户思维。产品思维是先有产品，通过产品买卖交易建立关系；用户思维是先有关系，为了强化关系，通过产品来更好地服务他们。就像我们在外面突然要上厕所，左边是肯德基，右边是中餐馆，你会选择去哪一家？我想绝大多数人会选择去肯德基。为什么？你没有到人家的餐馆用过餐，去用人家的厕所，你都不好意思，而且人家也不见得让你用，而肯德基绝不会，就是因为肯德基是用户思维，而中餐馆是产品思维。

有不少短短两三年就崛起的品牌，如元气森林、蕉内、钟薛高、王饱饱、花西子、完美日记等，这些互联网营销光环下的新消费品牌，在快速崛起的过程中，或以细分品类创新破局，或以潮流与新场景相结合切入，大部分都是以"用户思维"作为开端的。

在互联网时代，用户思维越来越重要，正如贝索斯说的："在现实世界，如果你惹顾客不高兴，每个顾客都会告诉六位朋友；在互联网时代，如果你惹顾客不高兴，每个顾客都会告诉 6 000 个人。"

中小规模企业在规模、品牌、资源等硬性条件上没法和大企业比，那就要从软性条件上多努力，比如更好地贴近用户、了解用户，用自己的脚穿用户的鞋，在场景中洞察他们未被满足的需求，重视他们的体验，尊重他们的意见，建立意见反馈机制，让用户参与你的产品研发，把用户当朋友，借助互联网维系好用户的关系，实现从产品连接到价值观连接，尽可能地帮助用户成功，等等。不断增加客户黏性、提升客户忠诚度，提高客户留存率。

（3）**聚焦**

"针尖理论""力出一孔""饱和攻击"等等，讲的都是聚焦的思想。聚焦要做到精而少，光少还不行，前提是要做到精，没有精，光少没有意义。"少"意味着你要有取舍，而不是什么都不做。"精"意味着你要专业，要深度洞察客户的需求，要把资源用在刀刃上，做饱和攻击，要以工匠精神不断精进。华为已经做到了近万亿元的规模，今天依然在强调战略聚焦，何况广大资源捉襟见肘的、成长中的中小规模企业。

中小规模企业资源有限，更应该实现产品聚焦。优先考虑聚焦单品，形成大单品海量销售。几乎所有企业的成功，莫不是从一两个单品的巨大成功开始的，反过来，没有一两个单品的成功，又哪来的企业成功？一屋不扫，何以扫天下？集中优势兵力，打造大单品，在局部市场打穿打透，形成规模效应和品牌影响力，实现领先。

正如任正非所说，只有在局部地带实施"针尖战略"，最终才能夺得市场阵地，取得胜利。在这个过程中，要注意三个核心：以品牌为抓手，以价值为主线，以客户为导向。

（4）**创新**

中小规模企业只有通过创新，才能在竞争中避开对手优势，形成市场区隔，找到对自己有利的竞争位势。但是创新不是标新立异，不能为了创新而创新，中小企业本身资源不足，更要将好钢用在刀刃上，展开更有效的创新。何为更有效的创新呢？有效创新至少要具备几个条件：第一，更有利于实现品牌差异化定位；第二，以用户思维为导向，而不是自我假想的需求；第三，聚焦，优先在某一方面形成明显的差异化，然后再多开发几个这样的方面，不能到处打井，每口井都不出水。

中小企业产品创新的具体形式包括以下三个方面：

① 模仿创新

模仿创新不同于纯粹的模仿，它是在模仿别人的基础上作出进一步的改进，比如改变包装与外观，增加或减少产品原有的功能，强化或弱化产品原有的特色，从而给予顾客更大的价值和更好的体验。幼儿时期的小孩子有一个很强的能力就是模仿，企业也一样，成长中的中小企业，没有那么多的资源和能力去做全新的创新，往往会选择模仿创新，它的好处在于可以节约大量研发费用投入和市场试错的成本投入，相对不确定性小、目的性强、成本低、周期短、成功率高，是中小企业用得最多的创新方式。

模仿创新最大的弱点是不能使企业获得真正的产品研发能力。因为模仿创新毕竟是模仿，随着技术壁垒和知识产权保护政策的不断升级，模仿也更不容易，所以模仿创新只能是企业在发展阶段为自己争取空间和时间的手段，不是目的，要在模仿的基础上改进和超越，企业才会有积累，才能不断提升自己的研发能力，纯粹模仿的企业一定是没有前途的。

② 应用创新

应用创新和模仿创新不同，虽然应用创新所用到的底层技术不是自己的，但是能够把技术和行业应用相结合是源于自己对行业或客户需求的深度洞察，这是一种重要的创新，否则技术本身很难产生真正的价值。比如智能家电、远程医疗、智慧农业等，都是基于5G技术、传感技术、物联网技术，然后结合行业的应用场景而进行的创新。

有一种新型的木塑材料，纹路看起来就像木头，但材质是一种环保的合成塑料，这种材料可以根据需要做出不同的截面形状，最早是用在家庭装修上，可以做成门套、墙板和踢脚线等，而且是模块化拼装，工程施工周期短、成本低。这本身就是一种材料技术在家庭装修上的应用，当大家都知道可以用这种材料做家装时，竞争就开始高度同质化了，企业要谋求不断增长，怎么办？有一家企业就用这种新型材料技术做了很多行业应用的创新，比如用这种材料做通讯领域的室外设备机柜，可以防锈防腐蚀，还可以用这个材料做高铁站候车室的座椅之间的充电板座，做电源接口的防护板，做船舶的设备外壳以及床和桌椅等。这家企业通过这些典型的行业应用创新，不断找到新的增长空间，实现了快速增长。

---

③ 技术创新

模仿创新是在别人的基础上改进，应用创新是把技术和应用场景连接起来，产品技术创新是更底层的创新，它是企业获得可持续的生存能力和迅猛发展的根本途径。很多中小企业就是通过把手中的新技术转化为创新的产品，从而在市场上占据一席之地，并迅速崛起的。这些企业也成为资本追逐的对象。

中小企业产品技术创新的手段有成果引进、联合开发、自主研发等多种形式，不管采取哪种形式，都要聚焦在自己最擅长的、有市场前景的领域，切记不能为了创新而创新，刻意的标新立异，只会让自己成为炮灰，这也是为什么华为创新战略一再强调要从技术驱动到市场驱动转变的原因。

产品技术创新可以让企业不断积累，持续提升研发能力和核心竞争力，从而构建竞争壁垒，真正做出自己的品牌，最终改变竞争格局，彻底摆脱市场追随者的地位，引领市场。

产品模仿创新、应用创新和技术创新三者相辅相成，不断递进，企业要根据自己的实际情况，因地制宜，既要实现短期生存，更要着眼于长期发展。

7. 爆品营销策略

苹果靠一款手机能够占到全球智能手机市场90%以上的利润；一罐可口可乐一年的销售量近十亿美元；史玉柱靠一款"脑白金"在老年保健品市场独占鳌头；褚时健75岁打造褚橙，再回人生巅峰；老干妈多年不融资、不上市，一瓶辣酱一直独领风骚；小米在各个细分领域靠单品的海量销售迅速抢占市场……所有这些商业现象的背后都有一个共同的杀手锏：爆品。

雷军说：在当今的互联网时代，要想成功，必须要做出爆品，有引爆市场的产品和策略。温水哪怕你烧到99℃，也没啥用。唯有沸腾之后，才有推动历史进步的力量。

（1）什么是爆品

爆品首先是一款或一系列产品，它创造或引导了消费者需求，从而形成海量销售，成为支撑企业销售额和利润的主力产品，也是企业快速提升品牌认知的最佳手段。

爆品讲究聚焦和极简原则，一定是以用户为中心，把握了用户需求的关键点，而且聚焦了企业资源，打造了独特的、足以让消费者尖叫的价值特性。

（2）爆品思维

爆品不只是产品，它是一种思维。

首先，爆品思维是真正以客户为中心，把给客户的价值做到极致，把产品做到物美价廉，让客户愿意口口相传，是极致的产品理念，秉承"磨好豆腐给妈吃"的精神，这是原点，我们称为原点思维。

其次，消费者永远想要物美价廉的东西，这是所有商家都明白也想干成的事。爆品之所以能实现单点突破，以小博大，销量大增，一定是采用了非常规的做法，否则也不会成为爆品，这就需要创新，所以爆品思维也是创新思维。

再次，爆品的打造要有一整套系统支撑。褚时健在75岁能打造爆品褚橙，是因为他很多年前就打造了红塔山这个爆品，了解了爆品打造的整套体系，他的褚橙对种植的农民有100多项标准化要求；老干妈辣酱的豆豉据说可以一粒一粒挑着吃，因为从来没有发现一粒坏豆子，背后是强大的品质体系的支撑；小米围绕软件、硬件、服务和内容布局了完整的生态链，生态链做成了，生态链中的各个产品才能做起来。没有系统支撑，爆品打造不出来，即使打造出来，也是昙花一现，这就是爆品的系统思维。

综合以上，我们得到一个方程式：爆品思维＝原点思维×创新思维×系统思维。在今天产品高度同质化的竞争环境下，企业更要学会用爆品思维重新定位你的产品、认识你的经营模式、完善你的运营体系。

（3）爆品三要点

爆品有三个核心要点，分别是痛点、卖点和支点，如图7－15所示。前面讲到爆品思维的三种思维，分别对应爆品的三个要点，就是用原点思维找用户痛点，用创新思维打造卖点，用系统思维构建支点。

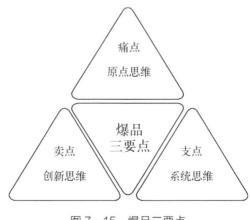

图7－15　爆品三要点

① 痛点

爆品思维核心就是用户思维，既然是用户思维，就要围绕用户的痛点去思考。找痛点是一切创新的基础，也是一切失败的源头。昔日手机霸主诺基亚为什么失败了？是产品品质不好吗？诺基亚的产品品质是出了名的好，据说诺基亚的手机可以用来砸核桃都不会坏，在功能机时代，诺基亚研发部门的第一个准则就是手机摔不坏。殊不知随着互联网和信息化技术的飞速发展，用户的痛点发生了很大变化，以苹果为代表的智能手机的横空出世，加速了功能机时代的没落。

如何找痛点呢？要解决痛点，先要搞清楚问题、痛点和需求这三个概念之间的关系。

痛点一定是从问题中来，但有时客户并不认为自己有问题，所以你第一步要做的是引导他意识到问题的存在，但有问题不一定会有痛点，比如体检时有些指标会超过标准值，这是问题，但有些人并不会引起重视，他认为这是小毛病，无伤大雅，不碍事，所以不同的人对问题的看法不一样，感受也不一样。同样的问题，有的人会觉得无所谓，有的人会觉得痛不欲生。

那什么时候会有痛点呢？就是这个问题影响到他的利益的时候（这儿有一个重点是：这个利益是他认为的利益，而不是你认为的利益），痛点就会产生。所以第二步你要做的是站在客户利益的角度思考和挖掘痛点，影响小利益就是小痛点，影响大利益就是大痛点，这里的利益大小不一定是用钱的多少来衡量，应该是以客户自身关心的程度来衡量。所以要想找到客户最大的痛点，就要搞清楚客户最关心什么。企业一定要明白，在客户最关心的地方的一个小问题所产生的痛点会远远大于在客户不关心的地方的一个大问题产生的痛点。

有了痛点就一定会有需求吗？很多人都有头皮屑，但到医院去看的并不多，那到什么程度，人才会去医院看呢？就是不变的痛苦大于改变的痛苦时，真正的需求才会产生。自然界万物都在变化中，但人性正好相反，人性是不喜欢改变的，更喜欢在自己的舒适区，因为改变会带来新的适应成本和风险。那什么时候不变的痛苦会大于改变的痛苦呢？就是人性的"贪、嗔、痴"受到影响时，他才会愿意做出改变，而改变的目标还是为了追求更大的"贪、嗔、痴"。"贪、嗔、痴"在佛教中被称为"三毒"，"贪"就是贪婪，"嗔"就是憎恨，"痴"就是愚痴，而且"贪"是三毒之首。其实这不难理解，从"贪"的角度看，消费者永远希望你给我的产品越来越好，价格越来越便宜，最好是免费送；从"嗔"的角度看，我想要的你没有给到我，我就会憎恨，当然在商场中不会上升到恨的程度，但会产生不满意，这种不满意积累到一定的程度，就会让顾客毫不留情地抛弃你；从"痴"的角度看，就是钟爱自己的"那一款"到了痴迷的程度，换句话说，你如果可以满足他的钟爱，你撵都撵不走他。

亚马逊创始人贝索斯认为，世界上只有两种成功的公司：一种是尽可能地说服客户支付高价格；另一种是拼命把价格降到最低，把利润都让给消费者。

说服客户支付高价格是满足了客户的"痴心"，拼命把价格降到最低是满足了客户的"贪心"。贝索斯坚定地选择后者。比如亚马逊 AWS 业务在长期没有竞争对手的情况下，主动降价 51 次。背后的核心是什么？就是客户体验。"做全世界最以客户为中心的公司"，这就是亚马逊的文化，本质上就是做最尊重人性的公司。很多公司都会说"以客户为中心"这句话，但贝索斯把这句话上升到了比信仰还要执着的地步，并且真正执行，真正做到以人（性）为本。所以做营销一切都要从人性出发，这就是为什么西方的营销学是起源于心理学的原因。

家庭关系好的夫妻之间都有一个特点，就是能做到共情，能站在对方的角度去感同身受，这样关系怎么能不好呢？要想找到客户真正的痛点，你也得学会和客户共情，要把你的脚塞到客户的鞋子里去走走，感受一下，就像妈妈给孩子喂奶粉前要滴几滴在自己的胳膊上一样，所以用心就是最好的方法论。

一句话，挖痛点要从人性的"贪、嗔、痴"的原点出发，在客户最关心的地方，挖掘最大的问题，识别最大的痛点，从而引发最强的需求。

② 卖点

一次家里买了几盒小番茄，小番茄作为水果，大家再熟悉不过了，但是这次的小番茄包装有点特别，它不是一颗颗的，而是一串串的，是连着茎叶一起卖的，我数了一下，一串 8 个，一盒两串，一共 16 个，多少钱一盒呢？12.6 元，平均每颗约 0.8 元，类似的番茄一颗颗卖的，价格只有它的一半还不到，它为什么能卖这么贵呢？是口感真的很特别吗？我吃了后感觉和以前吃的小番茄也没有明显的差别。那是它的营养更丰富吗？这个我们也没法去检测验证，那为什么还有人愿意花高价去买它呢？就是因为它新鲜。你怎么知道它新鲜呢？连着一起的茎叶就是最好的证明，你买的时候它的茎叶依然碧绿，像刚刚采摘下来的，可见"新鲜"就是串收番茄最大的卖点。与其用一大堆专业术语去描述它怎么新鲜，不如用一根茎叶去说明更有力量。这就是卖点的创新。

卖点来源于企业对客户痛点的深度洞察，所谓卖点，就是最核心价值点，可以用最简洁的语言，指出一个产品或服务的核心价值所在。成功的卖点一定是超过客户想象，好到让客户尖叫，心甘情愿去替你传播。没有好卖点，好产品也会被埋没掉。

OPPO 手机的卖点是拍照，格力空调的卖点是节能，王老吉的卖点是防上火，元气森林的卖点是 0 糖 0 脂 0 卡，瓜子二手车的卖点是"没有中

间商赚差价"，海飞丝的卖点是去屑，飞鹤奶粉的卖点是"更适合中国宝宝体质"，等等。

成功的卖点设计要具备三个原则：聚焦最大痛点、关联品牌定位、体现真实价值。

第一，聚焦最大痛点：卖点一定是聚焦目标客户的最大痛点，卖点和痛点本身就是一回事，一体两面，站在客户端就是痛点，站在企业端就是卖点。

第二，关联品牌定位：好空调，格力造，元气森林 0 糖 0 脂 0 卡，怕上火喝王老吉，瓜子二手车没有中间商赚差价，飞鹤奶粉更适合中国宝宝体质等都是品牌定位语，同时也是其卖点。

第三，体现真实价值：客户感受不到价值，再好的卖点也没用。这里的真实价值包含两个方面，一是产品价值，要"货真价实"，二是客户感知价值，产品价值再好，客户感知不到也等于零，所以要学会用客户听得懂的语言或客户乐意接受的方式来巧妙地展示产品价值，往往可以起到四两拨千斤的效果。就像某些做餐饮的企业食材质量都挺好，甚至可以用很多专业指标来说明，但这还不够，有些餐饮推出明厨亮灶，目的就是让客户现场看到食品制作的全过程，从而提升客户的感知价值。客户感知价值重于产品本身价值。

有效的卖点描述有三个视角，简称"我、你、他"。一个视角是"我"，即"我是谁"，比如"瓜子二手车直卖网"；一个视角是"你"，衍生一下就是"用了我的产品，你会怎样"，比如红牛的"你的能量超乎你想象"；还有一个视角是"他"，衍生一下就是"和别人有什么不一样"，这个是竞争视角，比如"怕上火，喝王老吉"，"充电半小时，待机一整天"，iPod 的"把一千首歌放进口袋"……

根据压强原理，同样的作用力，面积越小，压强越大。同理，同样的产品，卖点越聚焦，穿透力越强。真正能打动客户的卖点往往只有一个，卖点越多，客户越困惑，同时也说明你还没有找到真正的卖点。

儿童洗手机是一个非常普通的小产品，做这个产品的品牌也非常多，本身这个产品也没有太多的技术含量，基本功能也差不多，属于典型的同质化竞争。家长买这个产品就是希望孩子勤洗手，但是现实情况是孩子们很难养成习惯，而且即使去洗，也是蜻蜓点水。按照医学专家的建议，洗手要持续20秒以上才有效，那怎么才能让孩子愿意洗手，并且能坚持洗20秒以上呢？这就是买这个产品的家长们的痛点，有个叫小顽鸭的品牌就发明了一个智能语音洗手机，它能够让使用者产生更加深层次的交互体验，内置9种可爱小动物音效，并提供20秒互动教学语音，好玩又有趣，充满新鲜感，更容易让孩子养成喜欢洗手的习惯。在同质化竞争的环境下，它可以卖出高价格，这也是卖点的创新。

总结一句话，任何走心的卖点，都是源于对客户的深度的洞察和与众不同的创新。

③ 支点

做爆品不只是做一款产品，而是要持续做出一系列爆品，而支撑这种能力的就是企业完整的运营体系，包括生产体系、技术研发体系、供应链体系、营销体系、售后服务体系、考核体系、团队建设体系，贯穿从客户需求到产品交付以及产品使用体验的全过程。

前面案例中提到过的某知名全屋定制企业，客户的痛点是服务不到位，这是整个行业的痛点，这一行业普遍重视产品和成交，而不重视服务和客

户体验。企业根据爆品原则，把服务作为卖点，为了实现这个卖点，企业梳理了所有顾客接触点，按照业务环节的先后顺序，从客户走进门店，上门量尺寸，一直到最后售后服务，整理了九大服务现场，根据每个服务现场，制定规范化动作指南，同时针对每个服务环节设定 KPI 考核指标，打通公司内部部门壁垒，做到以客户为中心的业务贯穿。每月专题会议进行盘点总结，找差距，成立改善课题。从业务流程、机制、团队、能力打造等方面聚焦所有资源，最后集中到"服务"这一个点上发力，力出一孔。

卖点只有一个，但支点需要很多，遍布企业运营的全过程，就像一座冰山，卖点就相当于海面以上你看到的部分，是显性的，而支点更多的则是海面以下你看不到的部分，是隐性的，显性的部分需要洞察，而隐性的部分需要耐心，需要多年深厚的、系统的积累和沉淀。

这些年我见过很多企业，流程、制度、体系一套一套的，但是经营并不理想，这并不是说这些体系不重要，而是不要为了建体系而建体系。所以我建议大家在思考支点时从以下五个步骤思考。

第一步，梳理你的核心卖点。为什么要先从这儿开始呢？因为卖点对应的是用户，体系要从外部视角和用户思维导向出发。对于广大中小规模企业，尤其是制造型企业，核心卖点都离不开"多、快、好、省"这四个字。

第二步，梳理业务流程，分解业务环节。每个业务环节背后都对应着具体的业务部门，这样外部用户和内部组织运营就关联上了。

第三步，以卖点为主线，找到各个业务环节影响卖点打造的瓶颈，并按照优先级顺序，整理出重要瓶颈清单。

第四部，以业务环节为主线，参照核心卖点，找到各个环节的瓶颈，并针对各个业务环节整理重点瓶颈清单，明确完成时间、输出和责任人。

第五步，综合这些瓶颈，提炼出企业需要重点强化的能力建设。

将以上五步定期进行复盘总结，企业体系建设就会逐步沉淀，而且不会与市场脱轨。

（4）爆品三原则

爆品打造要遵循三大原则，简称：人和、地利、天时。

① 人和：找对人

天时不如地利，地利不如人和，所以爆品三原则的第一条就是"人和"。"人和"体现在你拥有高势能、高参与度的用户。高势能、高参与度的用户是打造爆品的精准人群，这些人有强烈的需求，或者钟爱你的品牌，或者对普通大众有着非常大的影响力，这一群体可能非常小众，但不可小觑。

比如，现在的很多视频播放平台都有弹幕功能，甚至成了一种潮流，按照一般人的理解，视频界面弹出这么多弹幕，肯定会影响视频观看效果，难免会让人产生疑问：你到底是在看视频还是在聊天呢？那弹幕这个爆品为什么会火起来呢？就是因为它引爆了爱好动画、漫画、游戏或轻小说的这些"二次元"爱好者这一非常小众的核心群体，这些"二次元"爱好者经常宅在家里，更喜欢虚幻世界的角色，但也有社交的需求，只是他们的社交不是真实的现实中的社交，而是虚拟社交。弹幕的出现，恰恰满足了他们足不出户就能与人沟通的需求，虽然他们不知道沟通的人是谁，但这不影响他们就同样的视频场景吐露心声或交换彼此的意见，所以弹幕受到了这一群人的青睐。

小米就是典型的"人和"做得好的企业。小米的每一款爆品都是通过"米粉"前期的高度参与以及产品上市后"米粉"的使用口碑影响大众，进而利用互联网扩大声势，最后彻底引爆的。

每一款爆品的背后都有核心群体的默默付出，真正优秀的企业往往能够深刻洞察并针对这个群体，打造出令人赞叹的爆品，通过引爆这一小众的核心群体来达到引爆大众的目的，正可谓"星星之火，可以燎原"。

②地利：找对市场

在前面讲细分市场的时候，我们就讲到企业要学会聚集，找到自己的必胜之地。对于爆品的打造，同样适用，我们要优先引爆核心市场。何为核心市场？如图 7 - 16 所示，核心市场就是聚集核心群体和拥有核心渠道的市场，核心群体是"人和"，核心渠道就是"地利"。

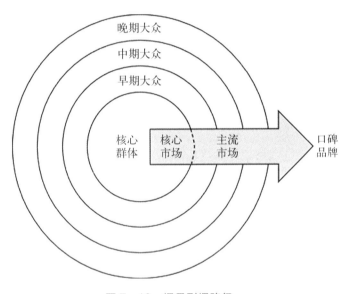

图 7 - 16　爆品引爆路径

找准核心群体，利用核心渠道，以点带面，迅速引爆，并逐步影响大众，从核心市场走向大众的主流市场，形成口碑，打造品牌效应。核心群体对于面向 C 端（个人用户）的企业来说就是具有影响力的核心人群，对于面向 B 端（企业用户）的企业来说就是具有示范效应的企业客户，最好是老客户。具有影响力的核心人群和具有示范效应的老客户对你的品牌接受度最高，最容易形成口碑，而且即使你一不小心犯了一点小错，他们也更容易原谅你。

核心渠道和核心群体的匹配度一定要很强，通过核心渠道能有效触及核心人群，比如，王老吉最早进入市场是全渠道销售，但总是打不开局面，后来它聚焦餐饮渠道，因为产品的卖点是预防上火，消费者在吃烧烤、火锅、川湘菜等辛辣重口味的餐饮场景中对上火最敏感，所以选这样的渠道就达到了核心人群和核心渠道的高度匹配。再比如，脑白金最先选择的核心渠道是中小城市的药店，因为脑白金产品的主要功能是调理肠道、改善睡眠、增强免疫力，目标人群购买这类产品更多是去药店，所以药店就成为核心渠道。

除了与核心群体的匹配，企业在选择核心渠道时要尽量选取高势能的渠道，它影响力大，渗透力强，拿下这个渠道，再往其他渠道拓展，就会水到渠成。

2016 年，在央视黄金资源广告招标会上，大理石瓷砖知名品牌简一不惜重金，共竞得"新闻联播组合广告"五个时间单元的前沿位置，总斥资金额将近 3 亿元，成为名副其实的陶瓷界广告标王。

简一正是利用央视广告这一高势能核心渠道，快速推出大理石瓷砖这个爆品，在品牌营销中抢占先机、先声夺人。

国产婴幼儿奶粉品牌飞鹤逆袭国外品牌，打造"更适合中国宝宝体质"的品牌定位，2017 年与中国第一大电梯媒体分众传媒达成战略合作，飞鹤充分利用分众传媒的高势能价值，快速引爆主流人群，从东三省，到北方十省，再到北京，最后把市场拓展到全国，销售额突破 100 亿元大关。

简一和飞鹤在核心渠道的运用上，都是聚焦高势能渠道，迅速引爆，然后自上而下，由高到低逐层拓展市场。

所以高势能的核心人群、高势能的核心渠道、核心渠道和核心群体高匹配度这"三高"是核心市场的关键点。

核心渠道要打穿打透，所谓打穿打透就是成为核心渠道的第一，具备独占性，有了独占性，就自带光环，这时从核心市场往主流市场拓展的时候就可以借助更多类型的渠道资源，包括异业联盟和专业性渠道（媒体、代理、经销、零售、运营、广告等）更好地渗透到主流市场。

当一个新品牌在打造爆品时，初期资源有限，行业的品牌知名度也不是很高，一些高势能的专业渠道，比如央视广告、分众传媒等，对这些企业来说前期投入太大，一些大的经销商渠道，它们是不见兔子不撒鹰，非常趋利，在企业还没有建立知名度时，基本吸引不了它们的注意。至于异业联盟这样的渠道，它们也非常谨慎，因为它们在不确定你是否强大的时候，是不愿意冒风险把你引入它的客户群体中的，它们只能锦上添花，不能雪中送炭。所以找到低成本的成长型渠道，战略合作共同成长，就像针对年轻女性的彩妆知名品牌完美日记与小红书的合作成长那样，对于成长中的品牌在打造爆品的初期阶段是一种务实的选择。

③ 天时：找对时间

天下武功，唯快不破，但商场情形更加复杂，早进入市场的不见得就成功，晚进入市场的不见得就失败。

PAD（掌上电脑）20 世纪 90 年代开始兴起，绝大多数商家都认为 PAD 是未来的趋势，都作出了非常乐观的市场销量预计，也纷纷投入重资进行产品开发和市场推广，包括我们熟知的苹果、IBM、惠普、摩托罗拉

等。但是 PAD 到底适合哪些人用，应该采用什么样的技术标准，都存在很大的不确定性。包括在使用过程中的文字的精准识别问题、无线通信技术问题、高昂的价格问题、小型化问题等都没有在技术上得到很好的解决，所以导致前期进入的一批企业在 PAD 的业务上基本都是亏损，纷纷退出市场。

爆品投放市场的前提是要做到"三个成熟"，分别是：市场成熟、产品开发成熟、管理成熟。市场成熟是要求产品具备一定的市场规模，有明确的消费需求和消费习惯；产品开发成熟就是产品从需求到设计定型、生产定型的各个环节都有成熟的技术体系，可以复制；管理成熟就是企业从组织、机制、流程等方面都能系统支撑产品的批量生产和市场销售以及售后服务。这"三个成熟"不具备，就将爆品轻易投放市场，很容易成为炮灰，或者为别人做嫁衣，最终将昙花一现。

具备了这"三个成熟"，企业就可以抢先一步，用时间换空间，掌握主动，更有利于品牌打造和获取市场优质资源和客户，并降低客户的转化成本。

爆品的上市时间很重要，但这并不是爆品打造的起点，爆品打造的起点从研发的创意就已经开始，要在产品开发的需求、方案、中试、包装、营销策划各个环节植入爆品基因。

（5）爆品营销

不管你的产品再怎么好，也不管你采取了哪种增长源和增长路径，都绕不开营销这个环节。

企业在不同发展阶段，因为行业地位不同，面对的竞争环境不同，掌握的资源和能力不同，所以营销的策略和手段也不同，企业要从实际出发，兼顾创造性与风险性，在营销策略上形成自己独特的打法。

① 企业营销现状

很多企业并不清楚销售和营销的区别，企业要存活，所以他们更重视销售，甚至很多企业老板就是企业最大的业务员，但是它们普遍缺乏系统的市场营销策略思维，在营销上缺乏全局性、长远性、系统性的布局，企业也没有形成有组织、有计划的营销队伍。这样的境况一来会让一些企业错失发展壮大的良机，二来会让综合实力有限、抗风险能力差的企业在残酷的市场竞争中，面临生死考验。

※ **品牌意识薄弱**

企业的竞争从产品竞争上升到了品牌竞争，很多企业还没有意识到，或者即使意识到了，但是缺乏持续性打造品牌的耐心，所以仍然停留在产品层面的竞争和常规的销售手段上。营销的核心是传播，没有传播力，就没有品牌力，就没有产品的销售力。品牌力的打造，需要企业为之付出长期的投入。有效的品牌打造，既是市场营销的起点，也是终点，没有品牌的加持，企业仅靠产品的那点特色很难建立竞争壁垒，只能不断创新，而创新又要不断投入，不创新就要面临同质化的价格战，企业就会陷入两难的境地。

※ **市场分析能力不强**

企业要对市场进行科学分析，然后锁定目标市场，运用最优的营销策略攻入目标市场。很多企业还保留着传统的生产销售方式，很少有专门的机构来做市场调查研究。在激烈的竞争中，企业优先想到的是采用低价的价格战术来谋求生存，从而导致利润遭到了极大的损失。我们在给企业作战略咨询时，经常遇到在环境分析环节，很多企业根本拿不出相对全面的行业信息和竞争对手信息数据，平时也没意识到要去做这方面的积累。不能及时掌握市场信息，会导致企业跟不上市场需求的发展，产品更新迭代速度相对较慢，有些企业也会做新产品研发，但是缺乏对市场信息的充分调研，走马观花看市场，拍拍脑袋做产品，很容易被虚假需求误导，导致本已捉襟见肘的资源被浪费，最终曾经忠实于企业产品的粉丝也会弃之而去。在运营上，由于缺乏客户的信息数据，也无法作出相对精准的销售预测，只能用较大的库存来应对市场的不确定性，导致资金周转和运营效率下降。

※ **组织建设薄弱**

企业营销组织建设薄弱体现在营销组织设置、营销管理机制和营销专业人才三个方面。尤其是规模小、机构不完善的企业，很难像大企业那样有专门的部门和专业的人才来进行市场营销，很多企业都是老板亲自上阵，一些重要的客户资源都在老板手上，仅有的几个人有的也是身兼数职。在营销管理机制方面，存在组织职责不清、流程不完善、信息无法闭环、考核激励不到位、机制过分灵活导致随意性明显以及科学性缺乏等问题。在专业化人才方面，由于没有营销的整体策划，导致企业的真正销售往往集中在少数人身上，而且大多是靠资源和关系，其他所谓的营销人员往往成为销售订单管理员，缺乏最基本的营销经验方面的积累。所有这些都制约着企业的发展，令企业难以持续展开有计划、有组织、有层次的营销活动，在竞争中处于劣势地位。

※ **缺乏有效的营销手段**

企业存在一种错误认知，错把营销当销售，于是只局限在传统的销售手段中，比如代理商、经销商、直营。随着信息化技术的深入推广与普及，消费者可以了解到产品的途径也越来越广泛，这既打破了企业赖以生存的地方区域性市场边界，也为企业连接客户提供了更多的途径。不仅如此，消费者的消费理念也逐渐转变为如何在尽可能短的时间，以更低的决策成本来获取更低价格的优质的商品。这些都需要企业在激烈的市场竞争中充分转变营销理念，以消费者角度作为切入点，对市场营销的范围、途径、手段进行优化创新，实现从单一手段的销售到整合营销的升级。但是在现实情况中，大部分企业由于自身的思维、资源、能力的限制，很难打开营销的新局面。

② 爆品营销核心

爆品营销的核心是锁定核心群体、聚焦核心市场、把握引爆时机、打造爆品卖点、包装爆品故事。分别对应人和（Who）、地利（Where）、天时（When）、卖点（What）、爆品故事（Why），概括起来就是5W爆品营销法。

关于爆品营销的人和、地利、天时，卖点设计的三原则和爆品三要点前文已有详细说明，这里不再赘述。最后关于爆品故事，与平铺直叙的事实相比，场景化的故事更能吸引人。

有一个小故事，讲的是在巴黎街头，有一位盲人在乞讨。他的身边有一块牌子，上面写着："我什么也看不见！"结果没有几个人会给他钱。一位诗人路过，在牌子上加上了6个字，"春天到了，可是我什么也看不见！"结果路过的行人纷纷解囊相助。

短短的几个字，把一个事实改为了一个场景，效果大不相同。可见人们更喜欢有自己的判断，而不是被动地接受一个事实。

爆品故事的目的就是改变生硬的对产品价值的客观事实性描述，营造一个场景化的故事，通过故事传递价值观念和情怀，赢得消费者的共情。所以好故事本身就是卖点。

（6）爆品矩阵

有效的品牌打造，往往都是从爆品开始，不管是"心智规律""针尖理论""压强原理"，还是企业经营的"聚焦原则"，这些商业思想背后的核心思想都是爆品的思维，通过打造爆品实现核心产品聚焦，塑造价值感，从而让自己的产品与众不同、脱颖而出，让自己的品牌更容易被消费者记住和认可，抢占用户心智，形成品牌区隔，建立护城河，实现企业可持续取得高利润的目的，所以"打造爆品""开发大单品""做一米宽一万米深"这些概念也成了行业的共识。

有些企业从头到尾就靠一款爆品打天下，我们称之为大单品，比如老干妈辣酱、六个核桃、褚橙。也有些企业的每一款产品都是爆品，形成了某个品类的系列化爆品，比如江小白聚焦白酒品类，衍生出 S 系列、JOYYOUTH 青春系列、礼盒系列之重庆味道、江小白拾人饮、江小白三五挚友等多系列爆品。还有一些企业跨越多个品类，打造了爆品生态，比如小米，在手机、家用电器、穿戴设备等多个品类都采取了爆品的打法。但是小米刚刚起步时，就是依靠一款高性价比的智能手机爆品收获了一群发烧友，之后又用同样的方法打造了一系列的爆品，形成了小米生态系统。

由此可见，爆品可以是一款单一爆品，也可以是系列爆品，甚至是爆品生态。那企业到底应该采取哪种方式呢？要回答这个问题，就要把爆品的打造和品牌发展还有事业布局结合起来考虑。爆品打造不是孤立的，它和企业品牌发展以及事业布局是相辅相成的，品牌发展阶段不同，事业布局不同，爆品打造的策略也不尽相同。

前文讲了事业单元的生命周期分为孕育期、成长期、成熟期、衰退期四个阶段，品牌和事业单元一样，也有生命周期，可以概括为四个阶段，分别是：初创期、成长期、扩张期、延续期。

① 品牌初创期

打造单个爆品，或者在原有的产品系列中发掘出单一爆品，充分利用"针尖理论"，塑造单一爆品极致的差异化，聚焦核心人群，打造样板市场，通过独特的价值点在核心市场建立初步的品牌效应。

② 品牌成长期

基于第一阶段的爆品成果，客户群体从核心群体延伸到早期大众群体，市场由核心市场拓展到主流市场，爆品打造的体系和方法论日趋成熟，随着顾客对产品多样化的需求不断提升，单一爆品难以满足顾客所有的需求，企业会在单一爆品的基础上，接着做第二个爆品、第三个爆品……最后演变为多样化的爆品矩阵，作为对原有爆品的延伸和补充。一个有效的爆品矩阵的打造，要考虑到爆品之间的关联，最好是能相互借力、借势，在客户群体、技术手段、供应链等方面都要可以重复利用，这样就可以有效控制综合成本；同时也要做好爆品的生命周期管理，没有哪个爆品可以永远做下去，在某些爆品进入生命周期后端的时候，企业要提前进行产品规划，目的是把单根手指变成拳头。

③ 品牌扩张期

如果前两个阶段是从 0—1，那品牌扩张期就是实现从 1—N。这个阶段，企业要复制前面爆品成功的经验，进一步完善爆品体系，不断开疆拓土，成为细分领域的领导品牌。进一步拓展消费人群和市场，延伸到更多的大众群体和更广泛的主流市场。消费群体的需求从多样化发展到多元化，原来的单一爆品或单一品类的爆品已经很难满足更广泛的顾客的多元化需求，并逐渐成为品牌发展的制约因素，所以从聚焦大单品、单品类下的多爆品系列再到拥抱多品类的多元化爆品矩阵成了企业品牌扩张势在必行的选择。

肯德基、麦当劳为了应对中国快餐企业的竞争，从单纯的炸鸡汉堡不断延伸品类，让品牌持续获得更大的增长。曾经，巴奴、乐恺撒依靠极致聚焦的爆品，精准定位，在激烈的红海竞争中开辟出了一片属于自己的蓝海。然而当人们都津津乐道他们的成功定位，并形成了毛肚就等于巴奴，榴梿比萨就等于乐恺撒的品牌认知时，却发现这些品牌都开始放弃了原有定位，收回了单一爆品的尖刀，开始拥抱大品类了。巴奴，那句经典的口号"服务不是我们的特色，毛肚和菌汤才是"已经改成了"服务不过度，样样都讲究"。乐恺撒比萨，如今也淡化了榴梿比萨的聚焦，开始回归比萨大品类。

④ 品牌延续期

经历了从聚焦大单品、单品类的多样化爆品矩阵再到多品类的多元化爆矩阵发展，企业完成了从区域领先走向全国布局的蜕变。企业一方面要从打造爆品矩阵延伸到用爆品思维重塑整个经营体系，实现从爆品产品到爆品体系再到爆品理念的升华。另一方面，要冷眼看世界，做好产品生命周期、事业生命周期和品牌生命周期的管理，始终保持创新的动力，不断优化产品结构和事业结构，实现爆品的延展和更新迭代，让品牌持续保持青春活力，实现企业基业长青。

（7）爆品打造八大步骤

总结以上爆品打造的要点，结合多年的经营实践，我们总结提炼出爆品打造的八大步骤，如图 7－17 所示。

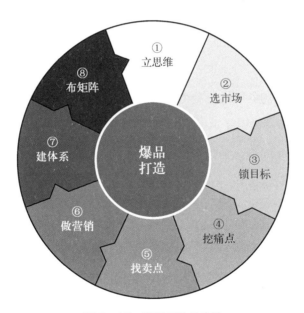

图 7－17　爆品打造八步法

爆品打造的八步法分别是：立思维、选市场、锁目标、挖痛点、找卖点、做营销、建体系、布矩阵。

第 1 步，建立爆品思维：这是打造爆品的前提，没有爆品思维，可以做出产品，但成为不了爆品。

第2步，选择核心市场：确定爆品首先在哪里引爆。核心引爆的效果越好，往外扩散得就越远、越久，要把核心市场做到"三高"。

第3步，锁定目标客户：在界定目标客户的时候要学会做减法，少就是多。

第4步，挖痛点：寻找客户未被满足的需求。

第5步，找卖点：没有卖点的创新，好产品也会被埋没掉。

第6步，做营销：围绕爆品展开5W营销策划。

第7步，建体系：为爆品持续打造提供体系保障，让爆品打造可复制。

第8步，打造爆品矩阵：把爆品打造和企业品牌发展、业务布局融合。

8. 事业布局策略

前面讲的分析机会和找准品牌定位，都是站在企业整体的角度来看的，但是一个企业往往不止一个业务板块，每一个业务板块涉及的行业不同、竞争对手不同、面临的问题不同，甚至有些业务板块还要打造子品牌，这就要涉及子品牌的定位和母品牌的定位关系以及业务布局。

（1）事业单元的诞生

我们把有着不同经营要素的相对独立的业务板块，称为事业单元，事业单元是战略事业单元（SBU，Strategy Business Unit）的简称，是由20世纪70年代美国通用汽车公司第八任总裁阿尔弗雷德·斯隆提出的，它是以企业所服务的独立的产品、行业或市场为基础，由企业若干事业部或事业部内的若干部分共同服务的战略组织。

企业经营的核心就是事业，没有事业就没有企业，任何企业的诞生和成长都会经历事业概念、事业构想和事业实践三个阶段，在老的事业逐渐消亡前，又会有新的事业概念产生，如此往复循环，维系了一个企业生生不息的生命。这三个阶段的关系是先有事业概念，再有事业构想，最后才是事业实践。

事业概念是做什么以及为什么要做。任何一个企业的诞生都是从一个事业概念开始的，苹果是从电脑事业概念开始，稻盛和夫的京瓷是从陶瓷事业概念开始，华为是从通信事业概念开始，阿里巴巴是从互联网平台事业概念开始。

那么这些事业概念是如何在乔布斯、稻盛和夫、任正非、马云的脑海里出现的呢？可能是来自儿时的梦想，也可能是来自一种使命和抱负，也可能是来自别人的建议，也有可能是一念之间，也就是说事业概念可能来自我们可以穷举的各个方面，事实上也是如此，很多企业从事某项事业并不是很久以前就计划好的，而是来自企业创始人遇到的一个偶然的机会。企业创始人的事业概念往往不止一个，但最终的选择往往和企业创始人的经历有关。决定一个事业概念的是个人的世界观、人生观和价值观。事业概念的诞生是无中生有的过程，我们所处的文化环境不同、个人经历不同，我们对人、社会和自然的感知就不同，事业概念也就不同。有了事业概念，接下来就是事业构想，什么是事业构想呢？如图7-18所示。

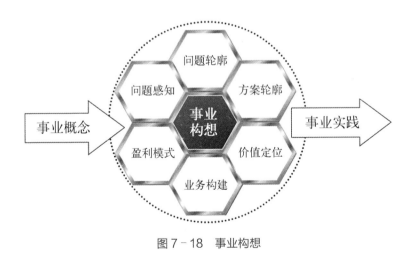

图7-18　事业构想

事业构想首先源于对问题的感知，进而形成问题轮廓、方案轮廓、价值定位、业务构建，最后形成盈利模式，这就是完整的事业构想。下面我们通过一个例子来解释一下事业构想：

有个专门做净化水设备的企业，他们的事业构想源自创始人首先感知到的饮水安全健康问题，认为除了食品安全健康和空气安全健康之外，饮水安全是老百姓越来越关注的问题。然后企业根据老百姓具体的生活或工作场景，勾勒出饮水安全的问题轮廓，然后再利用他们多年的水处理经验，形成方案轮廓，接下来就是价值定位，即看得见的安全，他们利用芯片技术实现通过手机随时查看水的各项指标，滤芯到了更换期，会提前预警，实现滤芯更换的无缝衔接，这就是差异化。价值定位好后，接下来企业该怎么打造这些价值点呢？就要构建完整的业务体系，包括产品开发、市场开发和管理体系构建。在盈利方式上，他们采取设备租赁的方式，即企业不花一分钱就可以使用设备喝上健康安全的净化水，然后每年交年费，现在华为、中兴、如家酒店还有国内银行系统等很多企业、单位都用他们的设备，这就是一个很好的事业构想。

有了事业概念和事业构想，我们就要进行事业实践了，事业实践的过程就是实现品牌定位的过程。

（2）事业单元三要素

我们给事业单元（Strategy Business Unit）定义一个公式：$SBU = C \times A \times CF$。一个完整的事业单元都包含三个核心要素，其中 C 代表顾客和顾客需求特性，A 代表业态特性，CF 代表顾客价值特性，三个要素中，任何一个要素发生重大变化，就会诞生一个新的事业单元。

① 顾客和顾客需求特性

你的客户是谁？这个问题乍一听起来非常简单，哪有企业不知道自己客户是谁，但真的要说清楚的时候，你会发现很多企业的客户定位并不精准。一个小小的测试就可以看出企业对客户定位是否清晰。

你能在 10 秒钟以内脱口而出自己的目标客户是谁吗？

实验的结论是，绝大部分的企业要不说不出来，要不说出来的都是非常模糊的，甚至有些企业会把客户和消费者的定义混淆。

比如有些做快消品的企业，自己不做零售，通过经销商网络批量销售。经销商就是其客户，但用其产品的人就是消费者。终端消费者和经销商的需求不完全相同，终端消费者更关注产品本身的性价比、功能、外观、体验，而经销商除了产品的基本要求外，还关注经销政策、利润空间等等，如果我们只关注经销商而忽视终端消费者，你的产品最终就很难受到消费者青睐。

针对客户的描述，往往从客户的属性和需求特性两个维度来展开。假设客户就是终端消费者，那么客户属性可以从年龄、性别、学历、收入水平、家庭背景、区域等维度来描述。客户属性的描述要非常明确，不能模棱两可，年龄25 至 40 岁之间，那就是明确这个年龄区间的是我们的目标客户，这个年龄范围之外的人可能也会买我们的产品，但是从定位上来说，不是我们的首选目标客户。客户需求特性是客户对商品的价值趋向，分硬性的需求特性和软性的需求特性两种类型，硬性的需求特性偏向于产品本身，比如价格、功能、品质、外观等。软性的需求特性偏向于在获取产品或使用产品过程中的情感体验，比如购物的便利性、环境、体验感等。

客户属性不同，需求特性就不一样。

比如，有一个做服装的企业，它的目标客户属性是：年龄35—55岁、女性、中低收入、中低文化水平……随着客户属性描述越来越细，我们在脑海里就开始进行客户画像，一个典型的中低收入的家庭主妇形象。这样的目标客户会更关注价格，然后会关注实用性、功能、耐用度，如果我们非要用时尚、购物体验去打动她，就会搞偏。如果我们的客户是定位在年龄25—35岁、女性、中高收入、高等文化水平……我们的脑海里就会浮现一个年轻的白领女性形象，她就会更关注时尚、便利、购物体验。基于这样的客户定位，企业就要从这些方面去塑造独特价值。

所以要想把一个事业做好，明确客户属性和需求特性是基本前提。

② 顾客价值特性

品牌定位要靠产品来支撑，什么样的产品才能打动顾客呢？这个问题的核心就是你能给客户创造的独特价值是什么。我们把这个独特的价值命名为价值特性，价值特性就是打动客户的本钱。

京东的价值特性就是四个字：多、快、好、省。"多"意味着品类全，品种多，客户选择余地大；"快"意味着响应速度快，发货快，退换货快，售后服务快；"好"意味着京东所有的产品品质都好，不卖假货，服务也好；"省"意味着京东的产品价格实惠，为老百姓省钱。

价值特性不同于产品功能，它是产品功能之上给消费者带来的体验，所以价值特性都是形容词，它是消费者通过产品或服务本身就可以直接感知到的，比如价格低、品质好、外观美、功能强、服务及时、产品多样等等，表层的价值特性最容易被同行模仿，而且也容易被客户忽略。

如何定位一个企业的产品或服务的价值特性呢？一般要从四个维度来同时考虑，第一维度是品牌定位，产品的价值特性要为品牌定位服务；第二个维度是目标客户的需求，这是价值特性定位的出发点，脱离了目标客户的需求去谈产品好与不好，没有意义，比如一只路易威登的手提包对一个买菜的阿姨来说可能还不如一个10元钱买的编织袋好用；第三个维度是企业自身的优势，企业要确认有哪些资源或能力可以利用，来把这些价值点做得比别人更好，所谓"更好"就是人无我有，人有我优；第四个维度是竞争对手的劣势，再强大的竞争对手，一定有自己的劣势，就像武林高手都有自己的命门一样。综合这四个维度的价值定位，形成有效的区隔，有利于企业持续保持竞争优势。

中国有个做快消品的实体连锁企业叫名创优品，名创优品抓住实体店关闭潮和网购信用危机，打造了实体店新业态，并基于全球思维，实现快速发展。名创优品的快速发展得益于企业领导人对商业本质的精准把握，名创优品的产品和服务做到了两个极致。一个是产品极致的好，它的产品都是国内外一流品牌，但低价格、高颜值、高品质、高科技。另外一个是购物体验极致的好。它的产品在上市前已通过大量的达人试用，确定有成为爆款的可能后大批量给供应商下订单，它的供应商资源全是全球顶级的品牌代工厂，商品直采，通过国内和国际中转舱用自己的物流配送队伍向2 000余家门店进行配送，各门店通过互联网进行信息互通，确保没有滞销品。就这样，名创优品通过四年的时间，打造了一个知名的快消品品牌。

对于一个刚刚启动或处于成长前期的市场，企业的竞争并不激烈，大家都在各显神通，跑马圈地，这时如果谁能在产品价值特性上做到一定的差异化，

就可以领先竞争对手半步，取得市场先机。但是随着信息化的发展和行业成熟度的提升，行业中的企业逐步形成区隔，细分成第一阵营、第二阵营、第三阵营。同一阵营的企业，大家旗鼓相当，正面交锋成为常态，竞争越来越趋向同质化，所以企业很难形成持续的差异化，企业和企业之间的竞争逐步从产品和技术层面往企业深层次的系统能力和核心经营要素最后上升到企业文化，这时，企业仅靠产品价值特性就很难保持持久的竞争优势了，即使有，也会很快被别人模仿。

形成产品特性的过程是曲折的，你要去研究消费者的需求，要去研究通过什么样的技术去实现它，过程中也离不开创新，也就是说形成产品价值特性的过程是曲线式发展，但是一旦竞争对手模仿你，它就是直线包抄，那你只能再研发新产品，定义新的价值特性，但还是逃脱不了被包抄的结局。那企业该怎么办？答案是往两个方向做：一个方向是把产品价值特性关联到品牌，你的品牌力越强，你的壁垒就越高，对手包抄你的可能性就越小，成本就越高；另外一个方向是把价值特性和绝活关联，所谓绝活就是你有，别人没有，别人即使想学，一时半会也学不会。就像苹果在推出第一款智能手机的时候，它至少比同行超前5—10年，也就是你即使想学，也需要5—10年才能学会，而5—10年后，它又站在了一个更高的高度，始终让你望尘莫及。京东的价值特性是"多、快、好、省"，关键是京东背后有强大的物流供应链系统、信息化系统、品类和品牌开发系统支撑，如果没有这样的系统能力支撑，"多、快、好、省"就很难持续，最后就变成一句空话。名创优品的价值特性是时尚感、高科技、高性价比、高颜值、舒适的购物环境等，而支撑这些价值特性的绝活是其爆款设计模式、优质的供应商资源、强大的供应链能力等，如果没有这些系统能力和核心资源的支撑，即使打造了不错的价值特性，最终也难以持续。

记住，在行业竞争和变迁中，最危险的往往就是没有绝活的大规模企业。

定义顾客价值特性有一个工具，叫价值曲线，其横轴是目标客户关注的价值点，纵轴是价值点的打分高低，把不同价值点的得分连起来就是价值曲线。把竞争对手的价值曲线和自己的价值曲线放在一起比较，就能看出哪些价值点需要加强，哪些需要弱化，哪些需要剔除，哪些需要创新，最后形成自己独特的价值曲线，价值曲线中特别强化的几个就是价值特性，通过价值点选择、比较、分析最后形成价值曲线的过程，就是价值特性定位。

以快捷酒店为例，它的目标客户群体是中低收入的差旅人士，这个群体对酒店的需求价值点体现在价格、床位质量、卫生条件、客房安静程度、地理位置、安全性、餐饮服务等方面，某酒店构建了它的价值曲线，它强化了床位质量、卫生条件、客房安静程度这几个价值点，做得比星级酒店还高，然后弱化其他方面的价值点，做得比同级别酒店还低，最后将价格定在同级别酒店和更低一级别的酒店之间，对于经常出差又不是高薪的人来说，经常出差很累，这家酒店价格便宜，可以休息好，是不错的选择。

不同的价值特性，对应的能力建设也不一样，没有能力保障的价值特性是没有壁垒的，很容易被别人模仿，当然你也可以迁移你的价值特性，但是有一定的风险，你不能脱离消费者的需求，陷入自我想象的虚假需求中。

总结一下，价值曲线的制作，需要六个步骤：第一步，明确目标客户的需求，定义价值点（横轴）；第二步，确定价值点的打分标准（纵轴）；第三步，价值点的评估与选择（通过对竞争对手和自身的分析，确定哪些需要强化、弱化、创造、剔除）；第四步，连接价值点形成自己的价值曲线；第五步，连接竞争对手的价值点，形成对手的价值曲线；第六步，厘清价值特性对应的能力建设。

③ 业态特性

客户定位和价值特性定位都解决了，那么这样的价值特性怎么才能让客户感知到呢？这就是企业业态特性所要解决的。什么是业态特性呢？就是业务链各环节的业务运作模式的综合。

业务链就是价值链，包括从市场需求、设计、采购、生产、入库、物流、销售、售后、回款整个过程。不同的企业在业务链各个环节的运作模式是不一样的，比如研发，可以是自主研发，也可以是设计外包或联合开发，生产可以是自主生产或生产外包，销售可以是直销，也可以是经销，可以是线上，也可以是线下，可以是 Q2Q、B2B、B2C、F2C、会员制，等等，所以业态是事业单元中涉及最广泛的内容，目标客户和价值特性只是一种定位，一旦确定下来后，企业的工作重点就是通过业务链各个环节把价值特性定位变成现实，所以业态特性就是企业打造价值特性的整个经营管理体系所具有的特色。

价值特性贯穿了企业的整个能力建设过程，这种能力建设体现在企业的业态特性中。为了更好地理解业态特性与价值特性的关系，我们以西班牙知名服装品牌 ZARA（飒拉）为例子。

在服装行业竞争激烈的今天，西班牙服装品牌 ZARA 依靠"买得起的快速时尚"的战略定位取得了巨大成功，"买得起、快速、时尚"是其独特的三大价值特性，在这三个独特价值上，ZARA 给消费者提供的体验感比其他品牌更加强烈和明显，那么 ZARA 是怎么做到的呢？

ZARA 为了更好地落实"买得起的快速时尚"这一战略定位，采取了"快速、少量、多款"的产品管理策略，在保证"买得起"和"时尚"的同时，不断开发新款式，快速地推出新产品，而且每种款式在每个专卖店推出的数量都只有几件，人为造成"缺货"，通过快速设计、快速生产、快速出售、快速更新，ZARA 实现了专卖店商品每周更新两次的频率，让消费者能真真切切感知到它比其他品牌更新速度更快。

为了打造"买得起的快速时尚"的独特价值特性，ZARA 围绕运营，在业务流程的各个环节做了大量的关键业务动作，如图 7 - 19 所示，正是因为 ZARA 采取了如下的关键业务动作，才保证了这样的独特价值得以实现。

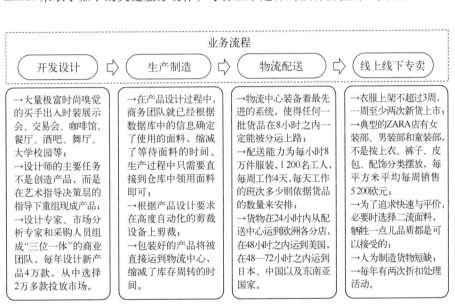

图 7 - 19　ZARA 打造客户价值特性的关键业务手段

通过 ZARA 的案例，我们明白一个道理，就是企业的运营要紧扣价值特性定位来展开，做到力出一孔。在学习别人运营做法的时候，一定不要盲目地学，要搞清楚人家的运营方式是为什么样的价值特性服务的。你的价值特性和别人不同，照抄别人的运营做法，有时反而会适得其反，有些企业盲目学习大公司的做法，结果反而更差。

④ 业态特性盘点

从正向看，企业在设计业务流程和业务模式时，就要以顾客价值定位为导向。但在实际运作中，到底做得怎么样呢？所以我们还要从反向看，找到运营过程中影响价值特性打造的瓶颈，然后组织资源去消除瓶颈，如表7-2所示。

表7-2 业态特性的瓶颈盘点

		用户视角 ⇩ ⇩			
运营视角 ⇨ ⇨ ⇨	业务流程	价值点1 价值点释义	价值点2 价值点释义	重要瓶颈	业务能力
	设计·开发			1. …… 责任人：XXX 完成时间：XX 输出：XX 2. …… 3. ……	1. …… 2. …… 3. ……
	采购·制造			1. …… 2. …… 3. ……	1. …… 2. …… 3. ……
	物流			1. …… 2. …… 3. ……	1. …… 2. …… 3. ……
	重点瓶颈	1. …… 2. ……	1. …… 2. ……		
	顾客认知现状	1. …… 2. ……	1. …… 2. ……		

业态特性盘点分五大步骤：

第一步：明确顾客价值特性包含的核心价值点，一般不超过三个，再多就会没有主次，然后对每一个价值点作解释说明。

第二步：对价值点进行市场调研，了解顾客的认知现状，找到差距。

第三步：分解业务流程，需要的话，还可以进一步分解到子业务流程。

第四步：从客户或用户视角，以每一个价值点为主线，纵向检讨目前业务流程的各个环节有哪些做法不利于价值特性的打造，存在哪些重大瓶颈，形成重点瓶颈清单。

第五步：从运营视角，横向检讨每一个业务流程环节存在影响价值特性实现的瓶颈，形成重要瓶颈清单，并明确消除瓶颈的责任人和完成时间。同时深层次分析瓶颈背后的能力缺陷，从能力提升上形成重要课题。

（3）事业单元生命周期

事业单元和人一样，是有生命周期的，它会经历从诞生到衰亡的过程，所有企业都是由复数的事业单元构成，企业经营的对象就是事业，没有事业的存在，就没有企业，只要事业生生不息，企业就可以基业长青。事业单元的生命周期根据事业的成长性和收益性，一般可以分为孕育期、成长期、成熟期、衰退期四个阶段。

① 孕育期

通过论证分析，一旦确定要做某项事业，则意味着一个新事业生命的孕育开始了，在这个阶段，企业首先要明确事业概念的四个问题：谁是你的客户？客户凭什么要买你的东西？以什么样的方式提供给客户？帮助客户解决了什么痛点，给客户带来的爽点是什么？如果不能清晰定位这四个问题，盲目上一项新事业是非常危险的。

在明确事业概念的基础上，企业会逐步加大费用投入，进行产品开发，在产品开发的过程中不断进行能力体系构建，包括从客户需求开始，到方案设计、样机制作、物料采购、批量生产、入库、发货的各个环节的硬件设施建设、流程体系和制度系统建设以及能力体系建设。如果企业之前已经有类似的硬件设施、流程制度体系和能力体系，那么就可以结合新事业的开发，重新进行优化和完善，如果硬件设施、流程制度体系和能力体系成熟了，就说明新事业的商品开发成熟了。商品开发成熟以后，就要试着往市场进行销售，在市场试销的过程中，把和市场推广、营销相关的各个环节的流程制度体系和能力体系建立起来，这时新事业就逐步具备了批量生产的条件，在商品开发和市场营销体系建设都成熟的情况下，我们认为一个新事业已经孵化成熟，可以正式进入市场了，这时新事业就从成本中心转化为了利润中心。

孕育期的事业就像一个孩子一样，它会不断长大，但是还没长大成人，不能指望它早早去赚钱，反过来还要不断投入，所以收益几乎没有，甚至是负的。孕育期往往靠的是智慧取胜。

② 成长期

新事业进入市场以后就要接受市场的真正考验，相对于孕育期而言，在这个阶段新事业面临的不确定性增加了，孕育阶段更多是通过计划驱动来做事，而成长阶段更多是依靠市场倒逼来做事。成长期阶段，增长与速度至关重要。首先在成长期一定要确保业务增长，利用一切可以利用的资源实现业务增长的阶段性目标，并尽可能地缩短成长的时间，时间拉得越长，风险越大；其次通过业务增长来倒逼各个环节的流程制度体系的优化和能力体系建设，并不断打磨管理机能，实现市场、营销、生产等核心业务的有效衔接；再次，逐步强化事业三要素之一的价值特性，强化客户对价值特性的认知。

判断一项事业是否处于成长期的标志是看其收益的增速是否逐年增加，如果每一年的增速都比上一年高，就说明这个事业处于一个良性的成长期阶段，但实际情况是每一年之间可能有一定的波动，如果从整体趋势来看，收益性的增长幅度是呈上升态势的，而且成长性也很好，我们就可以判定其属于成长期。成长期往往靠速度取胜。

③ 成熟期

事业到达成熟期的时候，就到了生命的巅峰状态，事业的收益性维持在一个较高的水平，事业的市场竞争力会从表层的价值特性逐步往深层价值特性延伸，这时的事业往往会成为企业吃饭或赚钱的主营业务。企业会更倾向于内在的经营管理体系和核心能力体系的打造，目的是让这个事业可以在这种巅峰的状态维持更长的时间，同时企业在这个阶段可以考虑孵化另外的新事业，并且最好能利用上处于成熟期的事业的关联要素。

判断一项事业是否处于成熟期，重要的标志是其收益还在继续增加，但增长幅度呈递减趋势。这时企业不会刻意追求成长，会努力维持在一个稳定的市场份额，然后重点是保证并提升收益，这是在这个时期一种比较稳健的做法。处于成熟期的事业往往靠综合实力取胜，比如完善的经营管理体系、强有力的能力体系和良好的经营体制及经营要素的综合。

④ 衰退期

任何事业最终都会步入老年期直至生命消失，只是时间早一点或晚一点而已，事业一旦进入衰退期，重要的标志是事业的收益开始下降，出现了负增长，收益逐年递减直至为零。在事业步入衰退期之前，企业就要未雨绸缪，孵化新的事业，否则就会青黄不接。企业消亡是一个过程，本质上就是事业衔接不上造成的，老的事业已经萎缩，而新的事业还没有孵化，等老的事业消亡了，新的事业还没有成长起来，还不具备在市场上获得竞争的优势，入不敷出，最后企业现金流断裂，企业就消亡了。

（4）多事业布局

事业生命周期的概念告诉我们，企业如果仅靠单一的事业会存在风险，因为任何事业都会衰老直至消亡。构建合理的事业布局，就像一个家庭一样，老中青三代要合理搭配。如果全部都是处于孕育期或成长期的事业，企业不但没有利润来源，还需要不断投入新事业，企业就成了无源之水，难以维系长久的生存和发展。同理，如果都是成熟期和老年期的事业，一旦老事业消亡，又没有新事业接班，企业就会随着老事业的消亡而消亡，即使有成长期的事业，但也会青黄不接，所以一个企业要想实现稳健的可持续性发展，就要未雨绸缪，提前进行事业布局。所谓事业布局，就是不止一个事业单元，而是多个事业单元同时并存，而且事业单元之间还相互关联。

企业内不同的事业单元，其成长阶段和发展情况不同，所以企业对其功能定位也是不同的，企业会有四类事业，分别为：金牛业务、明星业务、问题业务和瘦狗业务。关于这四种业务的特点和战略应对在前面的竞争分析的章节已经作了详细介绍。

在多事业布局时，事业与事业之间往往不是孤立的，相互之间有着内在的联系，我们称为业务关联多元化布局，业务关联的目的就是为了实现企业资源利用最大化，甚至会产生 1 加 1 大于 2 的效应。这种业务关联可能是客户层面，也可能是商品层面或业态层面，不管是哪种层面，企业在进行多事业布局时，一定要分析事业之间的内在联系。我们把具有不同功能定位而且又有着内在联系的事业之间的关系称为事业结构，正因为有了内在联系，事业之间就可以相互借势，从而形成事业结构的整体竞争优势。

以一个理发店为例，理发店往往有理发事业、会员卡事业、美容理疗事业、保健品事业。其中理发事业是基础业务，销售额大但是利润不高，就相当于金牛业务；美容理疗事业相对于理发事业来说，客户群小了很多，但是利润高，属于明星业务；保健品事业相比之下，客户群就更少，但利润率特别高，公司也是边做边看，也没有投入过多资源，属于发展业务。这几种事业之间是有内在关联的，理发事业虽然利润不高，甚至不赚钱，

但是通过理发事业引流，然后再用会员卡事业、美容理疗事业、保健品事业来获取更高的利润，这就是一个简单的事业结构。

产品、事业单元和多事业布局之间的关系不是谁取代谁，而是伴随着市场从诞生到成长、成熟互相融合促进，不断升级，这个过程也是企业不断成长发展的过程。在市场诞生期和企业初创期，企业往往就是靠一两个好产品站稳了脚跟，但是随着市场的发展和消费者认知的提升，企业与企业之间的竞争已经完全从单纯的产品之间的竞争升级为客户、业态和客户独特价值整合在一起的事业单元竞争，在大浪淘沙之后幸存的企业，企业之间的竞争更加激烈和复杂，竞争会进一步升级为业务结构的竞争，从单业务的点上竞争转变为多业务布局的体系竞争。

2013 年 9 月 3 日，诺基亚前任首席执行官约玛·奥利拉在记者招待会上公布同意微软收购诺基亚的信息，奥利拉最后说了一句话："我们并没有做错什么，但不知道为什么我们输了。"诺基亚如果能更早地自我变革，实现从产品思维到事业思维的转变，结果可能完全不同。

所以企业要从产品思维向事业思路转变，要从研究产品和技术到研究顾客和顾客认知转变，随着市场成熟度进一步提升，企业之间的竞争更加激烈和复杂，企业要进一步从单事业单元的点上竞争转变为多事业布局的体系竞争，而体系竞争的背后就是拼实力，这个实力不是一时的实力，而是可持续性的实力，一个企业要想有可持续性的实力，就要把企业打造成一个可以自我激活、自我变革的有机体。所以能否从产品思维转变为事业思维，对企业是至关重要的，要将对产品和技术本身的关注延伸到顾客和顾客需求，这就是在互联网+

信息时代，企业必须作出的思维转变。

四、 构建协同组织

企业持续的成功等于战略规划乘以组织能力。再好的战略，最终都要靠组织来支撑落地。战略是企业组织结构设计、调整的主要驱动因素，也是组织结构调整的最终目的和方向。相信大家都看过 F1 赛车进站加油换胎的场景。整个过程共有 21 个人同时运作，总时间 6 秒，是什么让他们衔接得如此完美？让我们来看看这个操作过程。

赛车进站，工作人员手持千斤顶：

※ 几乎在车停下的同时将车身撬起；

※ 0.3 秒卸下 4 个车轮的螺丝；

※ 2.2 秒取下旧轮胎；

※ 3.5 秒换上新轮胎并拧紧螺丝；

※ 换胎同时，1.5 秒内加油；

※ 总时间为 6 秒！

21 名维修站工作人员各有分工，且工作环环相扣：

※ 1 位负责加油管；

※ 1 位负责灭火器；

※ 1 位负责加油枪；

※ 1 位负责加油机；

※ 1 位负责前千斤顶；

※ 1 位负责后千斤顶；

※ 1 位负责当赛车前鼻翼受损时必须更换时用的千斤顶；

※ 1 位负责检查发动机气门的回弹装置的高压气瓶；

※ 1 位负责举牌和用无线电与车手联系；

※ 还有 12 位负责更换轮胎，每轮 3 位，1 位负责拆和上螺丝，1 位负责拆下旧轮胎，1 位负责装上新轮胎。

如果没有组织协同，21 个人一窝蜂地拥在一起，那将是怎样的混乱场面？《基业长青》的作者詹姆斯·柯林斯说：未来一批长久成功的企业，将不再由技术或产品的设计师建立，而是由社会的设计师建立。这些设计师将企业组织以及企业组织的运作视为他们核心的、完整的发明创造，他们设计了全新的组织人力资源和发挥创造力的方式。

现在外部环境越来越复杂多变，行业边界越来越模糊，跨界打劫时有发生，市场规则不断被改写甚至是被颠覆，企业内部如果不能组织协同，再好的增长机会和增长策略最终都会成为泡影。

组织协同要求组织开放、灵活，组织形态、组织运作模式以及对组织绩效的定义都要和复杂多变的外部环境以及公司的增长战略匹配起来，如果把企业比喻成一个人体，组织协同就是实现思想、大脑、身体协同运作的神经，让企业体现出强有力的战略一致性。

协同型组织一方面从外部获取物质、能量和信息，进行独特的价值创造，另一方面与外部环境进行价值交换，回报社会，实现企业特定的社会功能，维护与利益相关者良好的共生关系。这种良性的循环一方面会给企业带来增长和高利润，另外一方面会给企业带来更多的资源和品牌效应，如此循环往复，良性运作。

企业独特的顾客价值和企业特定的社会功能是组织协同绩效的两个核心指

标，其中企业特定的社会功能受市场环境、客户、政府、供应商、股东、竞争者等外部变量影响，而企业独特顾客价值受内部变量影响，组织协同就是要内外兼修。

协同组织建设前提是有一致的战略共识、清晰的战略目标，在此基础上，再进一步从以下六个方面展开，具体包括：组织文化（为何而做）、组织结构（谁来做）、部门与岗位职责（做什么）、流程与信息（如何做）、激励机制（做得怎么样）、人才管理（如何持续做好）。

1. 组织文化（为何而做）

组织文化是企业的定力之源，本书在前面的定力部分有详细说明，这里不再赘述。协同型组织的组织文化既要继承企业的文化基因和初心，还要适应当下组织变革的趋势，即组织会不断划小、权力不断下放、更加强调自主经营，更要结合当下企业战略特点，开放、包容、敏捷、协同共生，从文化的高度做好变与不变的平衡。

2. 组织结构（谁来做）

组织结构本身没有好坏之分，有的企业是事业部制，有的是职能中心制，有的是矩阵式等，各有利弊。但是协同型组织结构的设计至少要有三个导向：一是趋势导向，组织变革的趋势一定是组织不断划小、权力不断下放、更加强调自主经营，所以企业要从以前的正三角组织变革为倒三角组织，打破行政命令驱动，变革为员工自驱动，形成前台、中台、后台三层结构；二是客户导向，什么样的组织设置更利于满足客户的需求，提升客户的体验，就应该采取什么样的组织设置；三是战略导向，比如企业制定了聚焦大客户的战略，组织结构里就会专门设立一个大客户部，战略一调整，组织结构可能就要跟着调整。

3. 部门与岗位职责（做什么）

我见过很多企业都有一整套的部门与岗位职责说明书，但是在企业内部依然存在职责不清、扯皮推诿的现象，原因是企业为了写职责而写职责，真正工作中该怎么做还是怎么做，那套职责文件最后就变成应付外部体系审核的了。协同型组织要求企业要根据增长战略设计组织结构，根据协同型组织结构设置部门职责，根据部门职责设置岗位职责，而且部门职责梳理要明确三个核心问题：

第一，这个部门为增长战略目标的实现贡献了什么？

第二，这个部门针对增长战略需要做出哪些重大调整或突破？

第三，该部门的存在对其他部门的独特价值是什么？

通过部门岗位职责的梳理，企业可以清晰部门与公司增长目标及增长策略的匹配度，并根据清晰的部门职责定位，对增长目标和策略逐层分解，形成完善的价值创造、评价及绩效考评方案。

4. 流程与信息（如何做）

组织架构下的部门都是相对独立的，有着明确的工作职责和内容，边界清晰。它们就相当于人体的组织，流程和信息就相当于血管和神经系统，把各个组织连接起来，变成了一个有机体系。不同的企业，输入同样的资源，但会输出完全不同的结果。中间靠什么呢？就是高效的流程和信息，没有这套高效的流程和信息系统，就只能靠领导的人为干预或应急型的制度来协调，领导干预不到或制度管理不到的地方，过程就变得不可控，或者换个不同风格的领导，过程也会不一样，结果就更不一样。所以企业流程体系的成熟一定要经历从战略变革驱动组织变革，组织变革驱动流程变革的不断迭代升级的过程。

企业的流程体系分为三种：一种是经营流程，战略和年度经营计划的制定、调整及执行都属于经营流程；第二种是管理流程，比如人力资源管理、财务管理、质量管理等；第三种是业务流程，比如对于一般的制造型企业，流程会贯穿从市场、产品研发、采购生产、销售和售后的全过程。不管是哪种流程体系，企业都要从没有流程的人治管理或各管一段的分段式流程，向端到端的体系化流程晋级，同时伴随信息化建设，提升管理透明度和市场响应速度，并适时进行流程变革，不断提升数据决策水平，最终建立能够有效协同战略的精益化运营体系。

5. 激励机制（做得怎么样）

有效的激励机制是组织活力的重要保障，从企业的成果来看，有财务收益型、能力提升型和战略贡献型三种。财务收益型成果是企业成果的最直接体现，能力提升型成果和战略贡献型成果眼下不一定能体现在财务收益上，但是从长远的角度看，它们是支撑企业持续取得可观的经营业绩型成果的重要保障。企业一些重要的资源投入往往都是投放在能力提升和战略贡献上。如果把经营业绩型成果比喻成"吃着碗里的"，那能力提升型成果就是"看着锅里的"，战略贡献型成果就是"想着田里的"。

6. 人才管理（如何持续做好）

很多企业都有清晰的增长目标和策略，但是在执行过程中，往往是要不执行不彻底，要不执行走样，导致最终落不了地，究其原因，关键是组织和人才薄弱，就像一个人练武功，马步站不稳，动作就会变形。

亚马逊创始人杰夫·贝索斯说，成功的关键不在于"怎么做""做什么"，而在于"谁来做"。曾经有人问任正非，人才是不是华为的核心竞争力，任正非回答道："人才不是华为的核心竞争力，对人才进行有效管理的能力才是华为的核心竞争力。"基于战略的人才管理到底怎么做呢？核心包括两大部分，一是人才盘点，二是人才自驱动。通过人才盘点，了解人才的现状和增长战略的匹配度，通过人才自驱动提升战略执行的效率和效益。

马云在阿里任董事长期间，每年必做的两件大事：战略盘点与人才盘点。每年6月份做人才盘点，10月份做战略盘点，目的是做好人才储备、优化人岗匹配、提升组织活力，最终实现人才与战略的高度匹配。人才盘点对中小规模企业的成长更为重要，中小规模企业管理体系相对薄弱，对人的依赖性比大企业更强，所以业务的发展在很大程度上取决于人才的匹配程度，因为没有人才支撑，导致企业错失发展良机的例子实在太多，所以有人说人才问题是困扰企业家一生的问题也不为过。

人才盘点一定要基于企业增长战略，具体操作是利用战略地图，从平衡记分卡的财务、客户、内部流程和学习成长四个维度梳理支撑增长战略目标的关键驱动因素，以及各个因素自上而下的因果逻辑关系。增长战略目标会分解为具体的战略指标和指标值，根据战略的推进，会不断有战略成果产生。然后通过战略绩效分析，找到战略成果与战略目标的差距，进而分析背后是哪些驱动因素的问题。这时企业再从组织和人才的角度寻找原因，形成人才与战略匹配度的详细分析报告，并根据战略的周期性计划和目标，重新调整人才策略和人才发展计划。所以有效的人才盘点，包括战略绩效盘点、驱动因素盘点、人才匹配分析和人才发展计划。

在此过程中，企业要形成动态的人才地图，如图7-20所示。

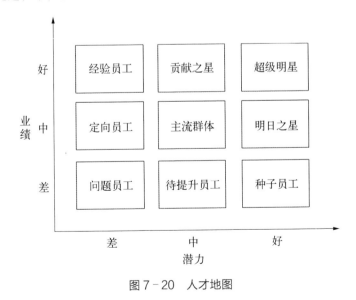

图7-20　人才地图

人才地图的横轴是潜力，纵轴是业绩。业绩好、潜力大的是超级明星，企业要多提供机会，不能让他遇到发展的天花板，否则很容易离开；业绩好、潜力中等的是贡献之星，有一定的发展空间，要设计配套机制，保持其工作热情，可以帮助企业培养新人；业绩中等、潜力好的是明日之星，发展空间大，需要安排到合适的岗位发挥其特长，否则容易产生懈怠；业绩中等、潜力中等的是主流群体，大部分员工都在这一区域，这是企业业绩的主流贡献者；业绩好、潜力差的，是经验员工，可能对现有岗位的工作有多年的经验积累，但是换一个岗位就不行，成长空间小；业绩差、潜力好的是种子员工，可能是新人或调任新岗位的人，需要逐步提升能力，熟悉岗位，进入状态；业绩中等、潜力差的是定向员工，基本固定工作岗位，没有发展空间；潜力中等、业绩差的是待提升员工，需要尽快熟悉岗位，提升能力；最后一个是问题员工，业绩差、潜力差，如果不能提升，就要淘汰。

盘点人才的目的是为了更好地管理人才，在协同型组织中，对人才的自我驱动就更为重要。自驱动人才培养四个非常重要的环节，总结起来就是一句话，"测状态、定目标、给通路、分成果"。在这四个基本操作下，企业不断展开人才的选育留用。

协同组织的最大好处是帮助企业从依靠机会成长蜕变为系统成长，进而实现业务多元化，以及从管理变革到战略变革的不断升级。

至此，围绕利润增长的两大驱动系统、六大驱动变量和三条驱动主线的系统结构就建立起来了，有了这套思维框架，企业就可以更好地进行经营实践，并在传承中发展，在发展中创新，真正构建企业利润可持续性增长的系统能力。